东盟域内
非法移民问题及治理

陈松涛 / 著

社会科学文献出版社
SOCIAL SCIENCES ACADEMIC PRESS(CHINA)

内容提要

迁移历来是人类社会基本且普遍的行为。二战后，移民已发展成全球范围内的超国家现象，其中非法移民及其产生的影响是最突出的内容。自20世纪70年代以来，非法移民因数量的增长及其造成的经济、社会和政治等方面的综合影响而成为一个全球性的难题和普遍的政治议题。冷战结束后，移民议题的"安全化"使国家和国际层面都表现出对非法移民不妥协的共同态度，也由此产生了不同的治理措施和途径。

东盟域内移民开始于20世纪70年代，80年代开始迅速发展，以经济移民（劳动力移民）为主，非法移民是其中的一个组成部分并发展成为最快的一种迁移形式，泰国和马来西亚是两个首要的目标国。解决非法移民问题的难点不在于规模本身，而在于其产生的影响，大规模非法移民的流动对东盟成员国、地区及移民个体/群体产生了经济、社会安全、政治及人权方面的综合影响，表明对这一问题进行治理有其必要性和紧迫性。如何控制日益增长的非法移民潮对成员国及地区而言是一大难题和挑战。

本书立足于地区视角，对东盟域内非法移民的发展历程、原因、影响及治理进行了综合分析。非法移民已成为东盟的一个地区性结构难题。从治理效果来看，单边、双边及多层面的治理体系都无法遏制非法移民，除新加坡之外，治理整体上是失败的，表明治理途径与实际情形之间存在巨大鸿沟。东盟一体化进程的加深及成员国间发展差距的扩大将继续推动地区内部移民的发展，非法移民亦是同样的趋势。劳动力移民是东盟一体化进程中的一个重要现代资源，如果得到良好及适当的治理，势必成为东盟在全球竞争性环境中一个独特的比较优势资源，所以东盟面临的一大考验是如何建立一个适当的地区治理框架。在可预见的将来，东盟很难建立起统一的地区移民机制，不可能实现人员的自由流动，因成员国狭隘的民族主义思想及"东盟方式"的固有缺陷很难有所改观。完善多层面的移民治理体系是个相对可行的选择，重点是发挥东盟在地区移民治理中的主导作用，改善国家治理、促进合法移民，提升移民的技能培训并加强对移民的权利保护。

Abstract

Migration has always been a basic and universal human social behavior. After World War II, migration has become a supranational phenomenon worldwide, and the resulting impact of irregular immigration is the most prominent content. Since the 1970s, due to the growing number of irregular immigrants and the combined effects of the economic, social and political aspects of the cause have made it a global problem and general political issues. The "securitization" of the migration issues after the Cold War has resulted in shared vision of intransigence on irregular migration at national and international levels, thus producing various governance approaches.

Led by economic migration (labor migration), ASEAN's internal migration flows began in the 1970s and expanded rapidly since the 1980s. Similar to the international migration tide, the process of rapid development of migration within ASEAN is also accompanied by irregular migration, which has become the fastest growing form of internal migration. This is resulted in broad impact involving economy, social security, politics and human rights and so on. How to control the growing influx of irregular migration on member states and region concerned is a major problem and challenge.

From the perspective of region level, this paper analyses irregular migration within ASEAN comprehensively, as a regional structural problem, its governance approaches include unilateral acts of states and bilateral mechanisms between countries of origin and target ones. Despite the absence of a common migration mechanism at the regional level, a multi-level type of migration governance has been formed. In terms of effectiveness, neither unilateral, bilateral nor multi-level governance system is able to contain irregular migration and the governance is a failure as a whole, which reflects the huge gap between the actual situation and the ways of governance. With the deepening integration process of ASEAN and widening gap of development among ASEAN members, irregular migration will continue to grow along with the intra-regional migration. Labor migration as an important modern resources in ASEAN integration process, if governed properly, will become a unique comparative advantages of resources in the global competitive environment. How to establish a proper governance framework is a big challenge for ASEAN. In the foreseeable future, ASEAN is unlikely to achieve the free flow of labor and it is also difficult to establish a unified regional migration mechanism due to the narrow nationalist ideology and the inherent defects of "ASEAN Way". Improving the current multi-level migration governance system is a viable option by focusing on the leading role of ASEAN in migration governance, the improvement of state governance, the promotion of legal migration, upgrading skills training to immigrants and strengthening the protection of the rights of migrants.

目　录

表目录

第一章 概论

第一节 移民研究综述

一 移民研究现状

真正意义上的移民开始于人类农耕经济时代，是人类历史上一个古老、重要的人口地理现象和社会现象，[①] 也是全球化最早的形式之一。在当代国际体系中，对民族国家而言，最重要的是区分了国际移民（跨越了国家边界）和国内移民（国家边界内的人口流动）。近年来，全球移民研究的关注点侧重于国际移民，因此从这一点来看，移民通常指的是国际移民。[②]

（一）移民研究的发展历程

19 世纪 80 年代，英国人口学家欧内斯特-乔治·莱文斯坦（Ernest - George Ravenstein）所著《移民的规律》一文开创了对移民进行"一般性研究"的先河，奠定了现代移民研究的基础。移民研究真正有所建树则开始于 20 世纪六七十年代，以拉里·萨斯塔（Larry Sjaastad）为代表的新古典派将移民理论研究提升到一个新高度，成为移民研究的一个重要分水岭。[③]

国际移民是跨越地理、政治和文化空间的人口流动，作为全球化的一种关键形式，所有观点都认为移民是涉及至少两个国家的跨国进程，即来

---

① 嵇雷：《非自愿移民社会学研究》，湖北人民出版社，2014，第 20 页。

② Russell King and Ronald Skeldon, "Mind the Gap！Integrating Approaches to Internal and International Migration," *Journal of Ethnic and Migration Studies*, Vol. 36, No. 10 (2010)：1620.

③ 李强、刘精明、郑路主编《城镇化与国内移民：理论与研究议题》，社会科学文献出版社，2014，第 3 页。

源国（输出国）和目标国（接收国），并对相关国家的经济、社会、政治和人口等方面产生影响。在冷战时期，移民议题通常被划归社会或经济领域，其影响是被低估的，属于低政治（low politics）层面议程，不同于防卫和外交的高政治（high politics）层面议程。[①] 冷战结束后，全球人口流动的增加、移民模式日趋复杂化产生了诸多关键议题，使得国际移民问题成为国际社会的一个优先事项，并已嵌入更广泛的政治经济和发展讨论中，20世纪90年代以来更是上升到全球政策议程的顶端。

二战以来的大部分时间里，国际移民问题游离于公共政策和学术研究之间。自20世纪七八十年代开始，随着亚非拉国际移民的增多，对移民问题的研究开始强化，研究领域不断扩展，形成了移民比较研究（Comparative Migration Studies，CMS）。广义上可将其归纳为四个领域：一是迁移主体的比较，即在特定环境下的迁移群体或移民类别；二是迁移范围的比较，涉及国家、超国家、地区、城市或大城市；三是不同时期的比较，增加了比较研究的历史维度；四是不同学科和理论视角之间的比较。[②] 在过去很长一段时期内，移民研究的主体通常不是以国家为导向的，而是偏重于由南向北的人口流动，忽略了南—南移民。进入21世纪以后，移民研究的广度有所扩大，深度有所加深，跨学科研究方法为其提供了更广阔的视野，吸引了越来越多学科和学者的关注。从不同视角对移民相关议题进行研究的成果日渐丰富，国际移民的研究理论从注重单一和外显的因素逐渐转向将移民纳入由经济、国内政治、国际关系、文化、自然社会环境等因素组成的复杂系统，研究范畴也从原来关注移民自身延伸到关注移民对目标国和来源国政策与社会生态的影响、国际移民的文化与民族认同等方面。[③]

---

① Stephen Hoadley, "Irregular Migration as A Security Issue," in Stephen Hoadley and Jurgen Ruland, eds., *Asian Security Reassessed* (Singapore, Institute of Southeast Asian Studies, 2006), p. 251.

② Sawitri Saharso & Peter Scholten, "Comparative Migration Studies: An Introduction," *Comparative Migration Studies*, January 2013, Volume 1, Issue 1: 1 – 2.

③ 黄日涵、李丛宇：《国际移民视角下的欧洲难民危机及其应对》，《国际问题展望》2017年第5期。

在涉及国际移民的丰富研究成果中，学术性杂志的贡献最为突出。国际移民组织在《2018 世界移民报告》（*World Migration Report* 2018）中列举了以下几个有代表性的杂志。

《亚太移民杂志》（*Asian and Pacific Migration Journal*，*APMJ*），1992 年创刊，是当时唯一关注亚太移民相关问题的杂志。大多数研究集中于东亚和东南亚，研究南亚、西亚的较少，中亚几乎不涉及。成果体现了多学科的特征，包括经济学、人口学、社会学、人类学和心理学等。

国际移民组织的出版物《国际移民》（*International Migration*），目的是推广经验研究，扩大全球移民政策领域研究。过去 20 年，《国际移民》的主题宽泛，既总结已有的研究路径，也开创了新的领域，如移民模式、移民与发展、移民治理、数据及方法论等。

《非洲人口流动评论》（*African Human Mobility Review*），创刊于 2014 年，研究撒哈拉沙漠以南非洲人口流动的各方面内容，帮助识别最好的行为并为改善非洲移民政策的实施提供建议。该杂志每年发行 3 期，主题包括移民与发展、移民与人权、无人陪伴的未成年人迁移、排外、融合与社会包容等。

其他有影响力的杂志还包括《难民研究杂志》（*Journal of Refugee Studies*）；《流动性》（*Mobilities*），为全球大规模人口、商品、资本和信息的流动提供研究平台；《人口、空间与居所》（*Population*，*Space and Place*），研究国内流动与国际移民，将移民作为一个人口地理及地理人口研究的关键维度。

（二）移民议题的复杂性

移民是个复杂的进程，就入境、定居（settlement）、获得完全公民权（full membership）等关键环节而言，不仅涉及政策取向和法律规定，而且涉及移民的政治、社会和文化权利等伦理问题。[①] 它从来不只是一个纯粹的

---

① 宋德星：《论国际移民问题的主流理论、观念分歧及政策焦点》，《国际问题展望》2017 年第 5 期。

经济学、社会学或民族学现象，还是个重要的政治问题。移民研究不仅需要考虑移民的含义、阶段、参与者、发生地点和时间及社会因素等，还需要考虑从个人到全球的不同层面。移民进程包括很多阶段，参与者包括个人、家庭、社群、地区或更为广大的区域；时间和空间上的因素包括本土以及更大范围的变化；社会因素则包括个体间的交流和长远的社会因素。每项研究都有不同的侧重点，个人范围内的研究侧重于个人选择和迁移的理性因素；家庭因素的研究则涉及家庭范围内的选择对个人移民的影响；社群的研究范围则包括迁出地、迁入地等方面；地域研究强调影响移民的社会变革，比如战争引起的移民潮等。更大范围内的移民研究侧重于整个过程，关注移民从开始至结束的整个历程，涉及移民过程中的社会成本和利益、移民个体和整体所体现的不同形式。

移民研究中的问题涉及方面极为广泛，很难把这些因素全部考虑在内。一方面，每种移民研究理论需将其整体历程简单化，以确保可以详尽阐述某一方面；另一方面，多种影响移民的因素都可以以一种多维的方式统一起来，这一网络由多个因素构成，涉及范围广泛，并且能够反映出每一个因素在移民进程中的作用。[①] 移民是个复杂、多维度和跨国的进程，打破了对移民是个统一过程的一般性理解。移民过程的复杂性体现为不同移民流动的相互联系，中介、自主权、观念、文化和历史因素及制度在不同条件下对移民过程具有促进或阻碍作用。移民研究的难度在于研究对象本身，即使在实践中也很难进行测量，同时受到很多其他议题的影响，如安全、贸易、发展、人权和环境；移民与气候变化之间是紧密相连的，但是很难梳理这一联系的复杂性。

国际移民的复杂性和多样性导致了多层面的探讨。研究议题包括：移民的背景和动机、移民流动模式与趋势、移民影响、移民权利、社会性别、

---

① 〔美〕帕特里克·曼宁（Patrick Manning）：《世界历史上的移民》，李腾译，商务印书馆，2015，第 195 页。

移民与阶级、代际族群关系、社会融合（或排斥）、移民福利及权利保护、移民与发展、非法移民、难民/避难、法律政策、国际移民治理等。对所有相关议题进行大致划分后，移民研究基本上可概括为两个独立体系：一是对迁移原因、进程及移民模式的研究；二是对移民如何融入目标国社会的研究。[①] 不同研究议题表现出明显的阶段性特征。移民作为一个科学研究领域，最初的关注点体现在两个方面：一是关注 19 世纪后期 20 世纪初期美国和西欧地区的城市化，因为城市的快速发展伴随着大规模的人口增长，包括农村向城市的移民及来自不同国家的移民；二是发生于 20 世纪 30 年代的大萧条（the Great Depression）使城市的就业机会减少，失业现象严重，移民研究开始涉足政策领域。[②]

20 世纪 80 年代以后，移民研究开始与新劳动力分工、经济全球化和资本的全球流动联系起来。[③] 进入 20 世纪 90 年代后，移民的全球化成为学者感兴趣的一个主题。人口流动是影响全球所有地区主要变化的一个重要因素，促进了经济、政治和社会变革，将移民研究与全球化背景剥离开来可能导致错误的观念。将移民作为社会转型的一个关键部分可丰富对移民的研究。[④]

进入 20 世纪 90 年代后，移民研究出现了两个主要的关注领域：移民与发展的关系（migration - development nexus）、国际人权讨论。早在 20 世纪五六十年代，发展经济学家就强调劳动力移民是现代化整体的一个部分，主要探讨发展对移民的促进作用及移民与发展之间的互惠作用，即来源地出口剩余劳动力、获得汇款，对改善家庭收入状况、提高生产力有一定的

① Russell King, "Geography and Migration Studies: Retrospect and Prospect Department of Geography," *Population, Space and Place*, Volume 18, Issue 2, March/April（2012）: 137.

② Michael J. Greenwood and Gary L. Hunt, "The Early History of Migration Research（Revisited），" pp. 2 - 3, http://www.colorado.edu/econ/courses/spring12 - 4292 - 001/Greenwood% 20and% 20Hunt% 20Migration% 20Research% 20History.pdf.

③ 李通屏、朱雅丽、邵红梅等编著《人口经济学》（第二版），清华大学出版社，2014，第 325 页。

④ Stephen Castles, "Development and Migration or Migration and Development: What Comes First?" *Asian and Pacific Migration Journal*, Vol. 18, No. 4（2009）: 462.

促进作用。① 在 20 世纪七八十年代，国际社会逐渐意识到移民的重要性，移民与经济、社会发展之间的关系逐渐得到认同。"移民与发展"，用于理解劳动力移民的动因及其产生的影响，强调了移民进程对目标国社会的影响，同时也以独特的视角解释了移民对来源国社会影响的本质和复杂性，包括移民的决定因素、迁移和汇款在减贫中的作用、迁移与人的发展、人才流失、南—南移民、移民与贸易和投资之间的联系。② 主流观点是积极的，一系列报告、政策和声明表明，国际机构和来源国、目标国政府认为移民对更贫困国家的发展具有积极的贡献；而负面和消极的观点则认为，移民代表劳动力和人力资本的流失，对来源国的发展来说是个障碍。③ 1994年，联合国人口与发展大会提出了"促进国际移民有序流动，使原居地和目的地社会共同受益"的行动口号，"移民与发展"成为联合国积极倡导的一项惠及全球民生的重要事业。④ 2000 年，联合国大会首次将 12 月 18 日定为"国际移徙者日"，希望人们认识到移民为目标国和来源国的经济发展所做出的贡献。2006 年，第一次召开的国际移民与发展高级别对话（High - Level Dialogue on Migration and Development）再次确认了"国际移民可能是来源国与目标国发展的积极力量"。在移民和发展的关系问题上，集中于探讨移民与城市化、工业化、农业、家庭结构、性别角色及思想观念之间的关系；⑤ 现有的移民研究多是从宏观的经济社会发展指标来看待移民对发展的影响；⑥ 概念层面的关键原则是把移民与发展的关系置于全球化背景下，对社会结构更广泛学科间的关系进行分析。

---

① Stephen Castles, "Development and Migration or Migration and Development: What Comes First?" *Asian and Pacific Migration Journal*, Vol. 18, No. 4 (2009): 445.

② Çaglar Özden and Maurice Schiff, *International Migration, Economic Development & Policy* (World Bank, June 2007), p. 17.

③ Stephen Castles, "Development and Migration or Migration and Development: What Comes First?" *Asian and Pacific Migration Journal*, Vol. 18, No. 4 (2009): 443.

④ 丘进主编《华侨华人研究报告（2011）》，社会科学文献出版社，2011，第 2 页。

⑤ 丁宏主编《民族研究文集·国际学术交流卷》，中央民族大学出版社，2006，第 482 页。

⑥ 王耀辉、刘国福、苗绿主编《中国国际移民报告（2015）》，社会科学文献出版社，2015，第 86 页。

二战结束以后，数十年的南—北移民对国家认同和社会凝聚力产生了重大影响。进入 21 世纪，移民越来越被当作国家安全的一个主要威胁。2001 年"9·11"恐怖袭击及随后发生在马德里和伦敦的事件使移民与安全之间的关系成为移民讨论的最大问题之一，认为移民与恐怖主义有某种潜在的联系并会对国家安全产生影响。为了有效控制非法移民，宏观的移民制度或政策应当成为当前国际移民研究的中心议题。[1]

人权讨论关注移民（尤其是那些不希望移民定居或成为永久移民的目标国）的权利。移民、发展和人权三者间有一种内在联系，不是彼此隔绝的，在理论、概念发展、社会经济和政治进程中存在广泛的重叠，并越来越深地结合到经济发展和移民议题中。[2]

近年来，学者和决策者建议使用"人的安全"作为应对移民挑战的一种途径，将人的安全维度带入移民研究中，主要关注无国籍人和缺乏人权保护的移民。"人的安全"将发展、人权和安全融为一体，不同于传统安全或国家安全，是一种以人为中心（people - centered）的途径；超越了国家主权、边界控制、公民权利及国籍的限制，是将国家这一单向度的安全观拓展为个体—群体—社会—国家四维甚至多维的安全观。[3] 学者们强调"人的安全"对所有移民有利，能更好地维护移民的权利。以人作为安全的最终指涉对象来研究国际移民，是对以"国家安全"为中心的传统视角进行补充，注重采用更加综合、全面和多方位的治理方式，通过利用国际对话平台与国际组织甚至是全球社会组织的力量，整合各国、不同区域组织共同致力于移民问题的全球治理，这是一个新的途径，还没有成为主流，仅限于发展和外交政策的制定领域。[4] 实现移民的福利和安全，所需的前提条件

---

[1] 文军、黄锐：《移民政策的回归及其分析维度的建构———一项以国际移民研究为中心的讨论》，《天津社会科学》2013 年第 2 期。

[2] 联合国文件：《国际移徙与发展问题：秘书长的报告》，A/67/254，2012 年 8 月 3 日，第 6 页。

[3] 余潇枫、樊守政、王蔚等编《中国非传统安全研究报告（2015～2016）》，社会科学文献出版社，2016，第 224～225 页。

[4] Benjamin A. San Jose, "Achieving Human Security for Migrants: the Limits of State Policies and Migration? Development Initiatives," *San Jose Bandung J of Global South* 2 (2015) : 3 – 4.

包括制定更好的国家政策和制度，建立关于移民的双边对话及多边协议，促进国家与非国家等行为体参与移民讨论和决策。

气候环境的变化使移民研究具有了一个新维度，引发了对"环境与移民"两者之间关系的讨论，但是还没有形成一致意见。环境移民、环境难民、环境被迫移民等相关表述包含了共同的内涵，如环境难民通常指的是，自然或人为导致的显著环境破坏危及人的生存或对生活质量产生了严重影响，迫使人们暂时或永久离开传统居住地。1995 年，全球环境难民达 2500 万人，2020 年可能翻倍。① 人类活动与生态系统是相互联系和依赖的，自然灾害打断了社会的互动并导致了人口流动，环境变化导致的移民被视为复杂的人与环境体系的一部分，但是在环境和气候变化的适应战略下还没有得到系统的讨论。环境变化或退化导致的移民缺乏明确的定义导致了两个问题：一是学者们指出环境因素不同于其他迁移动力，在很多案例中环境因素不只是推力因素，如果环境变化成为一个确立的现象，后续问题还包括如何评估影响；二是很难定义与环境相关的迁移范围，因为这涉及相关国家的制度和治理措施。②

大多数情况下，移民与其他议题领域（如发展、环境和安全）之间的关系不是客观的因果关系，而是基于主导的观念，影响并形成了学术和政策讨论。

（三）移民研究中的不同学科视角和方法论

"移民"是个广泛的议题，涉及历史、社会、文化、经济、政治、生态、国际关系等多个维度，来源国和目标国之间的因果关系不能只依靠某个单一的学科来进行解释和分析，需要采取多学科、跨学科的研究方法把

---

① Joanna Zelman, "50 Million Environmental Refugees By 2020, Experts Predict," *The Huffington Post*, 2011, February 2, http://www.huffingtonpost.com/2011/02/22/environmental – refugees – 50_n_826488. html.

② Koko Warner, "Global Environmental Change and Migration: Governance Challenges," *Global Environmental Change* 20 (2010): 403.

各方面的结构和过程联系起来，从而对移民进行研究的多学科途径应运而生。[①] 移民研究经历了长期的跨学科历史，战后以来已跨越了历史学、地理学、人口学、经济学、政治学、法学、人类学和社会学等多个核心学科，学者们分别就移民的不同社会因素进行专门研究，研究方法和途径不尽相同，每门学科的研究模式也各有特点。

早期的移民研究较多关注移民历史，移民史研究成为整个移民研究系统的基础和必经之路，但仅停留在对历史阶段的梳理上。自 19 世纪下半叶开始，学者们开始从移民的具象研究转至移民的一般原因探讨，很多不同学科背景的研究者加入其中。经济学、地理学、社会学等诸多学科的加入使国际移民研究的内容逐渐丰富。[②] 在 20 世纪 30 年代，移民已成为社会科学探究的一个主题，30 年代的大萧条期间尤其吸引了经济学家的兴趣，移民自此成为经济学的一个研究主题，人类学、政治学和流行病学等相继加入。[③] 自 20 世纪 90 年代以来，移民逐渐发展成为一个跨学科的研究议题，每个涉及的学科都对移民研究领域有所贡献，新的范式和方法用于处理移民研究中特定术语上的一些误差。[④]

历史学以收集与移民行为相关的数据为主要任务，侧重于分析人口迁移的过程，进而对移民史进行梳理。历史学的移民研究主要探讨移民者与来源国及输入国之间如何建立情感上和经济上的纽带，历史学家在大多数情况下都避免将移民模式理论化。[⑤] 当下的移民研究对其时间性和空间性的

---

① 〔智利〕劳尔·乌尔苏亚：《国际移民、社会科学和公共政策》，陈思译，《国际社会科学杂志》（中文版）2001 年第 3 期。

② 李强、刘精明、郑路主编《城镇化与国内移民：理论与研究议题》，社会科学文献出版社，2014，第 3 页。

③ Michael J. Greenwood and Gary L. Hunt, "The Early History of Migration Research（Revisited），" p. 4，http://www. colorado. edu/econ/courses/spring12 – 4292 – 001/Greenwood% 20and% 20Hunt% 20Migration% 20Research% 20History. pdf.

④ Barbara Lüthi, "Migration and Migration History," Docupedia – Zeitgeschichte, p. 5, http://docupedia. de/images/a/a3/Migration_and_Migration_History. pdf.

⑤ 〔美〕帕特里克·曼宁（Patrick Manning）：《世界历史上的移民》，李腾译，商务印书馆，2015，第 198 页。

解释更加具体而非概括，尤其体现在特定案例分析中。移民史学家也研究在特定结构约束下促进迁移过程的力量，包括动机、网络、对结构的影响（如家庭、国家）等。[1]

多年以来，移民是社会学和地理学的一个重要研究主题。地理学对移民的研究通常从人文地理学和经济地理学的视角介入。人文地理学主要关注人口迁移的空间属性及一般性规律，经济地理学则主要对人口及经济活动的空间集聚机制及其原因进行探讨。20世纪80年代末期以来，经济全球化的趋势使一些经济学家开始发现经济地理学的价值，并形成了一套比较完整的区位理论。新经济地理学考虑了不完全竞争、差别化产品和报酬递增等更为符合现实的情况，突破了传统经济地理学只考虑运输成本的局限，更为本质地解释了工资存在持续差异的原因，也揭示了为什么经济活动与人口会向部门地域集聚以及导致集聚的机理，对解释经济全球化、贸易自由化、市场一体化等发展背景下经济条件对人口迁移的影响具有重要意义。[2]

社会学家很早就开始研究移民现象，重点集中于移民群体在目标国多民族背景下的文化融合，考察移民社会的构成、移民群体与社会发展等问题，最重要的问题是移民现象何以发生及发生之后如何存在。换言之，人们为何走或为何留。[3] 对目标国，社会学家提出了民族飞地和接受性社会背景两种理论，集中探讨本土化的移民群体而不是整个国家的状况。其中，接受性社会背景理论家认为三个相互关联的因素是移民个人融入目标地的关键：目标国的政治态度（支持或反对移民）、目标国的劳动力市场（开放、中立或歧视）及民族飞地内的经济多样性（企业生存的可能性、给非技术移民提供的岗位等）。[4] 移民议题由于在社会学中不是一个重要的调查

---

[1] Barbara Lüthi, "Migration and Migration History," Docupedia - Zeitgeschichte, p. 2, http://docupedia.de/images/a/a3/Migration_and_Migration_History.pdf.

[2] 李通屏、朱雅丽、邵红梅等编著《人口经济学》（第二版），清华大学出版社，2014，第340页。

[3] Barbara Schmitter - Heisler, "The Sociology of Immigration," in Caroline B. Brettell and James F. Hollifield, eds., *Migration Theory: Talking across Disciplines* (New York: Routledge, 2000), p. 77.

[4] 〔美〕帕特里克·曼宁 (Patrick Manning)：《世界历史上的移民》，李腾译，商务印书馆，2015，第199页。

领域，因而在这一学科中逐渐被边缘化了。20 世纪 80 年代末 90 年代初，移民产生的社会问题开始逐渐进入研究者的视野，社会学出现了一门新兴分支学科——移民社会学，重在对移民现象进行社会学分析。通过对纷繁复杂的移民现象和移民问题的社会学分析来认识和理解人类社会和社会互动；其研究任务是认识和分析各种移民现象和移民问题，如移民过程、结构、事件及其与社会因素之间的关系等。

人口学定义一定范围的人口，移民是人口增长的一个部分，因而也是人口学的一个主题。人口增长与移民频率之间相互影响，人口规模和增长率是描述或预测移民模式的独立变量，认为人口增长是导致迁移的外在因素。[1] 这一学科旨在讨论来源地和目标地的人口分布状况及移民的特征、发展变化和趋势并加以量化。公认的最早从人口学角度对移民进行研究的学者是现代移民研究的奠基人莱文斯坦。他于 1885 年、1889 年先后发表了两篇《人口迁移的规律》的同题文章，首次探讨人口迁移的拉推力规律，强调拉力或引力的主导作用，认为拉力强于推力是迁移的基本动因。[2] 20 世纪末期，学者再次将注意力转向人口分析理论，强调移民的个体差别体现在性别、种族、阶级和年龄等方面。

经济学倾向于解释人口的迁移动因及对来源地和目标地经济发展的影响。在早期，经济学家强调收入差距和地区间移民的关系。古典经济学的创始人威廉·配第 （William Petty, 1623 - 1687） 可能是最早从经济发展的角度揭示人口迁移原因的学者，他指出比较经济利益的存在会促使社会劳动力从农业部门流向工业部门和商业部门。后来经济学领域对移民的研究均在不同程度上受到他的影响。自 20 世纪 50 年代起，经济学界开始从宏观经济的角度分析移民对经济增长的影响。新古典派宏观经济学家认为经济欠发达地区和劳动力过剩地区是主要的输出地，而劳动力缺乏地区及经济

---

[1] Philippe Fargues, "International Migration and the Demographic Transition: A Two - Way Interaction," *International Migration Review*, Volume 45, Issue 3 （2011）: 589 - 590.

[2] 李通屏、朱雅丽、邵红梅等编著《人口经济学》（第二版），清华大学出版社，2014，第 324 页。

发达地区则接收、安置这些移民，迁移的原因是两地工资水平的差异。① 经济学大量的经验研究关注入境移民对目标国经济的影响，特别是对目标地工资和就业的影响。经济因素在移民过程中占有重要位置，但不足以解释所有的移民经历。经济学在移民研究中的不足之处，是大多数研究的经济取向集中于劳动力市场、偏重永久性的个人迁移而忽略了其他行为主体、其他类型的移民活动及不同性别和族群之间的差别，也忽略了体制和历史的联系环节，而后两者对移民同化和国家政策都会产生一定的影响。② 为了能更好地分析移民行为，20 世纪 70 年代出现的政治经济模式在移民研究中引入了政治要素，经济学与社会网络和非经济决定因素合并，在一定程度上形成了经济学和社会学的交叉并相互重叠，经济学融合了非经济的决定要素。③ 与经济相关的研究议题实际上是移民研究中最多的，包括探讨移民的原因、移民程度或模式、移民政策等。经济危机对移民的影响也是一个重要议题。20 世纪 30 年代的大萧条、20 世纪 70 年代末期的石油危机、1997 ~ 1998 年亚洲金融危机等以显著的方式影响了劳动力移民，尤其是非技术工人、低技术工人，但对政治与环境难民、婚姻移民和家庭团聚型移民的影响不大。经济危机对移民的影响是复杂且难以预知的，通常会导致国家强化对入境移民的控制、激化反移民的情绪。④ 缓冲理论认为移民是对劳动力市场的一种调节，其在经济快速发展时期填补了劳动力缺口，经济下滑时期因失业而返回来源地。⑤

---

① 〔美〕帕特里克·曼宁（Patrick Manning）：《世界历史上的移民》，李腾译，商务印书馆，2015，第 199 页。
② 〔智利〕劳尔·乌尔苏亚：《国际移民、社会科学和公共政策》，陈思译，《国际社会科学杂志》（中文版）2001 年第 3 期。
③ Sonja Haug, "Migration Networks and Migration Decision – Making," *Journal of Ethnic and Migration Studies*, Vol. 34, No. 4 (2008): 599.
④ Gijs Beets and Frans Willekens, "The Global Economic Crisis and International Migration: An Uncertain Outlook," *Vienna Yearbook of Population Research*, Vol. 7, *Impact of Migration Ondemographic Change and Composition in Europe* (2009): 26.
⑤ Gijs Beets and Frans Willekens, "The Global Economic Crisis and International Migration: An Uncertain Outlook," *Vienna Yearbook of Population Research*, Vol. 7, *Impact of Migration Ondemographic Change and Composition in Europe* (2009): 22.

政治学集中研究主权国家如何培养移民获取公民权利，较为关心"弹性公民"的社会事实及作为移民的公民与来源国之间的关系，承认移民作为一个强大经济维度（尽管不是占主导的）的事实。在移民政策上，主要关注国家、制度政策和利益集团，但没有系统地将有关移民的经济和政治概念相结合，① 也缺乏从国家和地区层面对移民进行政治、经济方面的综合分析。②

人类学和社会学一样，主要对移民群体进行研究。注重分析移民的影响与作用，侧重于探讨移民族群的文化冲突、融合及认同等问题，往往采用"移民与……"的形式，研究涉及的范围在所有学科中是最广泛的。人类学家认为20世纪的移民拥有"跨国"的身份，主要是因为社会网络使他们与两个甚至三个国家联系到了一起。这一认识为研究移民的决策制定和身份形成奠定了基础，"跨国"的理论机制有助于揭示移民与其来源地、迁移所经之地以及目标地之间建立的不同关系。③

移民研究还与区域学（regional science）存在一种长期确定的关系，是区域学发展的一个核心主题和动力。④ 区域学侧重于探讨国家内部不同地区之间人口迁移的原因及影响，不仅因为相关数据可获得，还由于决策者关心国内人口的分布状况。自20世纪80年代以来，随着大多数发达国家移民数量的不断增加，区域学将注意力转向了国际移民，致力于探究移民模式的决定因素、对来源国和目标国的影响及移民在目标国的融合。⑤

非法移民在20世纪之前是不可想象的，从时间上来看是个相对较新的

---

① Gary P. Freeman and Alan E. Kessler, "Political Economy and Migration Policy," *Journal of Ethnic and Migration Studies*, Vol. 34, No. 4 (2008): 655.

② Maruja M. B. Asis and Nicola Piper, "Researching International Labor Migration in Asia," *The Sociological Quarterly*, Volume 49, Issue 3 (2008): 431.

③ 〔美〕帕特里克·曼宁（Patrick Manning）：《世界历史上的移民》，李腾译，商务印书馆，2015，第201页。

④ K. Bruce Newbold, "Migration and Regional Science: Opportunities and Challenges in A Changing Environment," *The Annals Regional Science* 48 (2012): 451.

⑤ Masood Gheasi, Peter Nijkamp, Jacques Poot, "Special Issue on International Migration: Editorial Introduction," *The Annals Regional Science* 51 (2013): 1.

现象。非法移民问题的凸显使法学参与到移民研究中，法学基本上着眼于审视各国的法律、法规对移民的控制及可能引发的国际移民问题。① 法律作为应对全球人口跨境流动问题的一种措施，用基本的司法措施来区分国际流动中的合法移民与非法移民，国家倾向于加强边界控制，不仅建立限制合法入境准则，也将那些违反限令的外国人诉诸刑法准则。相关国家普遍将非法移民定罪化，如美国"非法移民罪"、德国"诱使他人移居国外罪"等，并非处理非法移民的有效方式。进入 21 世纪后，国际社会对非法移民的态度开始转变，部分西方国家首先开始进行除罪化，即通过司法和行政权力的措施保护非法移民的基本权利，提供人性化的遣返或安置，并在新的法律框架下将非法转化为合法存在。当然，除罪化并不意味着无原则、无限度地纵容和放任非法移民。②

除了以上核心学科，公共管理也成为研究移民的重要学科之一，政府人员收集、整理移民数据可同时用于政策管理和学术研究。遗产学、语言学和化学等学科对移民学的研究也有重要意义，可弥补文献资料的缺乏及国家参与的缺位。

移民问题既是个固有的老问题，也是个不断呈现新特点的现实问题，多学科研究的方式有助于对其进行全面理解。总体而言，经济学、地理学、社会学和人口学是移民研究的主要学科，相比之下，人类学、政治学和历史学的作用还不够突出。③

而在方法论方面，移民研究同样取得了进步。这主要源于移民数据的获取来源渠道不断扩展，包括人口普查数据和间接的统计等。以数据为基础对移民问题进行描述和解释，而描述性的移民研究在很多方面具有重要性，尤其是年龄和性别等方面的细节描述。除此之外，研究者还建立了空

---

① 徐军华：《非法移民的法律控制问题》，华中科技大学出版社，2007，第 209 页。

② 李建、罗大位：《非法移民除罪化趋势探究——兼议对我国"三非"外国人管理的启示》，《净月学刊》2015 年第 1 期。

③ Maruja M. B. Asis and Nicola Piper, "Researching International Labor Migration in Asia," *The Sociological Quarterly*, Volume 49, Issue 3 (2008): 429.

间互动的引力模型并以此为基础，将一个国家内部不同地区之间的迁移作为移民研究的一个支柱；同时使用回归移民和学习型移民的数据来分析、检验引力模型。[①] 对移民进行学理分析的方法主要有四种。一是马克思主义分析法，主张经济因素和基于阶级的政治发展进程决定着一国的移民政策，移民是资本主义发展和国际劳动分工的有机组成部分。二是"民族认同"分析法，类似国际关系理论中的建构主义，强调每个国家各自的历史特性、公民和民族观念，认为国家认同和社会冲突的争议塑造着移民政策。三是理性决策分析法，认为在移民问题上，利益集团和政党的相互讨价还价最终形成决策。四是全球治理分析法，认为国际移民作为经济全球化的一个关键特征，其治理理应被赋予全球属性。[②]

（四）不同的移民理论流派

移民理论涉及多个学科领域，其创建的目的是探究人类进行迁移的原因，包括为什么迁移、为什么不迁移，向心和离心的社会经济因素等，在迁移中得到的有益经验及如何解决迁移过程中的困难。学术界主要的理论研究方向是探讨移民进程的动力机制。传统的国际移民理论主要尝试回答四个问题：一是驱动移民特别是劳动力移民的主要动力是什么；二是国家移民政策制定的根基是什么（基于怎样的考量）；三是如何衡量和评估移民政策的效果；四是移民趋势及相关政策的走向。[③] 每个理论以不同的方法论选取移民的不同方面进行研究。当代西方国际移民学术界比较有影响的理论模型，如推拉理论（push – pull theory）、新古典移民理论（neo – classical migration theory）、劳动力市场分割理论（segmented labor market theory）和世界体系理论（world system theory）等主要从人口迁移的动因来构建模型；

---

① Michael J. Greenwood and Gary L. Hunt, "The Early History of Migration Research（Revisited），" pp. 47 – 49, http://www. colorado. edu/econ/courses/spring12 – 4292 – 001/Greenwood% 20and% 20Hunt% 20Migration% 20Research% 20History. pdf.

② 宋德星：《论国际移民问题的主流理论、观念分歧及政策焦点》，《国际问题展望》2017 年第 5 期。

③ Elspeth Guild and Sandra Mantu, *Constructing and Imagining Labor Migration：Perspectives of Control from Five Continents*（Routledge, 2010），p. 1.

移民网络（migration network）、连锁因果、迁移文化及多元文化论等侧重于移民延续、社会融入层面的探讨；而新经济理论、文明冲突和跨国主义理论重点关注国际移民的社会影响及对相关国家移民政策的绩效评估。[①] 在国际移民的分析中，世界体系的不平等、劳动力市场的分割以及移民的社会网络等概念框架已进入移民理论的核心，成为国际移民研究的主流范式，但这些框架忽视了移民目标国的宏观政策对移民取向、规模和社会融入的影响。[②]

推拉理论列举了来源地和目标地的因素，这些因素导致了迁移行为的发生，但是没有解释不同因素如何结合从而导致迁移，也不能解释为什么具有拉动因素的地区与具有推力因素的地区之间存在差距。新古典移民理论由推拉理论发展而来，重视经济因素在移民运动中的作用，认为人是自助的、理性的行为体，受到自身利益最大化的推动，迁移是为了使收入或福利最大化；将国家间工资的差距作为移民产生的根源，并认为在工资趋同的过程中移民将减少。这一理论忽略了移民是人类历史上的一个恒常因素，工资的趋同假设忽略了权力的不对称可能会维持中央和边缘地区的经济不平等。推拉理论与新古典移民理论的观点与现实生活中的移民模式并不相符，如大多数移民不是从最贫困的国家到最富裕的国家，最贫困国家的人口外迁程度低于中等收入国家和相对富裕的国家。

劳动力市场分割理论和新经济移民理论对新古典移民理论进行了修正和补充，三者都属于现代化理论体系，强调个体经济利益或趋利避害的天性在移民决定中的重要作用。[③] 劳动力市场分割理论又称二元劳动市场理论（dual - labor market theory），认为发达国家的经济体系主要划分为两个层次：资本密集型的主要部门和劳动力密集型的次要部门。本地劳动力集中

---

① 周敏、张国雄主编《国际移民与社会发展》，中山大学出版社，2012，第28页。
② 文军、黄锐：《移民政策的回归及其分析维度的建构——一项以国际移民研究为中心的讨论》，《天津社会科学》2013年第2期。
③ 夏敏、卢春龙：《论国际移民与经济发展的关系——经验数据与理论反思》，《郑州大学学报》（哲学社会科学版）2016年第2期。

于前者，后者对本国公民缺乏吸引力，导致劳动力缺乏，需要外来移民填补。新经济移民理论的分析集中在家庭层面，认为家庭决定迁移，目的是尽量减少家庭的经济风险。

沃勒斯坦提出的世界体系理论又称历史—结构主义理论，于 20 世纪七八十年代发展起来。该理论认为国际移民的产生和发展源于经济全球化，核心国家对边缘国家的压榨导致了跨国移民，移民成为由此形成的核心国家主导的世界体系的一部分，将分析重点放在国际体系层面。该理论认为国际移民与经济发展之间呈现一种复杂的交叉状态，劳动力与商品和资本的国际流动方向不同：商品与资本是从核心国家流向边缘国家，原材料和劳动力则是从边缘国家流向核心国家。由于殖民文化、语言等的维系，国际移民通常发生于殖民宗主国与前殖民地之间。①

大多数的移民流动发生在邻国或邻近地区之间，分析者通常使用地区移民系统（migration system）② 来界定邻近国家之间的移民流动，表明来源国与目标国之间相对稳定的移民潮导致了具有明显地理特征的结构。在这一结构中，本土的、地区间的以及全球性的因素对移民潮的形成和影响构成了移民研究的重点，③ 当前很多国家的法律、政策、行为和国际协议与地区移民系统相关。移民系统理论主张在移民研究中，需要关注经济、政治、国际关系、社会与制度等因素对国际移民的影响，还应重视移民对国家间关系、社会文化联系等方面的整体性与系统性研究。④

进入 21 世纪，学术界对国际移民的研究在深度和广度上均有明显的拓

---

① 夏敏、卢春龙：《论国际移民与经济发展的关系——经验数据与理论反思》，《郑州大学学报》（哲学社会科学版）2016 年第 2 期。

② 二战结束以后，全球出现了几个相互叠加的宏观地区的移民系统：20 世纪五六十年代，欧洲战后重建和经济增长造就了欧洲西部和北部对南部劳动力的需求，然后扩展到北非；北美的劳动力市场吸引了墨西哥及其他拉丁美洲和加勒比海的移民；加勒比海和拉丁美洲的移民系统；亚洲地区随着韩国、新加坡和马来西亚的经济发展形成的新系统；撒哈拉以南非洲的移民系统。

③ 〔美〕帕特里克·曼宁（Patrick Manning）：《世界历史上的移民》，李腾译，商务印书馆，2015，第 200 页。

④ 谢婷婷：《中欧关系视角下的新侨研究》，社会科学文献出版社，2016，第 125 页。

展，基本的理论取向大致可划分为三点：强调市场导向的经济理性选择，注重政治内涵的文明冲突论及强调全球化趋势的跨国主义论。① 其中，市场导向决定论也称为经济理性选择理论，是国际移民理论探讨中颇具影响力的一个理论，强调"主要是市场力量决定移民"，该理论因此成为"长期主宰移民学界的正统观念"②。当代国际移民流动展现了自下而上的全球化趋势，跨国移民已经发展到一个新阶段，由此引发的跨国主义更加强劲。移民跨国主义（immigrant transnationalism）描述了不同国家间有着共同民族文化背景的人们之间的联系及超越了地理、文化和政治边界而建立的跨国社会，采取了民族主义的形式，本质上带有解国家的性质；主张国际社会应从冲突的、国家中心主义的体系转变为合作性的、相互依赖的世界，这在一定意义上加剧了民族国家面临的国民认同困境。③ 跨国主义试图构建一个理论分析框架，以便于更好地理解移民在目标国与来源国之间牢固的社会和经济联系，这种联系可以是物质的或是符号的，可表现为经济、政治或社会文化等形式。④ 这一理论的研究成果立足于移民进程而不是输出国社会的变迁，认为移民研究的本质应该是将移民与目标国社会的更大议题如就业、文化联系和政治稳定等联系起来。⑤

国际移民理论由开始注重单一的、外显的因素逐渐转向将移民纳入由经济、政治（国际关系）、文化、自然和社会环境等因素组成的复杂系统内进行研究，研究范畴也从原来的关注移民自身逐渐外延至关注移民对来源国与目标国的国家政策、社会生态、文化与民族认同的影响等方面。⑥ 但现有的国际移民理论框架还不足以解释当前人口迁移的复杂性，大多与经济、

---

① 周敏、张国雄主编《国际移民与社会发展》，中山大学出版社，2012，第21页。
② Stephen Castles，"The Factors That Makes and Unmakes Migration Policies，" *International Migration Review*，Volume 38, Issue 3（2004）：854.
③ 王金良：《跨国关系与跨国权威》，法律出版社，2012，第178～179页。
④ 陈程、吴瑞君：《国际移民理论中的回流研究——回顾与评析》，《西北人口》2015年第6期。
⑤ Xiang Biao，"Towards An Emigration Study：A South Perspective，" *Economic and Political Weekly*，Vol. 39, No. 34（2004）：3798.
⑥ 转引自谢婷婷《中欧关系视角下的新侨研究》，社会科学文献出版社，2016，第126页。

地理和人口方面的要素相关，不可避免存在一些重大缺陷，如忽视心理方面（如价值观、希望、恐惧）和社会方面（如身份）的要素。① 亚太移民研究网络（Asia Pacific Migration Research Network，APMRN）② 认为，官方的政策论述忽略了移民的基本理论，也没有适当考虑移民的社会成本、人权问题及移民在社会和政治转型中发挥的作用，强调需要重视与来源国和目标国相关的社会和政治议题。③ 对国际移民的认知主要来源于对特定国家的案例研究，对国际移民结构性根本原因的认知因缺少跨国的经验性分析而受阻碍，在跨国环境中，不应忽略地方与全球、国内与国际移民之间的相互联系。④

二　移民理论的发展障碍与趋势

（一）发展障碍

移民研究还没有发展成为一门独立的学科，移民现象的复杂性及导致移民的历史、体制、经济和人口环境的重要作用造就了各种截然不同的解释框架，难以进行"一刀切"（one size fits all）式的概括。⑤ 自 20 世纪以来，移民理论一直处于发展、演变中，移民理论研究的进步并非新理论代替旧理论，而是在多维度的理论框架内继续进行研究，并找到更多与现存

---

① 潘兴明、陈弘主编《转型时代的移民问题》，上海人民出版社，2010，第 2 页。

② 亚太移民研究网络（APMRN）成立于 1995 年，初衷是帮助了解亚太地区的移民和移居政策，是一个独立于政府的学术性机构。亚太移民研究网络的主要工作有两方面：增强对作为社会转型因素的移民和民族文化多样性的长期影响的了解；帮助制定能有效缓解移民造成的贫困的政策。它是一个东亚（中国、日本、韩国）、东南亚（印度尼西亚、马来西亚、新加坡、越南、菲律宾、泰国）和大洋洲（澳大利亚、新西兰和太平洋岛国）的移民和民族关系学者相互合作的地区项目。2001 年亚太移民研究网络扩大到了南亚（孟加拉国、斯里兰卡和印度），现在参与其中的有 17 个地方网络或国家。

③ Maruja M. B. Asis, Nicola Piper, "Researching International Labor Migration in Asia," *The Sociological Quarterly*, Volume 49, Issue 3（2008）：429.

④ Maruja M. B. Asis, Nicola Piper, "Researching International Labor Migration in Asia," *The Sociological Quarterly*, Volume 49, Issue 3（2008）：440.

⑤ 〔法〕乔治·弗提奥·塔皮诺斯：《全球化、区域融合、跨国移民》，祝东力译，《国际社会科学杂志》（中文版）2001 年第 3 期。

理论相联系的移民所涉及的领域。某种程度上，新的理论更加全面，其变化在于不断发现并关注移民进程中出现的新问题。移民理论化的一个主要障碍是移民经历的复杂性和多样性需要从多个方面进行分析，因为每个案例都有其特殊性，也因此导致了一种消极的想法，认为理论的形成是无意义的；同时也给经济学家提出了难题，其方法论的原则是以简单的模型开始，使用量化的数据来检验和提炼，但理论是抽象的，因而很难得出有用的解释内容。在移民研究中，理论进展是个主要障碍，不能期望产生一个宏大的理论来解释所有国际移民的产生和持续存在，建立一个适用于所有移民类型、所有时期和所有地区的移民理论同样是不切实际的，也是不可取的。理论的创新有助于解释历史上及当代移民进程冲突产生的原因，但仍然无法阻止冲突的发生。移民过程中复杂多变的社会环境是移民行为难以理论化的原因之一。移民研究遭遇的两难境地，一方面意味着它需要提升到更高层面，另一方面也表明很难实现提升，为移民现象提供普遍的理论解释需要更为严苛的理论框架及定义。① 移民研究的碎化和狭窄表明了移民研究还没有建立在共有的概念和问题之上，也没有形成相应的知识积累。现存的移民解释框架只是一些破碎化的理论体系（fragmented set of theories），某种程度上可理解为解释国际移民概念及方法多样性的强化，这在快速发展的全球政治经济背景下是必然的。一方面，对移民的研究越来越多，也越来越深入和细化；另一方面，目前还很少有学者把所有重要的移民类型做整体、宏观的系统研究，但众多个案的研究为这样的系统研究提供了重要基础。②

　　移民研究中还存在的问题是基础资料不完善，国际移民有关的资料不足或大多数国家缺乏统计以及经验研究的基础有限。国家及国际层面在发展研究和政策讨论中对移民的关注度迅速增加，但是国际移民数字只是个估计值，不够准确也不可靠，且国际层面仍没有制定出一个统一的标准用

---

① 〔美〕帕特里克·曼宁（Patrick Manning）：《世界历史上的移民》，李腾译，商务印书馆，2015，第204~205页。
② 赵建国：《人的迁移与传播》，中国社会科学出版社，2012，第26页。

于统计移民人数、移民的技能特征等具体情况，在国家层面，很多来源国也没有详细收集移民的数据。① 国际移民数据不详的原因还包括对移民定义存在争议，很多国家使用不同的法律定义，由此导致进行跨国对比存在一定难度。此外，由于存在大规模的非法移民，一些政府不愿意（特别是目标国）或无力收集并公布有关这一群体的数据。

（二）发展趋势

移民理论的形成过程可概括为四个阶段：首先是对特定移民案例的经验研究；其次是构建移民进程的中层（middle‐range）理论，在更广的全球化社会关系和社会转型的背景下，与特定的来源国、中转国和目标国相联系；再次是从中层理论中获取经验，建立更大的概念框架，为将来的移民研究提供理论和方法论导向；最后是将概念框架作为发现新议题、研究新问题和新一轮经验研究的方法。②移民是社会转型过程中不可分割的一个组成部分，移民理论应该根植于更广阔的社会理论中，对任何特定移民现象的研究必须包括其所处的社会背景，对当代社会进行更深入更普遍的理解，获得可靠的移民数据，培训新的研究者，再结合新出现的相关问题，重新审视移民研究可能会取得的重要进展。移民研究的概念框架必须联系当代的关键趋势，以全球社会的转型作为起点，在全球快速变化的背景下，加深对移民进程复杂性、变量、脉络和多维度的理解；对移民问题的讨论和分析应重新放在国际背景下，与来源国的人权、政治组织和发展等问题，与目标国的民族凝聚力及未来福利国家等问题密切联系。③ 移民理论需要为理解国际移民多层面的动力和快速、复杂转型条件下的结合提供一个广泛的概念框架，这一框架应该是综合的、整体的，可描述特定的移民经验，

① Çaglar Özden and Maurice Schiff, *International Migration*, *Economic Development & Policy* (World Bank, June 2007), p. 4.
② Stephen Castles, "Understanding Global Migration: A Social Transformation Perspective," Conference on Theories of Migration and Social Change, July 2008, p. 10, http://www.imi.ox.ac.uk/pdfs/stephen‐castles‐understanding‐global‐migration/at_download/file.
③ 〔法〕乔治·弗提奥·塔皮诺斯：《全球化、区域融合、跨国移民》，祝东力译，《国际社会科学杂志》（中文版）2001 年第 3 期。

分析不同社会空间层面的关系并能把动力和要素结合起来。①

　　移民现象、政策和理论之间形成了一个三角关系，区分了对移民现象的描述与解释。移民趋势有两个特征需要分开，即迁移的实际模式和融合的模式，后者指的是移民成为居住地社会的一部分。决策者通常以政策为先，将两者分成各自独立的现象。② 政治、政策往往落后于移民理论的发展，理论家偏重于理解移民进程本身（包括迁移模式及融合模式），通过归纳或推理产生理论模型。随着国际移民模式、趋势的发展变化，受传统学科和西方理论框架制约的经典移民理论难以提供较为准确的解释。以亚洲移民为例，亚洲内部国家间移民及洲际移民轨迹并未遵循二战后后殖民地的移民模式，目标国并不期望移民的定居和融入，只关心移民能否满足本国劳动力市场的需求。目标国主流社会的结构差异、社会阶层的多元化等特征左右着国家对移民的政策走向，这些事实挑战着现有的移民理论框架，急需发展亚洲视角的移民理论。③ 不同国家在政治、文化及民族等方面的差异性与移民互动，使移民问题远远超出了人口生态或经济利益的范畴，成为一个多方位、多层次的综合性国际问题，因而对国际移民的研究必须越出一地、一国乃至某一个区域才能获得准确定位。④ 为了更准确理解当前国际移民的特征与发展趋势，需要从伦理、法律和政策意义上把握一些核心概念，如移民、难民、非法移民、寻求避难者等，还需将移民问题置于新的全球语境中，同时采用长历史时段的政策分析。⑤

---

① Stephen Castles, "Understanding Global Migration: A Social Transformation Perspective," Conference on Theories of Migration and Social Change, July 2008, p. 17, http://www.imi.ox.ac.uk/pdfs/stephen-castles-understanding-global-migration/at_download/file.

② Christine Inglis, "Transnationalism in An Uncertain Environment: Relationship between Migration, Policy and Theory," *International Journal on Multicultural Societies*, Vol. 9, No. 2 (2007): 187.

③ 周敏、郭南译《国际移民与社会发展：在亚洲重新崛起背景下的若干理论思考》，《中外关系评论》2016 年第 1 期。

④ 李明欢：《国际移民治理的现实困境与善治趋势》，《学术前沿》2014 年第 14 期。

⑤ 宋德星：《论国际移民问题的主流理论、观念分歧及政策焦点》，《国际问题展望》2017 年第 5 期。

三　非法移民的研究现状

国际学术界对非法移民的研究起步相对较晚，但研究领域和视角广泛：从传统安全领域扩展到非传统安全领域；非法移民的影响从对边境安全，目标国国内政治、经济和社会影响扩展到对国家安全和国际关系的影响。研究对象从具体、特定的国家扩展到全球范围；对非法移民的态度也经历了一定程度的转型，不再一味地强调打压和排斥，开始从权利的视角来看待非法移民的影响。[1] 冷战结束后，非法移民作为一种非传统安全因素对国际社会的影响日益凸显，研究者试图采用更全面的视角来看待非法移民，通常是对不同地理区位上的特定案例进行研究，大体上是探寻单一维度的政策、法律或经验，侧重于非法移民的分类、非法移民的产生、目标国社会及人口特征、非法性对公民资格的影响这四个方面。[2]

自 20 世纪 70 年代以来，关于非法移民对来源国和目标国，特别是对后者综合影响的看法及目标国对非法移民问题的观点都发生了变化，非法移民作为一个问题和难题主要在目标国受到关注。[3] 为了遏制非法移民的流动，目标国基本是从国家政策的角度寻求可行的解决方法。对非法移民的分析，传统上主要着眼于目标国的视角和观点，忽略了来源国非法外迁对本国经济的影响。近年来出现一些解释非法移民的框架，主要关注结构性的原因，侧重于从供应方的角度进行均衡分析，[4] 从对政治经济的侧重转移到法律和司法层面，及非法移民在社会组织和非政府组织中的角色和作用。非法移民与移民之间的关系，也是理论界争论不休的一个问题。非法移民的部分研究内容已纳入移民研究范畴之内，而在非法移民治理研究方面，

---

[1] 罗刚：《云南边境民族地区非法移民问题及其治理研究》，法律出版社，2012，第 23 页。

[2] Alice Bloch & Milena Chimienti, "Irregular Migration in a Globalizing World," *Ethnic and Racial Studies*, Vol. 34 No. 8 (2011): 1276.

[3] R. Lohrmann, "Irregular Migration: A Rising Issue in Developing Countries," *International Migration*, Volume 25, Issue 3 (1987): 255.

[4] Subhayu Bandyopadhyay and Sudeshna Champati Bandyopadhyay, "Illegal Immigration: A Supply Side Analysis," *Journal of Development Economics*, Vol. 57 (1998): 343.

或者将非法移民的治理纳入移民治理的范畴，或者专门针对非法移民的治理开展研究，导致关于移民或非法移民治理研究与相关政策研究混同的局面。① 中国学者提出非法移民治理有五个关键要素：一是客观、正确认识非法移民问题；二是对非法移民的动因进行科学判断；三是充分发挥国家治理、区域治理和国际治理的互补性；四是强化国家治理非法移民的政治意愿；五是实现全球的均衡发展。②

当前非法移民研究存在的问题可总结为四点。第一，没有突出非法移民的研究地位，大部分相关研究将非法移民纳入移民研究的范畴，忽视了两者间本质的区别。第二，大多数对非法移民的研究注重特定的国家和地方环境，理论路径建立在对北美和西欧研究的基础之上，这两个特征也正是非法移民研究中存在的陷阱。首先是没有意识到移民处于非法状态的法律和政治建构，对特定民族国家移民定义的具体内涵认识不清；其次是将移民的非法性理解为到处都一样，没有对不同非法移民案例的特性进行区分。③ 第三，专门用于分析非法移民的理论缺失，还没有形成一个公认的研究框架，导致人们对这一问题的理解还停留在 20 世纪中期的概念、模式或假设之上。第四，研究中缺乏准确和有代表性的非法移民数据，非法移民的统计游离于各国统计体系之外。虽然非法移民影响的重要性远远超越了数字本身的重要性，但对这一问题的分析和研究因缺乏可靠的确切数据而受阻，导致准确判断非法移民的发展趋势或对比不同地区非法流动规模均存在一定的难度。非法移民缺乏确切数据的原因在于：一是概念问题，非法移民在不同国家有不同的定义，其身份在一定的条件下还会发生转换；二是方法论问题，

---

① 罗刚：《云南边境民族地区非法移民问题及其治理研究》，法律出版社，2012，第 30 页。
② 常红、杨牧、程晓霞：《陈积敏：可从五方面考虑应对国际非法移民治理困境》，人民网，http://world.people.com.cn/n1/2016/1126/c1002 - 28897822.html，最后访问日期：2017 年 10 月 17 日。
③ Blanca Garcés - Mascareñas, "Legal Production of Illegality in A Comparative Perspective: The Cases of Malaysia and Spain," *Asia Europe Journal*, Volume 8, Issue 1 (2010): 78.

对非法移民的统计还没有形成一个学科，也没有统一的标准。[①]

对非法移民数据的收集大多发生在国家层面，涉及不同的国家机构和部门，如移民、劳工和警察等，不同机构、部门对非法移民进行登记的依据和标准不同，很难将不同部门的数据进行对比。移民由于在目标国处于非法地位，担心被拘留、被捕或被驱逐，他们尽可能躲避官方登记，通常不被记录在案。测算移民规模通常有两种方式。一是估计某个国家一段时间内（一般为1年）的外来人口数量，主要是根据国家的人口普查或者相关部门的记录（特别是有良好登记体系的国家）。但是这些记录相对简单，大多数国家的人口普查大概每10年进行一次，所得的移民数据是过时的，难以真实反映实际情况。二是相关部门对移民流动的统计，限定在某段时间内（1年），多少人离开或进入一个国家，这一方式能获得短期的流动数据，但缺乏可比性，因不同国家对移民分类和登记的方式存在差异。高收入目标国对移民数据进行统计常用的方式是人口普查，但这也不是统计非法移民数据的完美途径。首先，法律上的人口普查是按合法居住地登记，按照这一标准，非法移民没有合法居住权，可能被排除；其次，人口普查不包括询问受访者的地位是否合法，尽管可能登记了很多非法移民，但并不显示其在目标国的法律地位。

非法移民问题引起了政治热议，但对这一问题的研究受到缺乏可靠的经验数据和理论化不足的影响，[②] 还不能提供一个令人满意的分析框架，导致了问题的重要性与理论框架的发展不相匹配的状况。需要建构一个对非法移民进行充分解释的理论框架，当前的主要障碍是很难将政策导向从人道主义议程及非政府行为体的介入中区分开来。[③]

[①] Khalid Koser, *International Migration: A Very Short Introduction* (New York: Oxford University Press, 2007), p. 58.

[②] Martina Cvajner and Giuseppe Sciortino, "Theorizing Irregular Migration: The Control of Spatial Mobility in Differentiated Societies," *European Journal of Social Theory*, Vol. 13, No. 3 (2010): 389.

[③] Martina Cvajner and Giuseppe Sciortino, "Theorizing Irregular Migration: The Control of Spatial Mobility in Differentiated Societies," *European Journal of Social Theory*, Vol. 13, No. 3 (2010): 391.

第二节　选题缘由

移民是自人类诞生以来伴随着环境变迁与社会生产发展而产生的群体行为现象，历来是人类基本且普遍性的行为，贯穿人类发展始终，同时也是人类进步的一个推动力。大航海时代以后，移民现象从国家和地区层面上升至全球层面；二战结束后，国际移民发展迅速，从 1970 年的 8200 万人增加到 2005 年的 2 亿人，2010 年为 2.2 亿人，2015 年为 2.48 亿人，2017 年达 2.58 亿人。[①] 移民已发展成全球范围内的超国家现象，"国际移民"与"跨国迁移"日渐成为不同民众的生活实践，是当代世界的一个确定特征。[②] 无论是发达国家还是发展中国家，都直接或间接地受到移民大潮的影响，大多数国家同时存在流出、流入及过境三种并存的人口流动形态。国际移民成为权力均衡的一个新标志，源于冷战结束以后国际体系的塑造。[③] 国际移民问题往往引发人们对有关问题的思考，比如国家安全关切、人道主义关怀和伦理道德判断，有学者将这种普遍现象称作"移民时代的标志"。数以亿计的大规模人口跨国流动在各个层面引起了震荡，在政治、经济、文化和安全等领域产生了重要影响，冲击着民族国家的边界安全，对国家治理能力构成了考验，成为全球化的主要挑战之一。其中，非法移民及其产生的影响是最突出的内容。

一　选题的理论意义与现实意义

（一）理论意义

在 20 世纪 70 年代，非法移民还只是属于发达世界的一个特有现象，但

---

① United Nations, Department of Economic and Social Affairs, Population Division, *International Migration Report 2017: Highlights* (ST/ESA/SER. A/404), 2017, p. 4.

② 李明欢：《国际移民治理的现实困境与善治趋势》，《学术前沿》2014 年第 14 期。

③ Christophe Bertossi and Ashley Milkop, "The Regulation of Migration: A Global Challenge," *Politique étrangère*, Vol. 73, (Special Issue: World Policy Conference 2008): 191.

是自 90 年代以来逐渐发展为"结构性嵌入"的全球现象，同样困扰着发展中世界，逐渐成为很多国家的一个经济、社会、人道主义、政治和安全问题。在全球 146 个能获得移民数据的国家中，约 110 个政府承认非法移民是个棘手的难题，包括 84% 的非洲国家、79% 的亚洲国家、77% 的欧洲国家及 60% 的拉美和加勒比海国家。① 国际移民组织（International Organization of Migration，IOM）估计，2001 年全球 1.5 亿国际移民中大约有 4000 万非法移民，2010 年全球 2.14 亿国际移民中非法移民为 2550 万 ~ 3210 万，占了移民总量的 12% ~ 15%。② 对全球非法移民规模的估计存在较大差异，如移民政策发展国际中心（International Center for Migration Policy Development，ICMPD）2007 年估计非法移民有 200 万人，欧盟委员会（European Commission）的估计值则高达 4000 万人；③ 国际移民全球委员会④（Global Commission on International Migration，GCIM）认为，每年非法跨界的移民介于 250 万 ~ 400 万。⑤ 在绝对数字上，合法移民占据了主导，但从全球来看，非法移民的规模在逐年扩大，并且扩大的幅度大于合法移民，在大多数情况下，目标国已存在的非法移民数量多于新入境的数量。非法移民已成为全球移

---

① UN, Department of Economic and Social Affairs and Population Division, *Changing Landscape of International Migration Policies*, Population Facts No. 2013/5, September 2013, p. 3, http://www.un.org/en/development/desa/population/publications/pdf/popfacts/PopFacts_2013 – 5_new.pdf.

② IOM, *World Migration Report 2010 – the Future of migration: Building Capacities for Change* (Geneva: Switzerland) p. 29.

③ Steffen Angenendt, "Irregular Migration as An International Problem, Risks and Options," *SWP Research Paper*, July 2008, p. 13, http://www.swp – berlin.org/fileadmin/contents/products/research_papers/2008_RP04_adt_ks.pdf.

④ 国际移民全球委员会成立于 2003 年，是受命于联合国又具有相对独立职权的委员会，由来自不同国家的 19 位移民专家组成。其具体职责包括对全球移民问题进行广泛、深入的研究，分析移民政策与其他相关社会政策之间存在的鸿沟和不协调之处，探讨移民问题与当今其他社会问题之间的关联与影响，并就如何在全球层面上应对国际移民问题提出建设性意见。

⑤ International Council on Human Rights Policy, *Irregular Migration, Migrant Smuggling and Human Rights: Towards Coherence* (Geneva: Switzerland, 2010), p. 18, http://www.ichrp.org/files/reports/56/122_report_en.pdf.

民中增长速度最快的形式之一，是现阶段移民发展的一个内在特征。[1] 非法移民数量的增长及综合的经济、社会和政治影响引起了国家、非国家行为体和公众的关注，复杂的历史和结构因素使它成为一个公认的威胁，国家和国际层面都表现出对非法移民不妥协的共同态度。为了应对非法移民，在安全利益考量的基础上，控制/管理移民、打击非法人口流动成为当前移民讨论中的两个关键议题。[2] 自20世纪70年代早期以来，非法移民因数量的增长及综合的经济、社会和政治影响逐渐引起了国际社会的关注，已成为一个全球性难题和普遍的政治议题，频繁出现在学术、政治和公众讨论中。几乎所有学术及相关的讨论都认为非法移民是个难题，其产生的复杂结构因素使它成为当代世界的一个危机，[3] 但是缺乏相关的理论成果。

二战后，东南亚成为国际移民最具活力的地区之一，流向上包括了外迁移民、外来移民和地区内的国家间移民。1967年东盟成立后，国家间的移民流动自20世纪80年代开始快速增长，主要以劳动力移民（经济移民）为主，人口迁移基本上由于经济方面的原因。1990年东盟国家间的移民只有150万，[4] 2013年东盟950万国际移民中有70%（665万人）在成员国间流动，主要进入泰国（350万人）、马来西亚（150万人）和新加坡（100万人）3个国家。[5] 东盟国家间移民是该地区经济和社会发展结构的一部分，与地区经济发展、社会安全和国家间关系密切相连。与国际移民大潮相似的是，地区内移民在迅速发展的过程中也伴随着非法移民现象，30% ~

[1] Demetrios G. Papademetrion, *The Global Struggle with Illegal Migration: No End in Sight* (Washington: Migration Policy Institute, 2005), p. 2.
[2] Anna Triandafyllidou, "The Governance of International Migration in Europe and North America: Looking at the Interaction between Migration Policies and Migrants' Strategies," *Journal of Immigrant & Refugee Studies*, Vol. 6, No. 3 (2008): 285.
[3] Martin Baldwin - Edwards, "Towards A Theory of Illegal Migration: Historical and Structural Components," *Third World Quarterly*, Vol. 29, No. 7 (2008): 1449.
[4] "Migrant Workers in Asean: The Hidden and Neglected Workforce," May 26, 2015, http://www.establishmentpost.com/migrant-workers-asean-hidden-neglected-workforce/.
[5] Guntur Sugiyarto and Dovelyn Rannveig Mendoza, "A Freer Flow of Skilled Labour within ASEAN: Aspiration, Opportunities and Challenges in 2015 and Beyond," MPI, Issue No. 11, December 2014, p. 5.

40%是通过非法的渠道。东盟成员国不同程度受到这一问题的困扰，其中以泰国和马来西亚最为突出，如 2005 年两国共接纳了 300 万非法移民，是当时亚洲容纳非法移民最多的两个国家。[①] 2014 年泰国有 200 多万外劳，其中160 万非法移民参加登记，[②] 2015 年马来西亚 383 万外劳中非法移民达 170万人。[③] 非法移民已成为东盟不容忽视的一个既存事实，但与这一问题严重性不对等的是，其获得的认识是滞后的、治理是缺失的，国家层面的政策效果不理想。地区层面缺乏一个综合的移民应对机制，使得非法移民现象没有得到遏制，负面影响持续存在。

当前大多数的国际移民发生在地区层面，尤其是在同一个地区的国家之间，地区因而构成移民研究的一个重要分析单元。在所有国际移民中，有 1/3 发生在地区内部；除欧洲外，大多数移民行为属于南方人口外流，发生于南方内部，很多是在南—南流向的背景之下。[④] 当前，国际移民的一个主要特征是全球性与区域（地区）性迁移模式的交叉。经济因素是基本推动力，移民的区域化模式是指那些在地理位置上临近的迁出国与迁入国之间的人口迁移。移民区域化模式的优势在于社会形态的相似性和聚集性，迁移后的生活方式不会发生太大变化，一般也不会产生文化层面的冲突。[⑤]从地区来看，移民研究的热点主要集中于欧洲、美国等目标地区，对来源地的关注较少，特别是对发达国家向发展中国家的逆向流动及发达国家、发展中国家之间移民的平行流动关注不够。[⑥] 1983 年，在维也纳召开的关于

---

① Jacqueline Joudo Larsen, "Migration and People Trafficking in Southeast Asia," *Trends & Issues in Crime and Criminal Justice*, No. 401, November 2010, Australian Government, Australian Institute of Criminology, p. 2, http://aic. gov. au/media_library/publications/tandi_pdf/tandi401. pdf.

② Mekong Migration Network, *The Precarious Status of Migration in Thailand: Reflections on the Exodus of Cambodian Migrants and Lessons Learnt*, 26 June 2014, p. 3, http://ticambodia. org/library/wp − content/files_mf/1452499733FINALEDITEDREPORT24Nov. pdf.

③ 《马国再力推"聘非法外劳"》，联合早报网，http://www. zaobao. com/news/sea/story20160422 − 608065，最后访问日期：2017 年 10 月 17 日。

④ Stefan Rother and Nicola Piper, "Alternative Regionalism from Below: Democratizing ASEAN's Migration Governance," *International Migration*, Vol. 53, No. 3（2015）：37.

⑤ 谢婷婷：《中欧关系视角下的新侨研究》，社会科学文献出版社，2016，第 123 页。

⑥ 罗刚：《云南边境民族地区非法移民问题及其治理研究》，法律出版社，2012，第 31 页。

非法移民专题的国际研讨会分析了不同地区非法移民现象的特征，强调了需要在地区层面对其进行研究。但是长期以来，移民研究除对欧盟关注较多外，对其他地区的关注不多。[①] 移民治理（migration governance）研究中也存在类似的情形，对欧盟移民治理的综合研究成果较为丰厚，而对其他地区的移民治理研究依然薄弱。

东盟成立以来经历了地区内移民流动的快速发展，从学术及决策的视角构成了移民研究的一个重要地区。国家间人口和经济差距的扩大意味着其正成为一个重要的特征，但其作为国家和地区经济结构中的一个长期要素还没有得到普遍的认同，也没有转化为地区共同体建设进程中的一部分。在地区一体化背景下，非法移民问题在国家和地区两个层面上相互作用、彼此影响，构成了研究东盟（东南亚）国际移民问题的一个新视点，也是理解成员国政治及地区国际关系的一个切入点。当前以东盟域内非法移民为研究对象的研究成果较少。通过对地区层面非法移民事实的阐述，思考如何构建适当的地区治理框架；以东盟的特殊性进一步丰富对国际移民问题、区域主义及移民治理的研究，为进一步的理论研究提供经验支撑。

（二）现实意义

当代东南亚是劳动力移民程度较高的地区。国家间不均衡的发展和收入差距、劳动力市场分割的程度不同、大规模非正规经济对劳动力的需求、邻国间跨界的便利化和强大的族群联系、发达成员国的人口结构变化等因素导致了地区劳动力市场的形成，其明显证据之一就是区域内部快速增长的劳动力。涉及劳动力的人口流动具有重要的经济意义，包括短期的和长期的。移民促进了经济和社会转型，传播了新的思想观念等，是整个东南亚地区影响最突出的转型之一，非法移民是其中相伴随且逐渐增长的现象。对问题的研究有助于推动问题的解决，通过对东盟域内非法移民问题的描述和分析，有助于认识该地区移民问题研究中的症结和利弊得失；在反思

[①] Ronaldo Munck and Mary Hyland, "Migration, Regional Integration and Social Transformation: A North-South Comparative Approach," *Global Social Policy*, Vol. 14, No. 1 (2014): 33.

现存非法移民治理措施的基础上，为未来的改革与发展提供相对可能、合理的分析框架，使其负面影响最小化，从而促进成员国之间关系的良好发展及地区的一体化进程，这对来源国和目标国也具有广泛的政策意义。

东盟域内的非法移民问题是亚太乃至全球非法移民系统中一个显著而特殊的案例，既有普遍性也有其独特性；该地区非法移民的治理构成国际移民治理的一个重要环节，亦是东盟治理中一个亟待关注和大有可为的领域。由于特定背景的差异，当前还没有一个最好的移民实践案例适合于所有或者大多数来源国和目标国，除东盟外，欧盟、美国、日本、加拿大、俄罗斯、中国等国家和地区同样受非法移民问题的困扰。东盟的非法移民研究是全球治理国际移民的一个案例，国际规范框架的鸿沟不能单独在地区层面解决，但是地区层面的进步可以取得国际的影响。研究东盟非法移民问题的治理对其他国家和地区也具有一定的借鉴意义。

二　东盟域内非法移民研究综述

（一）国外研究现状

自 20 世纪 80 年代以来，东盟经历了显著的人口、经济和社会变革，劳动力移民和外国工人的雇佣成为该地区国家政治议程中的关键议题及逐渐增多的各种冲突意见的焦点。移民在地区经济中扮演着重要角色，无论是从实际规模还是从数量来看，东盟域内移民以劳动力移民（经济移民）为主，这吸引了决策者及移民研究者的注意，也出现了相关的政策应对机制。

国外对东盟移民问题的研究涉及移民贸易和投资、移民和发展、移民趋势和模式、动因和结果、移民政策、人权、女性移民、高技术和专业人才迁移、难民/被迫移民等，这些议题之间还彼此交叉。其中，在研究对象和领域方面，相对集中在经济移民、高技术与低技术劳动力移民、合法与非法移民、婚姻与家庭移民、入境移民及定居、回归移民、移民管理、自愿移民及被迫移民（包括人口贩卖、难民问题和国内流离失所者）和移民性别化等方面。在研究内容上，涉及地区内部移民的历史与现状、原因及影响的多方面分析；在空间范围上，或把东盟置于东亚和亚太地区的广阔范围内或是次区域的移民系统内，或关注单个国家的移民问题。东盟移民研究中存在的一个缺陷是，缺乏从地区层面进行政策及决策的分析，经常将其合并到更大的亚洲、亚太或混合的东南亚和东亚次地区的研究中。[①] 而从案例研究来看，主要以个别国家为主，其中对菲律宾的研究最多，其次是马来西亚、泰国和越南，缅甸、柬埔寨、老挝的研究最少。在学科方面，经济学、社会学、人口学和地理学是运用最频繁的学科，其中与经济学相关的议题最多。

东盟域内非法移民获得的关注和研究远远少于合法移民，普遍将其作为东盟移民问题的一个组成部分、突出特征之一，或是影响发展的一个负面因素及对目标国和地区安全产生威胁的因素，缺乏对这一问题的整体性分析。从现有的研究内容看，一是涉及对东盟域内非法移民现状的描述，包括流向、构成，其中注重对该地区人口贩卖问题的关注，尤其是在湄公河地区，并将其定性为有组织的跨国犯罪；二是对东盟域内非法移民原因及影响的分析；三是案例研究多以非法移民目标国为对象，对东盟非法移民的研究首先开始于马来西亚和泰国，或是将目标国之间进行对比；四是对非法移民的治理研究，普遍认为东盟的治理落后于非法移民的发展，东盟国家看待非法移民主要基于主权和安全的视角，安全成为移民治理的主要出发点，强调用地区的机制进行治理。

总体上，国外对东盟移民问题研究成果相对较多，非法移民作为其中的一部分受到一定程度的关注，包含在相关议题的研究中，但没有将其作为一个单独议题进行完整的梳理和总结，对非法移民根源的探究也放在一般移民的原因分析之下，没有突出该地区非法移民产生的独特性。非法移民首先是对国家层面有影响，其次是对地区层面，国外的现有研究没有把国家和地区联系起来作为相互影响的一个整体单元，也缺乏从地区层面进行的综合分析。

---

① Maureen Hickey, Pitra Narendra and Katie Rainwater, "A Review of Internal and Regional Migration Policy in Southeast Asia," Asia Research Institute National University of Singapore, Working Paper 8, September 2013, p. 5, http://r4d. dfid. gov. uk/pdf/outputs/MigratingOutOfPov/WP8. pdf.

（二）国内研究现状

在国内对东盟的研究中，移民不是个主要议题，研究成果不多，从内容上可划分为以下三类。

一是关于劳动力移民的研究。如陈宁《东南亚劳动力的跨国流动》（《东南亚》1998 年第 2 期）是国内较早关注东南亚地区劳动力移民的文章，该文描述了东南亚地区劳动力跨国流动的规模和特点、目标国的移民政策，认为外籍劳工已成为该地区的一个敏感问题和挑战，需要来源国和目标国的共同努力来加以解决。吴前进《东南亚地区的移民流动——以 1990 年之后的东南亚五国移民为例》（《社会科学》2005 年第 12 期），通过对泰国、马来西亚、新加坡、印度尼西亚和菲律宾五国移民流向、特征与问题的阐述，总结全球化进程中移民流动对来源国、目标国和地区的影响。曾少聪《东南亚的国际移民与民族问题》（《世界民族》2006 年第 5 期），从民族问题的角度研究移民对目标国族群关系的影响，以及目标国对移民采取的融合政策。部分成果突出了该地区移民潮中的女性化特征，如田禾《东南亚流动妇女的社会地位述评》（《当代亚太》1998 年第 12 期）、佟应芬《20 世纪 70 年代以来东南亚女性跨国流动的特点与影响》（《南洋问题研究》2009 年第 1 期）。

二是对非法移民的案例研究，包括国别案例及非法移民类型的案例。在国别案例方面，如文峰《浅议马来西亚的非法移民问题》（《东南亚研究》2010 年第 3 期），认为马来西亚采取了外部治理和内部治理的措施应对非法移民，但是效果不佳，应该摆脱单一的思维形态而采取多维的视角；林梅《马来西亚的印尼劳工问题》（《当代亚太》2006 年第 10 期），认为印度尼西亚劳工特别是非法劳工的增加成为影响两国关系的非传统安全因素。在非法移民类型的案例方面，周聿峨、阮征宇《东南亚人口走私问题的现状、原因及影响》（《东南亚纵横》2003 年第 6 期），认为人口走私已成为该地区发展最快的跨国犯罪活动，需要东南亚及相关国家采取共同措施加以应对。

三是对探索移民治理的研究。如沈燕清《分权化背景下的印尼海外移民治理研究》(《东南亚研究》2015 年第 1 期),认为在分权化背景下,印度尼西亚中央政府和各地方政府出台了一系列移民治理法规,但改革自身的缺陷导致海外移民治理存在短期内难以解决的诸多问题。吴琳《东南亚移民危机与移民治理:从"安全化"到"区域化"》(《东南亚研究》2017 年第 5 期)认为在移民区域治理上,产生了国家层面的"安全化"行动与地区层面的"区域化"进程并存的发展态势;但在区域化进程中存在治理维度失衡、政策行动上共识缺乏和能力制约等方面的挑战,未来的趋势需要突破各国的"安全化"模式,加强多边合作。

综合国内外现有的研究成果,东盟域内非法移民问题研究的现状可总结为:一是对东盟非法移民问题本身的研究不足,没有将其作为一个单独的议题,而是包含在劳动力流动议题中,缺乏整体描述,国内研究相比国外研究显得过于单薄,只有零星的涉及;二是缺乏对东盟地区政策及决策的分析,通常将其合并到亚洲、亚太或混合的东南亚和东亚次地区的研究中,没有突出地区层面的政策意义;三是将非法移民治理纳入移民治理的范畴,导致(非法)移民治理研究混同于相关政策研究。本书拟以东盟域内非法移民问题为研究对象,针对以上的不足进行补充性研究。

三 研究思路与研究方法

(一)研究思路

本书的研究对象是东盟域内的非法移民问题,主要涉及以下三个方面。一是陈述问题,即完整客观地呈现东盟域内非法移民问题的图景,廓清东盟何以是个非法移民的"重灾区",主要是梳理东盟域内非法移民问题的发展脉络、实际规模、构成及影响。非法移民问题的关键不仅在于规模本身,更重要的是其产生的影响,区域内部大规模非法移民的流动对东盟成员国、地区国际关系及移民个体/群体产生了经济、社会安全、政治及人权方面的综合影响。二是分析问题,即非法移民何以成为东盟的"结构性难题",历史和现实因素的共同作用导致了东盟域内大规模的非法移民,对根源的分析将从宏观、中观和微观三个层面进行系统探讨。三是解决问题,在国际移民治理的大背景下，东盟域内非法移民在国家、双边及地区三个层面上得到了不同应对和治理，在效果评估的基础上，预测非法移民的发展趋势，以地区视角思考如何构建适当的地区移民治理机制，实现东盟一体化进程中移民收益的最大化。问题的真实存在是研究的前提，本书以事实的阐述和分析为基点，以探究可行的治理途径为归宿，将遵循以事实阐述—反思现有治理—探索新途径为主的逻辑思路。

（二）研究方法

在移民研究中，研究手段和方法日趋多样化。传统手段包括抽样调查、访谈、统计分析，新的定性与定量分析方法，如人类学、跨时间纵向分析法、地理信息系统等方法也获得了广泛使用，个体、家庭、网络、地区和国家，是一整套常用的研究定位单位。[1] 从方法论的角度，可将移民研究划分为三类：第一类是宏观经济计量学（macroeconometric）分析，在综合数据的基础上进行跨国对比；第二类是微观经济计量学（microeconometric）分析，通常使用调查数据研究个别国家；第三类是描述性的案例研究，倾向于以政策为研究中心。以上三类的划分是从不同层面来理解移民现象，宏观经济计量学分析是个全面的途径，宏观数据可以对移民进行定量分析（包括移民的程度、趋势、模式、动力和结果），但在解释移民动机和进程方面不够，微观经济计量学则填补了这一空白，案例研究的目的是揭示和阐明诸多的理论机制并促进对不同移民政策影响的理解。[2]

本书的主要目的是对东盟域内非法移民问题进行整体、系统的分析，要达到两个目标：一是对问题进行客观描述；二是探求解决问题的可行途径。主要使用的研究方法包括以下几种。

交叉学科分析法。移民问题是个涉及内容广泛的学科议题，书中运用跨学科的研究方法，如借助政治学、经济学、社会学、历史学、国际关系学等相关理论进行研究。

---

[1]　丁宏主编《民族研究文集·国际学术交流卷》，中央民族大学出版社，2006，第501页。

[2]　Çaglar Özden and Maurice Schiff, *International Migration*, *Economic Development & Policy* (World Bank, June 2007), p. 2.

历史唯物主义分析法。遵循历史唯物主义的基本原理，既描述事实也追求因果解释。本书对东盟域内非法移民问题的发展脉络进行梳理，以客观的事实为依据，在深入的综合分析和逻辑推导的基础上得出结论，尽可能减少价值判断对研究本身的影响。

多层面分析法。书中既有宏观的描述，也有微观层面的探讨。东盟域内非法移民问题在参与行为体上包括国家、地区及移民个体/群体，对原因及影响的分析也表现为不同层面的不同内容，治理措施上也同样涉及国家、双边及地区三个层面。

个案比较分析法。书中既分析个别国家的案例，也将个案研究与整体分析相结合。非法移民的最直接影响对象是目标国，而首先对非法移民采取应对措施的也是目标国。在"东盟域内非法移民的治理与评估"一章中，对三个目标国（新加坡、泰国和马来西亚）的治理进行了对比分析。

第三节　本书框架及创新点、难点

一　本书框架

本书共有八个章节。

第一章：概论。主要梳理了移民、非法移民的研究现状，总结了移民理论的发展障碍与趋势；阐明了本书选题的缘由、研究思路与方法、基本框架、创新点及研究中的困难。

第二章：东盟域内非法移民现状。首先介绍了本书涉及的几个核心概念，包括移民、非法移民、移民政策和移民治理，界定了书中"非法移民"的具体内涵。东南亚国家间的移民开始于 20 世纪 70 年代，80 年代以来快速发展，已成为该地区发展中的一个结构性要素，它既是历史移民模式的延续，也具有当代的鲜明特征。非法移民现象严重，已成为该地区的一大难题，成员国不同程度地受到影响，其中最突出的两大目标国为泰国和马来西亚。

第三章：东盟域内非法移民的原因分析。移民原因是个复杂的议题。

移民不是简单产生于某个动因，而是多种因素共同作用的结果，相同的因素和进程推动着合法移民和非法移民。在东盟域内移民的背景下，对非法移民的原因采用结构性分析方法，从宏观、中观和微观三个层面来全面阐释，具体涉及地理与历史因素、经济因素、移民网络、移民政策及个体或家庭的迁移决策。

第四章：东盟域内非法移民的影响分析。移民产生的影响同样是个复杂的问题，在人口流动的同时伴随着经济资源、文化行为、政治意识形态和社会价值的流动，这些对移民进程的参与方（来源国、目标国和移民个体/群体）均会产生影响，非法移民产生的影响也包含在移民影响中。本章采用对象层面和内容层面相交叉的方式，侧重于分析非法移民对经济、社会安全、政治及移民个体/群体的影响。

第五章：国际移民的治理现状。全球范围内对非法移民的治理通常包括两部分：国家层面的单边行为与国际合作。在国家层面上，大多数移民目标国采取限制性移民政策、加强边界控制，已成为一种政策实践，但是效果不佳。移民与气候变化、跨国犯罪、传染性疾病及恐怖主义等均属于全球性议题，产生了对全球治理（global governance）的需求，在移民领域已形成了一个自下而上的治理体系。

第六章：东盟域内非法移民的治理与评估。非法移民已超越了国家层面并挑战着国家制度和治理能力，数十年来相关的国家和地区都在寻求减少或根除非法移民。移民议题已成为东盟治理中的一个领域，对非法移民的治理主要体现在国家单边、双边和地区层面。国家单边（新加坡除外）和双边治理效果不佳，无法遏制非法移民潮，东盟缺乏一个共同的地区移民机制，但形成了一个多层面的治理体系。

第七章：东盟域内非法移民的前景及可行治理途径。因客观条件的存在（地区一体化进程的深入、成员国间存在发展差距等），可以肯定，地区内的移民将继续发展，非法移民的趋势亦是如此。对非法移民的有效治理可使移民收益最大化，有助于促进成员国的经济发展和地区一体化进程。在可预见的将来，非法移民在继续存在和发展的同时，东盟难以建立起一个统一的地区移民机制，而改善多层面移民治理体系是个相对可行的途径，同时要求国家和地区层面的努力和改进。

第八章：结语。对全书的研究进行了总结，一是概括本书的主要观点及有待进一步深入研究的空间；二是立足于云南与周边东南亚国家的非法人口流动问题，提炼本书的启示意义。

二　创新点和难点

（一）创新点

研究内容的创新。作为国际移民的重要组成部分，非法移民的广泛存在及其影响无疑是个不可忽视的议题。自 20 世纪 90 年代以来，东南亚发展成为亚洲非法移民的一个"重灾区"，也逐渐成为东盟成员国不得不正视的一个地区难题。在地区层面上，东盟域内非法移民问题具有一定的代表性，但在学术界没有引起相应的重视。国外没有针对这一问题的专门研究，国内的相关研究则更少，本书的目的是对东盟域内非法移民问题进行全方位的分析和解读。以往对非法移民问题研究的很多成果或集中于经验描述或专注于政策思考，本书则在研究中既注重梳理事实，也进行了政策、治理的反思和探讨。

研究视角的创新。移民不是一个可以独立研究的主题，因而不能自我独立于学术研究及政策环境之外，作为一个跨越空间的变量，其是更广阔的社会转型过程的一个组成部分。[1] 非法移民并非孤立存在，而是与合法移民相平行的一个系统，是移民大潮的一个组成部分，对非法移民的研究和分析同样不能独立于移民的宏观背景之外。在研究视角上，本书对东盟域内非法移民的研究不是孤立地就事论事，而是将其作为一个组成部分置于东盟移民系统的宏观背景下，对其根源、影响和治理的分析也没有脱离移民整体。

---

[1]　Nicholas Van Hear, "Theories of Migration and Social Change," *Journal of Ethnic and Migration Studies*, Centre on Migration, Policy and Society (COMPAS), University of Oxford, Vol. 36, No. 10 (2010): 1531.

（二）难点

移民已成为全球决策者面临的最具挑战性议题之一，国内及跨界流动的复杂性需要及时、可靠的数据为决策者提供制定适当政策的依据。传统移民数据的来源如国家人口普查、样本调查和行政管理统计，在数量和质量上有着显著的差距。其中，劳动力市场调查和人口普查数据能反映所有迁移形式，行政管理的数据能提供较精确和真实的关于合法移民的不同信息；而非法移民的特征意味着不可能精确估计这一群体的数量。涉及逮捕、延期滞留、驱逐和大赦等不同方面的信息，估计值通常因决策者和媒体的意愿和偏好有所夸大，也因经济运行周期会有所浮动，而研究者通常依赖官方公布及媒体报道的延期滞留、逮捕和合法化的相关数据进行研究。全球或地区的非法移民数据是缺乏的，几乎没有国家能完全收集进出国境的非法移民的数据，因而很多国家力图提高边界管理的能力和技术。更好地理解移民非法流动的本质和程度有助于发展更有效的应对和缓解战略，特别是对处于非法地位的外来人口。

本书的研究主要面临以下三个困难。

一是缺乏综合和准确的移民数据。尽管认为非法移民的规模庞大，但没有确切的官方统计数据能表明这一群体的真实规模，只是估计值。一般认为，非法移民的规模和程度是被低估的，实际数字更加庞大。东盟域内非法移民数据难以获取的原因包括，成员国没有能力收集（如老挝、柬埔寨）或收集不全，不愿收集和公布（如新加坡、缅甸）等。[①] 成员国对移民进行统计的方式不同。非法移民通常不在人口普查和政府部门登记的范围之内，且非法移民担心受到目标国的制裁和驱逐而选择"隐形"，这就加大了数据收集的难度。此外，非法移民的规模和流向在当地、国家、地区和全球层面差距较大，在时间和空间上缺乏可比较的数据。由于很难获得精确的统计数据，研究中使用的数据不够及时或缺乏可信度和权威性，在实

---

① Maureen Hickey, "Migration Policy Analysis: Southeast Asia," p. 13, http://www.academia.edu/960087/Migration_Policy_Analysis_Southeast_Asia.

地考察中也不能保证获得有用的资料，因而在分析中通常依赖零碎的数据。这都可能影响到对实际情况的判断，也会影响对移民及移民治理的研究效果。针对这一问题，本书在研究过程中将主要采用权威数据来源，包括各国政府不同部门的统计、一些国际组织的调查研究报告等，通过仔细的对照甄别，力图保证数据的科学性和可信度。

二是非法移民研究理论框架的缺失。由于移民议题的复杂性，用于解释移民现象的理论流派众多，而不同理论流派代表着不同的视角，因此至今没有一个普遍适用的宏大理论。在非法移民研究中，可靠经验数据的缺乏和理论化不足导致没有形成一个公认的分析框架。本书不强求试图构建一个新的理论框架，而是在已有的理论基础上分析问题，为进一步的理论化提供经验证据。

三是东盟成员国社会背景的多样性和差异性使得研究者很难对地区内部的非法移民进行一般性的概括，没有一个统一的定义。东盟域内非法移民的构成复杂，包括走私移民、拐卖人口、难民等，不同类型产生的原因不同，在国家和地区层面受到的治理也不相同。需要在复杂的差异中总结、提炼有代表性且是主导性的内容。

第二章　东盟域内非法移民现状

自 20 世纪 80 年代以来，国际劳动力移民成为东南亚地区劳动力史上一个确立的结构性特征、地区经济发展的一个结构性要素。[①] 其中，非法移民逐渐发展为地区移民大潮的一个重要部分，同时也是个显性的地区性事实、问题和挑战。

第一节　相关概念界定

一　移民

"移民"一词在英文的表述中，既是行为主体（migrants），也是行为主体发生的行为（migration）。移民涉及两个重要属性，一是时间属性，二是空间属性。[②] 移民的定义通常以空间和时间为起点，简单意义上指的是所有临时或永久地从一个地方到另一个地方的人口流动，是特定时间段内人口发生的地理位置变动。国际移民一般是指在国籍所属国或出生国以外的国家或地区做一定期限的居留而出入国境的自愿或非自愿的迁移行为。[③] 国际社会在界定移民的概念时更注重迁移动机及目标国接纳移民的能力，一般认为移民是因劳动、投资等因素长久居住在另外一个地方或国家的现象，

---

① Amarjit Kaur, "Managing the Border: Regulation of International Labour Migration and State Policy Responses to Global Governance in Southeast Asia," This paper was presented to the 16th Biennial Conference of the Asian Studies Association of Australia in Wollongong 26 June – 29 June 2006, p. 6, http://www.group – global. org/en/storage_manage/download_file/27234.

② 孙文凯、宋扬、王湘红编著《劳动经济学》，清华大学出版社，2015，第 130 页。

③ 郝鲁怡：《欧盟国籍移民法律制度研究》，人民出版社，2011，第 11 页。

因而在很大程度上将其归属于国内事务。① 联合国将国际移民定义为，"除各国正式派驻他国的外交人员、除联合国维和部队和部队官兵等跨国驻扎的军事人员之外，居住在出生国或国籍国之外长达 12 个月或更长时间的人，无论其原因或法律地位，均属国际移民"②。综合来看，国际移民的定义包含三个基本要点：一是移民跨越了主权国家的边界；二是移民在异国居住的时间跨度；三是迁移的目的性。跨越主权国家边界后以非官方身份在非本人出生国居住达一年以上，即为"国际移民"。③

在时空压缩的全球化时代，大规模的国际移民具有流动性、暂时性和复杂性，成为备受瞩目的国际热点问题之一，又因是全球范围内一个具有特殊意义的"社会现象"，由此形成一个蕴含特定意义的专有概念并融入学术界的探讨话语中。④ 学术界对移民的界定尚未统一，原因在于各国对移民时限的规定不同导致移民具有不同的范畴，"对移民的界定毫无任何客观标准，一切取决于国家政策，而政策则是对政治和经济情况方面的需要及对公众态度的反应"⑤，因此，从国别角度对移民进行研究需考虑各国法律对移民的不同限定。在现实中，移民的情形比定义所界定的内容更加复杂，涉及不同处境、不同范围的人群，如季节工、临时合同工、技术移民、学生、避难寻求者和难民、非法移民、人口贩卖和强迫劳动的受害者等。学界普遍将当代国际移民模式归纳为四种：经典模式（classic model）、殖民模式（colonial model）、客工模式（guestworkers model）和非法模式（illegal model）。⑥ 在实际研究中，研究者根据自身需要采用不同标准对移民进行划分，主要有以下几种类别。

① 黄日涵、李丛宇：《国际移民视角下的欧洲难民危机及其应对》，《国际问题展望》2017 年第 5 期。
② 转引自赵建国《人的迁移与传播》，中国社会科学出版社，2012，第 20 页。
③ 丘进主编《华侨华人研究报告（2011）》，社会科学文献出版社，2011，第 3 页。
④ 李明欢：《国际移民政策研究》，厦门大学出版社，2011，第 3 页。
⑤ 〔澳〕斯蒂芬·卡斯尔斯：《21 世纪初的国际移民：全球性的趋势和问题》，风兮译，《国际社会科学杂志》2001 年第 3 期。
⑥ 〔英〕安东尼·吉登斯：《社会学》（第四版），赵旭东等译，北京大学出版社，2003，第330 页。

在空间上，可分为国内移民和国际移民。国内移民分为农村到农村、农村到城市、城市到农村、城市到城市四个次类；国际移民包括发展中国家到发达国家、发展中国家到发展中国家、发达国家到发展中国家、发达国家到发达国家四个次类。国内移民和国际移民在地区人口议题中是分别对待的。首先，国内移民不同于国际移民，对国家人口的增长率没有直接影响；其次，国内移民没有带来与公民权及其他问题的相关法律议题。但两类移民迁移的动机总体上相似。

从性质上，可分为生存型移民和发展型移民。生存型移民即以生存为主要目标，从古至今绝大多数移民都属于这一类型，可以说其贯穿了人类历史的始终。这类移民通常没有明确的目的地，往往呈波浪推进，尽管人数多，但在传播文化、对所经之地及目的地的影响方面作用比较有限。相比之下，发展型移民则有比较明确的目标，主要为了追求物质和精神的发展，包括留学、做官、经商或者追求真理或个人幸福。这一类移民的人数较少，但是产生的影响相对大。[①]

在主观意愿上，可分为自愿移民（voluntary migrants）和被迫移民（forced migrants）。前者包括为就业、学习、家庭团聚或其他个人原因迁移到国外的人；后者是为了逃避迫害、冲突、压迫、自然及人为灾难、生态恶化或其他危及生命、自由或生计的不利条件。[②] 自愿移民经常被等同于经济移民或劳动力移民，意味着有选择性地寻求更好的机会；被迫移民则被理解为外迁是必要而不是可选择的。两者在法律上的区别是清晰的，但在现实情形中非常复杂。

从技能层次的角度，可划分为技术移民（skilled migrant）和非技术移民/低技术移民（unskilled migrant/low - skilled migrant）。技术移民通常是指在进入接收国家时被赋予优惠待遇（因而在停留时间、更换工作和家庭团

---

① 葛剑雄：《移民与中国：从历史看未来》，《新华月报》2009 年第 21 期。
② IOM, *World Migration Report 2000*, p. 8, http://publications. iom. int/bookstore/free/WMR_2000_edited. pdf.

聚方面的限制较少）的拥有技能的移民,[1] 如专业人才、技术人员等。这一划分标准在移民研究中具有一定的重要意义,两个不同的技能群体在劳动力市场中的角色不同,在目标国受到的待遇也不相同,大多数关于移民权利保护的议题主要是针对非技术移民。[2] 全球经济政治的发展导致目标国对技术移民的特定偏好,也因此引起了关于人才流失（brain drain）、人才获得（brain gain）和人才循环（brain circulation）的国际讨论。技术移民通常是为了提高收入和工作质量,而非技术移民是为了减少经济状况的不安全,因而两者在目标地的经济机会和适应进程不同。

在政治谈论及法律意义上,可划分为合法移民与非法移民。合法移民是经政府发放护照、签证、居留证或其他文件而获得同意迁移的人,这一类移民处于政府的管理之下;非法移民则与之相反。

从迁移的原因看,可分为经济移民和非经济移民。前者是为了寻求工作或更好的就业机会及工作条件,劳动力移民也称为经济移民,是全球、地区及国家经济不断发展的一个重要因素。非经济移民是学习、家庭团聚、逃避政治压迫、冲突或环境恶化等导致的迁移。

从时间上,可分为永久、半永久和临时移民。永久移民可能导致定居或成为目标国的公民,而半永久移民和临时移民通常包括三个次类,即周期性移民、季节性移民、观光客和学生。

从政策领域的角度,可划分为低技术移民、高技术移民、非法移民、国际游客、终身移民、环境移民、人口走私和贩卖导致的移民、避难寻求者、难民和国内流离失所者（internally displaced persons,IDPs）等。在全球层面下,每一类移民都得到不同政策体系的管理和应对。[3]

以上划分标准的重组又可导致新的分类,主要包括:工作型移民、学

---

[1] "Key Migration Terms," http://www.iom.int/key - migration - terms.

[2] Piyasiri Wickramasekera, "Asian Labour Migration:Issues and Challenges in An Era of Globaliza-tion," *International Migration Papers 57*, Geneva, August 2002, p.3, http://www.ilo.org/asia/whatwedo/publications/WCMS_160632/lang—en/index.htm.

[3] Alexander Betts, "Introduction:Global Migration Governance," in Alexander Betts ed., *Global Mi-gration Governance*(Oxford University Press, 2011), p.1.

习型移民、家庭团聚型移民、托庇型移民、合约型移民和定居型移民等。[①]

联合国经济和社会事务部（UNDESA）将国际移民划分为三大种类：特许（privileged）移民、受害者（victim）移民和普通（average）移民。特许移民主要指专业技术人才，通常称为国际精英，他们有权选择自己的职业路径和居住地；普通移民没有特许移民的优势，属于低技术的社会职业群体，在目标国通常从事低收入、临时性的工作，就业通常受经济波动的影响；受害者移民是指为逃避贫困、环境灾害、迫害和不稳定的政治而被迫迁移他国，这一类移民最易遭遇人权问题。[②]

全球化时代下的移民问题进一步凸显了始发性、跨国性、表现多样性、治理综合性等非传统安全的特点。始发性表现在难民、无国籍者、非法移民、寻求庇护者等方面，某种程度上根源于传统安全问题，如军事战争、种族冲突、政治暴乱等；跨国性体现为在全球化时代下，任何一个国家都可能是输出国、目标国或中转国；综合性则体现为移民问题通常跨越了政治、经济、贫困、公共卫生、环境、生态和人权等多个领域。[③] 当前，国际移民的一个显著特征是混合流动（mixed flow），浓缩了全球化时代移民的动机和多种移民流动的混合性本质，[④] 涉及自愿和非自愿的行为，包括难民、避难寻求者、经济移民、人口贩卖的受害者、走私移民和无人陪伴的未成年人。

二　非法移民

（一）定义

"非法移民"一词最早可追溯至 20 世纪二三十年代，70 年代开始使用，

---

① 赵建国：《人的迁移与传播》，中国社会科学出版社，2012，第 20 页。

② Md. Rashidul Hasan, "International Labour Migration Governance: the Case of Bangladesh," November 2009, p. 6, http://dspace. bracu. ac. bd/bitstream/handle/10361/2086/International% 20La-bour% 20Migration% 20Governance. pdf? sequence = 1.

③ 余潇枫主编《非传统安全概论》（第二版），北京大学出版社，2015，第 48～49 页。

④ Nicholas Van Hear, "Theories of Migration and Social Change," *Journal of Ethnic and Migration Studies*, Centre on Migration, Policy and Society (COMPAS), University of Oxford, Vol. 36, No. 10 (2010): 1535.

80 年代后期特别是 90 年代以后广泛普及，一般认为是伴随着现代国家主权意识和边防控制意识的产生而出现的。①

非法移民是个复杂的概念。所谓"非法"，本身是个法律术语，指的是某种行为的发生或某种事实的存在没有法律、法规依据，也不受法律、法规的保护。移民一般来说是合法的，非法移民问题之所以出现是由于迁移的方式不符合相关国家国境管理的法律规定，② 可简单定义为国家法律框架允许之外的迁移。和移民一样，非法移民作为一个复杂和多维的概念难以界定，因而没有一个明确和普遍认可的定义。国际移民组织认为非法移民是在来源国、过境国和目标国管理规范以外的迁移。对目标国而言，意味着移民非法入境、非法滞留或工作，没有得到特定国家移民规定的授权或缺乏有效证件，是处于非法状态的非本国公民；对来源国而言，是指在没有适当文件（如有效护照或旅行证件）的情况下跨越国际边境的行为，或没有满足离开某国行政要求的行为。③ 大多数国家一般把移民分成三类进行不同的管理，即家庭团聚移民、经济移民（投资、商业及技术类）和人道主义移民（难民），不能满足这三种基本条件的入境外来者均构成非法移民行为。非法移民实际上包含了一系列与移民相关的社会现象，包括离境、入境、就业和定居，同样适用于外出移民和入境移民。非法移民通常包括未经授权入境、欺诈入境、签证过期以及违反了签证的时期和条件这四种形式；但在实际情况下，这四类形式已不足以概括所有非法移民的种类，如避难寻求者在申请避难被拒后消失在目标国、工作证到期但没有及时更新的前合法移民、技术上违反签证或许可证的人、移民走私及人口贩卖。④

非法移民在英文中有不同的表述，如形容词"unlawful""illegal""irregular""unauthorized""undocumented""clandestine"，结合名词"migra-

---

① 张继焦：《国内外关于"非法移民"的研究状况评述》，"国际移民法的新发展和中国移民法的建设"研讨会文集，2009 年 5 月。

② 但伟：《偷渡犯罪比较研究》，法律出版社，2004，第 7 页。

③ 国际移民组织（IOM）：《国际移民词汇》（中文版），2008，第 37 页。

④ Martin Baldwin - Edwards, "Towards A Theory of Illegal Migration: Historical and Structural Components," *Third World Quarterly*, Vol. 29, No. 7 (2008): 1449 - 1450.

tion"、"migrants"、"immigrants"、"aliens" 或 "foreigners"。"非法" 一词的不同表述在移民讨论中各有其支持者和反对者，其中 "unauthorized"、"irregular" 和 "undocumented" 使用较为普遍，用于描述不具备有效签证、工作证或者目标国要求的其他必要文件的移民。但 "undocumented" 没有包括移民流动的所有非法案例，如一些移民持伪造证件入境，还有一些持旅行签证的人可能在目标国就业，这些也都违反了入境条件；"unauthorized" 指的是无法律授权入境并居住在一个国家的人，广泛用于北美的移民研究中；① "irregular" 更具容纳性，在很多情况下是移民被定义为 "illegal" 状态的委婉说法，包括了多种合法途径之外的情形，移民权利的支持者建议使用该词。② 早在1975年12月联合国大会第3449号决议中，就呼吁成员在官方文件中使用 "non-documented" 或者 "irregular" 标注那些非法进入一个国家并工作的移民。

一般认为，"illegal" 是个负面词语。狭义上指的是未经许可入境一个国家而违法了该国的移民法，广义上反映的是跨界行为违反了一个国家的入境规定和居住法，该词还包含了导致非法状态的不同原因。对 "illegal" 一词存在两种批判：一种认为该词把国家利益置于移民人权之上，否认了移民的人性，移民都有作为人的基本权利，无论一个人的法律地位如何，都不可能是非法的，使用该词还忽略了移民对目标国的经济贡献；另一种认为使用 "illegal"，表明非法移民与犯罪学和政治学有某些联系，因移民涉及某种程度的违法行为，如可能违反了相关国家的行政规定，需要通过收紧边界控制、严格入境和居住限制来加以制止，③ 但大多数非法移民本身

---

① Franck Duvell, Anna Triandafyllidou and Bastian Vollmer, "Ethical Issues in Irregular Migration Research," *CLANDESTINO*, October 2008, p.3, http://ec.europa.eu/ewsi/UDRW/images/items/docl_9062_895712459.pdf.

② Piyasiri Wickramasekera, "Asian Labour Migration: Issues and Challenges in An Era of Globalization," *International Migration Papers 57*, Geneva, August 2002, p.2, http://www.ilo.org/asia/whatwedo/publications/WCMS_160632/lang—en/index.htm.

③ Bridget Anderson and Martin Ruhs, "Guest Editorial Researching Illegality and Labour Migration," *Population, Space and Place*, Vol 16 (2010): 175.

并不是罪犯。

非法移民没有孤立于一般移民之外，[①] 与合法移民一起构成了国际移民的正反两面。非法移民是一个相对性较强的概念，在移民概念中也相对特殊，无论移民身份的合法与否，都不会改变其属于移民这一概念范畴的根本属性。[②] 有学者认为，理解非法移民应抓住三个关键点：首先，非法移民是相对于合法移民而言，是移民的一种非正常状态，但仍然是移民，其定义必须建立在移民的基础之上；其次，界定非法移民应该将非法移民的主体及非法移民行为二者合一；最后，界定非法移民还需要结合各国的实际情况，结合研究问题时的特殊语境并注意非法移民与相关概念之间的关系。[③] 非法移民是现代国家主权、经济全球化的副产品，特别是劳动力国际流动的非法部分。[④] 其对当前和未来的挑战不仅在于数量的增加，还因非法性的路径日趋复杂，导致识别非法移民群体中不同类型的需求和权利存在一定的困难。这主要源于非法移民的复杂特征：首先是经济性特征，即非法迁移的基本动因和目是寻求更好的生存环境；其次是利害复合型特征，对来源国和目标国的影响都是复杂多元的；再次是地缘和文化亲缘性特征，非法移民主要流向地缘相近、历史文化背景相同的国家和地区；最后是双重性特征，非法移民是违法者，因违反了一国的移民法或者出入境管理规定，但其迁移动机并不违法。[⑤]

非法移民和合法移民之间的界限不简单也不固定。非法移民包含了一系列因不同原因处于非法地位的人，是对迁移权利的一种表达解释。非法

① Graziano Battistella, "Unauthorized Migrants As Global Workers in the ASEAN Region," *Southeast Asian Studies*, Vol. 40, No. 3 (2002): 362.
② 田源：《移民与国家安全——威胁的衍生及其条件研究》，世界知识出版社，2010，第15页。
③ 罗刚：《论我国移民、非法移民概念的界定》，《政法论坛》2012年第3期。
④ 周聿峨、王显峰：《当代中国非法移民活动的特征——以福建沿海地区非法移民为例》，《暨南学报》（人文科学与社会科学版）2004年第2期。
⑤ 常红、杨牧、程晓霞：《陈积敏：可从五方面考虑应对国际非法移民治理困境》，人民网，http://world.people.com.cn/n1/2016/1126/c1002-28897822.html，最后访问日期：2017年10月17日。

性的意义随时空转变，合法/非法移民概念使用的方式存在巨大的地域差异。① 在一定条件下，移民的地位可能会发生改变，从合法转向非法或由非法转为合法，如非法入境的移民可通过申请避难或进入合法化程序而获得合法地位，合法入境的移民因没有工作或签证到期延期滞留而转变为非法。非法移民定义的复杂性和困难表明，非法性可能是个过程或迁移的策略，而不是最终的状态（end - state）。② 移民的非法状态还存在一个层级体系，如在劳动力市场中的非法性是非法定居和非法就业的双重结合，这一点有助于解释为何一些非法移民被遣返，一些则不被遣返。③ 移民的非法地位作为一种社会关系，并非存在于真空的环境下，其在日常生活中与合法移民和目标国的公民保持着紧密的社会联系。

与非法移民概念密切相关的还有以下几个词语：人口贩卖与移民走私，难民。

（二）人口贩卖与移民走私

一般认为，非法迁移过程如果借助第三者来完成的话，就涉及人口贩卖（human trafficking）和移民走私（migrant smuggling）。这两者构成了非法移民的两种主要形式，是不断增长的移民现象直接导致的后果。两者之间具有一定的模糊性，很容易混淆，有区别也存在紧密的联系，直到 2000 年左右这两个词还或多或少地相互混用。④

1. 两者的定义不同

人口贩卖指的是为达到剥削目的而通过暴力威胁或使用暴力手段，或通过其他形式的胁迫，通过诱拐、欺诈、欺骗、滥用权力或滥用脆弱境况，

---

① Barbara Lüthi, *Migration and Migration History* (Docupedia - Zeitgeschichte, 2010), p. 14.

② Alice Bloch and Milena Chimienti, "Irregular Migration in A Globalizing World," *Ethnic and Racial Studies*, Vol. 34 No. 8 (2011): 1273.

③ Martina Cvajner and Giuseppe Sciortino, "Theorizing Irregular Migration: the Control of Spatial Mobility in Differentiated Societies," *European Journal of Social Theory*, Vol. 13, No. 3 (2010): 395.

④ International Organisation for Migration (IOM), *Migrant Trafficking and Human Smuggling in Europe: A Review of the Evidence* (IOM: Geneva, 2000), p. 33.

或通过收受酬金或利益取得对另一人有控制权的某人的同意等手段招募、运送、转移、窝藏或接收人员。剥削应至少包括利用他人卖淫或其他形式的性剥削、强迫劳动或服务、奴役或类似奴役的做法、劳役或类似劳役的做法、切除器官等。① 人口贩卖涉及受害者的人身安全和剥削，被描述为全球经济中的新奴隶形式，与极端贫困、缺乏资源和就业机会密切相关，尤其对妇女和儿童的影响最大，因此需要目标国为其提供更多的人道主义支持和保护。受害者处于被强迫奴役的境地或是因不公平的工作合约欺诈而遭到严重剥削，基本人权被完全剥夺；而贩卖行为本身以及对受害者进行剥削的结果产生了丰厚的经济收益，这一行业的丑恶性和危害性受到社会道德和舆论的谴责。② 对人口贩卖最一般的描述是，人贩利用了供需方市场的不平衡，被贩卖的受害者不仅仅是商品，还是边界控制和商品交换的一个结果。③

自 20 世纪 80 年代以来，人口贩卖愈演愈烈的原因包括推拉因素，国际犯罪集团的介入造就了复杂网络，改善的运输网络和技术使其成为一种低风险、高收益的犯罪行为。人口贩卖促进了跨界犯罪组织的产生，恶化了非法移民流动并扰乱了劳动力市场，在公共卫生领域的影响更加显著，如受害者面临不卫生和不安全的工作、生活环境，遭受身心的双重虐待；各国逐渐将人口贩卖与政府的其他优先事项联系起来，如国家安全、经济稳定、移民和环境的可持续性。人口贩卖是全球范围的一个人道主义问题，但是获得的学术研究不多，还没有形成综合体系，尤其是定量分析和政策相关性不能提供有效打击这一犯罪行为所需的信息。主要原因在于数据收集存在巨大难度，也没有对一些国家打击人口贩卖的措施进行系统性评估。大量对有组织犯罪和非法行为的研究，基本上忽略了人口贩卖和移民剥削

---

① 《联合国打击跨国有组织犯罪公约关于预防、禁止和惩治贩运人口特别是妇女和儿童行为的补充议定书》，第 3（a）条，2000 年。

② 刘新强、孙连凯、臧婷：《非法移民类型的区分及辨识初探》，《天津法学》2015 年第 1 期。

③ Sverre Molland, "The Perfect Business: Human Trafficking and Lao – Thai Cross – Border Migra-tion," *Development and Change*, Volume 41, Issue 5 (2010): 836.

的规模和程度，也忽略了人口贩卖是个经济现象，理论假设是基于简单的供需考虑。人口贩卖经常与非法移民联系在一起，但两者之间的关系并不明确，而且不是所有状态下的非法移民都是被贩卖的受害者。非法移民增加了人口贩卖的风险，在人口外流多的地区，人口贩卖的案发率较高。不能令人满意的合法迁移渠道导致了犯罪组织的发展和剥削雇主的产生，使人口贸易发展成为一个价值数万亿美元的产业。对人口贩卖的研究还忽视了遭到贩卖的男性受害者。一般认为，贩卖人口的目的是性剥削，没有关注受害者用作其他形式的剥削如强迫劳动和奴役；但是在打击人口贩卖问题上，决策者面临的一个挑战是很难确定有多少人因劳动剥削而被贩卖。在现实情况中，男性在移民群体中的可见度相对显著，而在人口贩卖中的数量较少，由此导致了一种普遍性的认知：男性迁移而女性被贩卖。[1]

移民走私指的是为直接或间接获取金钱或其他物质利益，安排非某一缔约国国民或永久居民的人非法进入该缔约国。非法进入是指以不符合合法进入接收国的必要规定的方式跨界。[2] 移民走私 "smuggling" 包含了 "facilitating migration"（协助移民）的意义，通过让某些人实现非法跨界而从中获利，是将移民送到目的地的一种交易方式。

从定义可以看出，人口贩卖是被迫的行为，而移民走私基本上属于自愿的行为；移民需要给走私贩支付费用，通过非法途径入境目标国，到达后双方的关系结束，一般不会经历被贩卖人口所遭遇的持续性剥削。但是，如果移民在迁移前不能支付全部走私费用，到达目标国后与走私贩之间仍然存在债务关系，同样可能遭受剥削。人口贩卖和移民走私本质上属于不同的过程，前者被定义为导致和造就一个人被迫违反自己意愿工作的意识活动；后者则是援助非法移民的行为，动机是取得物资或资金的收益。走私贩也可能是人贩，寻求帮助的移民可能不知道自己将会遭受强迫劳动、

---

① Maruja M. B. Asis and Nicola Piper, "Researching International Labor Migration in Asia," The Sociological Quarterly, Volume 49, Issue 3（2008）: 433.

② 《联合国打击跨国有组织犯罪公约关于打击陆、海、空偷运移民的补充议定书》，第 3（a）（b）条，2000 年。

奴役或类似奴隶的后果。① 从空间范围来看，人口贩卖同时发生在一个国家内部和国家间，而移民走私则是跨越国界的；两者进一步的区别还在于，移民走私仅发生在迁移途中，人口贩卖则发生在移民循环的任何时候。

2. 两者的法理依据不同

不同类型的非法移民有相应的法律、政策和执法策略，依照大多数国家的法律、法规，只有人口贩卖和移民走私被定义为违法犯罪行为。从定义上看，移民走私和人口贩卖都属于犯罪行为，区别在于两者的罪行程度不同。在国际法下，移民走私的结果是使一个不能合法入境的人到达所期望的目标国，触犯了一个或多个国家的入境移民法，从而构成违反目标国主权的罪行。② 一些国家在打击移民走私的犯罪行为中，运用逮捕、拘留或者强制遣送出境等执法手段。

人口贩卖则不同，如果是作为一个移民议题，其属于违反国家主权的罪行；但如果是作为一个人权议题，其与伤人、殴打和绑架一样是针对个体的罪行，使受害者遭受身体和心理的暴力，是侵犯人权的严重行为，也违背了现代社会的基本价值观，一般被归属于反人类罪。人口贩卖在很多国家的法典中还是个新罪行，一些国家甚至没有制定相关法律，还有很多国家虽然将联合国的人口贩卖定义列入国内法中，但没有做进一步的具体解释，导致存在很多漏洞。③ 如一些国家的法律中，受害者仅包含了遭到跨国贩卖的妇女和儿童，有效和综合法律框架的缺失限制了国家打击罪犯、认定和援助受害者的能力。人口贩卖与很多犯罪行为一样，本质上很难进行量化和研究，是一种地下的有组织犯罪，受害者不愿意或不能向有关机构报告自己的经历，有记录的犯罪统计也很难准确反映真实的犯罪率。大多数报告指出，立法和法律实施、边界控制不力，腐败盛行及教育手段缺

---

① Nicola Piper, "Feminization of Labor Migration as Violence Against Women," *Violence Against Women*, Vol. 9 No. 6 (2003): 730.

② IOM, *ASEAN and Trafficking in Persons – Using Data as A Tool to Combat Trafficking in Persons*, 2007, p. 3, http://www.humantrafficking.org/publications/592.

③ Mariyana Radeva Berket, "Labour Exploitation And Trafficking for Labour Exploitation——Trends And Challenges for Policy – making," *ERA Forum 16* (2015): 360.

乏等导致了人口贩卖的猖獗，通过增加意识教育可有效预防这一犯罪行为。[1]

移民走私和人口贩卖都涉及行为、手段和目的这三个要素，在实践中要清晰区分出两种现象存在一定难度，在公众和政治讨论中也经常被混淆。移民走私和人口贩卖的网络在路线、组织、人员和方法上是重叠的，运作机制分散而灵活，但都存在风险：首先在目标国募集人员、伪造旅行和身份文件；其次是将移民经由陆地、海洋和空中运送到目标国。[2] 遭到贩卖的人口通常会被错认为是走私移民，从而剥夺了应该获得的保护；一些受害者和走私移民可能通过寻求避难并获得难民资格从而进一步使问题复杂化。在全球化的过程中，随着跨国犯罪集团的扩展，人口的跨界走私和贩卖越来越猖狂，与军火贸易和毒品交易等一同被联合国列入 17 类跨国有组织犯罪当中。移民走私每年为犯罪集团或犯罪网络带来数百亿美元的利润，已经成为当今世界上最暴利的跨界有组织犯罪活动之一。[3]

（三）难民

根据联合国 1951 年《关于难民地位公约》（*Convention relating to the Status of Refugees*，又称《日内瓦难民地位公约》）第一条，难民是指"因有正当理由畏惧由于种族、宗教、国籍、属于某一社会团体或具有某种政治见解（而遭迫害）的原因留在其本国之外，并且由于此项畏惧而不能或不愿受该国保护的人；或者不具有国籍并由于上述事情留在他以前经常居住国家以外而现在不能或者由于上述畏惧不愿返回该国的人"。1967 年 10 月生效的《关于难民地位的议定书》（*Protocol Relating to the Status of Refugees*）

---

[1] Toman Omar Mahmoud and Christoph Trebesch, "The Economics of Human Trafficking and Labour Migration: Micro – evidence from Eastern Europe," *Journal of Comparative Economics*, 38 (2010): 174.

[2] Stephen Hoadley, "Irregular Migration as A Security Issue," in Stephen Hoadley and Jurgen Ruland, eds., *Asian Security Reassessed* [Singapore: Institute of Southeast Asian Studies (ISEAS), 2006], p. 260.

[3] 《联合国：全球人口走私犯罪每年利润 320 亿》，凤凰网，http://finance. ifeng. com/a/20130812/10411213_0. shtml，最后访问日期：2017 年 10 月 17 日。

对难民定义进行了扩展，规定难民应满足三个条件：栖身于本国或经常居住国之外；不能或不愿受本国保护和不能或不愿返回经常居住国；有正当理由畏惧迫害的。满足以上条件都可以不受时间和空间的限制，被承认为难民。[①] "难民"身份一经形成，就可受到国际人道主义法的保护，而在难民身份确定之前，其属于避难寻求者，即难民地位尚未确定的人。难民不同于一般的移民，原则上，难民获得许可无关乎种族或技能等级，移民则需要经过目标国的挑选；移民可满足市场入境规则的要求，但难民不能，劳动力短缺的国家需要常规进口外国劳动力，而有可能拒绝难民入境；劳动力流动本质上是非政治的，难民则具有清晰的政治意义，还具有外交政策的维度，如果没有达到在第三方定居的条件，难民实际上意味着在目标国长期存在。[②] 难民问题不仅仅是人道主义难题，更是一个政治、经济、社会和外交难题，由此决定了它在全球治理中属于最大的集体行动难题之一。国际社会出台了一系列关于难民治理的公约和原则，而不同国家的国内政治生态形成了不同的难民处理态度，因而在实际执行过程中，国际原则与国家原则不可避免会产生冲突。[③]

理论上，非法移民和难民在定义和法理上存在明显差异，但在实践中的界限却很模糊，主要的困难是国家如何从主观上对难民与非法移民进行甄别。国际上对待移民和难民的基础是，假定前者是因为经济原因自愿离开母国，而后者是由于遭受暴力和政治迫害被迫离开，在国际法下有权申请避难并获得保护，非法移民则不能。二战结束后，移民和难民之间的区别形成了政府对待两者的不同方式。在冷战时期二者的区分相对容易，但自冷战结束以来，混合移民的增加使政府区分难民和非法移民的难度逐渐加大，因移民大潮包含了寻找工作的合法、非法经济移民和逃避迫害的难

---

① 梁淑英：《非法入境难民的处理原则》，《法学杂志》2008 年第 6 期。

② Astri Suhrke, "Migration, State and Civil Society in Southeast Asia," Programe of Human Rights Studies, *Working Paper M 1992*: 4, Bergen, December 1992, p. 16.

③ 任洪生：《边境"难民及非法入境者"问题与中国的应对策略研究》，《国际问题展望》2017 年第 5 期。

民。很多情况下，移民迫于经济需要离开母国也属于非自愿行为，难民很少遭受难民公约定义的政治迫害，通常是逃离母国的暴力或者因为其生计条件被破坏。[1] 区分难民与非法移民的困难还表现为两者使用同样的迁移网络，在一定条件下可能发生相互转化。[2] 从入境的行为方式看，难民为到达目标国而求助于走私贩，一般也属于非法入境，到达后开始处于合法和非法的两难境地；如果政府认可其难民资格，其就具有了合法地位，如果遭到拒绝则还是属于非法移民。不能获得国际保护的非法移民可能通过寻求避难的渠道留在目标国，一些非法移民进入某个目标国后会向该国提出虚假避难申请；如果申请获得通过则由非法移民成功转化为难民，而申请失败则依然是非法移民。

（四）本书对"非法移民"的界定

在地区层面上，东盟没有关于非法移民的统一定义，在很多议程中对非法移民的认定仅限于人口贩卖。[3] 国际移民组织（IOM）认为东盟国际移民的主要趋势是非法及混合流动，其中非法移民的普遍模式是非法劳动力移民和为了劳动剥削、性剥削进行的人口贩卖。[4] 在国家层面，各成员国的移民法及相关规定对合法移民和非法移民进行了一定的区分，本书主要以该地区两个最大的非法移民目标国——马来西亚和泰国对非法移民的界定作为参考。

马来西亚《1959/1963 年移民法》区分了合法移民和非法移民。前者指的是持有签证、护照、工作许可证和其他有效证件的入境者。后者的情况

---

① Steffen Angenendt, "Irregular Migration as An International Problem: Risks and Options," *SWP Research Paper*, July 2008, p. 11, http://www. swp – berlin. org/fileadmin/contents/products/research_papers/2008_RP04_adt_ks. pdf.

② 罗刚：《论我国移民、非法移民概念的界定》，《政法论坛》2012 年第 3 期。

③ Jenina Joy Chavez, "Social Policy in ASEAN: The Prospects for Integrating Migrant Labour," *Global Social Policy*, Vol. 7, No. 3 (2007): 369.

④ IOM, "Migration Dynamics in ASEAN: Trends, Challenges and Priorities," PowerPoint Presentation at the International Conference "On the Move: Critical Migration Themes in ASEAN," 17 December, Chulalongkorn University, Thailand, http://www. arcmthailand. com/documents/documentcenter/1701_PPP% 20Chula% 20Conference_Claudia% 2015% 20dec% 2012. pdf.

较为复杂，包括：无适当文件、未经授权入境的外国人；出生在马来西亚但没有登记的外国人的孩子；合法入境和就业但是工作准证到期没有及时更新的外国工人；在沙巴州没有更新工作准证的难民；工作准证使用不当者、合同违反者及延期滞留者。这些非法移民被称为 PATI（pendatang asing tanpa izinr），如果就业就被称为非法工人。他们没有基本的权利，依照《1959/1963 年移民法》的规定将被驱逐。①

在泰国，合法的移民工人根据法律规定可以划分为六种：一是临时或一般准证移民，指的是在 2008 年《外国人工作法》（*Alien Employment Act, B. E. 2551*）规定下获得工作准证的外国人；二是永久居民或终身准证移民，在移民法允许下居住在泰国的外国人，1972 年 12 月 13 日以前就在泰国工作并获得第 322 号法令（No. 322）之下的准证；三是经国籍认定（national verification, NV）的准证移民，专指来自老挝、缅甸和泰国的前非法移民，后来经过国籍认定从非法移民转变成合法移民，并获得了临时护照或身份证明材料；四是泰国与来源国老挝、缅甸和柬埔寨分别签订了谅解备忘录（MOU）后引进的移民；五是投资促进委员会（Board of Investment, BOI）引进的移民；六是边境工人（border workers），指与泰国接壤国家的居民及国际移民，用旅行文件（护照或边界通行证）临时进入泰国，并获准在边境地区进行临时或季节性工作。② 根据泰国 1979 年移民法，非法移民指的是入境泰国但不具有泰国公民资格的人，即没有合法地位的外国人，包括非法入境者、非法就业者、被贩卖的人口和难民，还包括在泰国出生的非法移民的子女，他们生而为非法。③ 在劳动力移民的背景下，泰国有两类主要的非法移民：来自老挝、缅甸和柬埔寨的移民及少数

---

① Richard H. Adams, Jr. Ahmad Ahsan, *Managing International Migration For Development in East Asia*（The World Bank, June 2014），p. 244.

② Srawooth Paitoonpong, "Managing International Labor Migration in ASEAN: Thailand（Immigration），" *Philippine Journal of Development 2011*: 164 – 65.

③ "Thailand Tackles Illegal Immigration," August 17, 2006, http://www.humantrafficking.org/updates/405.

民族。① 1992 年，泰国开始对境内的非法移民（针对 15 岁以上人群）进行登记，登记的非法移民可获得 2 年在泰国合法工作的机会，未登记的依然是非法移民。

总体来看，马来西亚和泰国对非法移民范围的界定较为广泛，具有明显的混合移民特征。其成分复杂，包括发生在入境、居留期间的各种非法情况，甚至那些获得难民署认定的难民也被视为非法移民。由于两国都没有签署 1951 年《关于难民地位公约》及 1967 年《关于难民地位的议定书》，因此可以不承认避难寻求者和难民。在东盟成员国中，只有菲律宾和柬埔寨批准了难民公约，难民在地区政治委婉的说法下被归类到"非法移民"（包括经济移民和政治移民）中。②

而从来源国的角度看，印尼将外迁的非法移民定义为秘密出国工作的移民、以非工作签证进入目标国、合法进入目标国但是在合同到期之前逃离指定的雇主或更换了工作、合法进入目标国但是证件过期的滞留者。③

三　移民政策

（一）定义

"移民"是个复杂的政策领域。由于当代移民的复杂性及其导致的多方面影响，移民问题开始成为大多数国家的一个重要政策议题，通过制定和实施一定形式的移民政策来加以应对。移民政策在各国的公共政策中逐渐成为一个特殊的组成部分，同时也是个相对较新的议题。简单意义上的移

---

① Srawooth Paitoonpong and Yongyuth Chalamwong, *Managing International Labor Migration in ASEAN: A Case of Thailand* [Thailand Development Research Institute (TDRI), Bangkok, 2012], p. 9.

② Surin Pitsuwan and Prashanth Parameswaran, "Why Southeast Asia's Refugee Crisis Matters," July 23, 2015, http://thediplomat. com/2015/07/southeast – asia – refugees – in – crisis/.

③ Aswatini Raharto, "Indonesian Labour Migration: Issues and Challenges," in *International Journal on Multicultural Societies*, Vol. 9, No. 2, 2007, Migration and Integration in the Asia – Pacific Region, p. 229.

民政策是指国家对国际人口迁移所采取的政策措施，具体内涵可以区分为制约本国国民跨境外迁及接纳非本国国民入境两个组成部分，其基本指向是国家的边境管理、签证发放、国籍获得及与之相关的外来移民在本国境内所应享有的公民权益。① 移民政策不仅规范了哪些移民有权进入一个国家，还规范了这些人在该国能做什么和怎样做，涉及短期和长期入境者。英国移民政策专家托马斯·哈马尔（Thomas Hammar），认为移民政策的内容应该包括对移民的控制和融合措施，提出了移民政策范畴的两分法，即入境管制与外来人口控制（immigration regulation and liens control）和针对入境移民的政策（immigrant policy）。②

移民政策关注的是何人凭何条件进入本国领土、外籍居民的权利及获得公民身份的条件。国家主权是影响国家移民政策选择的最基本因素，因国家有权设定外国人进入及居住的条件，国家权力凌驾于移民权利之上。③移民政策不同于其他领域的政策，对国家的构成具有直接的影响，与国家主权之间存在紧密的联系，是国家政治权力运作的重要组成部分和国家主权的核心部分；其法理基础是国家对本国领土主权享有至高无上的权力，对本国国民及国民所能享有的公共权利和公众福利具有最高决定权。

移民成为一个国际问题开始于《威斯特伐利亚和约》。为了维护国家主权、保护国家利益，现代意义上的民族国家确立主权、设立通关障碍并发行护照，拒绝外国人入境和驱逐非法外来者逐渐成为领土主权的一部分，国家有权选择与其自我理解相符的移民政策；决定移民政策走向的最基本原则是政治而非经济，移民政策具有高度政治化的特征。④ 与移民相关的绝大多数制度和政策基本上可分为两部分：一是管理劳动力移民（经济移

---

① 李明欢：《国际移民政策研究》，厦门大学出版社，2011，第 23 页。

② Tomas hammer, *Europe Immigration Policy: A Comparative Study* (Cambridge University Press, 1985), p. 7.

③ Nicola Piper, "Rights of Foreign Workers and the Politics of Migration in South - East and East Asia," *International Migration*, Volume 42, Issue 5 (2004): 75.

④ Simon Hix and Abdul Houry, "Politics, not Economic Interests: Determinants of Migration Policies in the European Union," *International Migration Review*, Vol. 41, No. 1 (2007): 182.

民），二是应对人道主义危机和难民。[1] 所有移民政策都是以国家利益为基础的制度性建构，目的是实现对跨国流动人口的实效管理，一般有两个明确的目标：确保需要的利益无障碍流动（合法商品、大多数游客、某类学生、商人和某些移民）及制止不想要的流动（毒品、违禁品和非法移民）。国家层面的移民政策通常包含两项相互冲突的内容：一是吸引人才，技能层次成为目标国接纳或拒绝的关键考量；二是本国公民对移民议题的关注和期待。发生在国家和地区经济、社会和安全环境中的移民模式和进程一定程度上反映了移民政策的背景，国家制定移民政策表面上是针对外来人口，实际上是考虑本国公民的感受并为之负责。[2] 决策者有清晰的行为方向确保实现政策目标，以保持国际人口流动在社会中的合法性。民族国家对国际移民具有决定性的影响，它可以采取欢迎、限制甚至拒绝、迫害等各种政策手段来影响移民的行为决策。[3] 围绕移民讨论的主要趋势及特征是通过制定政策更加努力地控制移民。移民是一个公共政策议题，是有新闻价值的社会话题，移民控制议程尤其是获得政治吸引力和预算资源的一个有用工具。

移民政策还具有特殊的功能。过去的移民政策主要是针对现实或潜在的定居者，而当代的移民政策主要是应对临时的短期移民工人；只要移民政策的对象是移民工人，它就成为劳动力规划的一种形式，[4] 国家根据劳动力市场需求及人口状况制定移民政策。移民政策本质上是个保守的领域，尽管有时决策者做出的决定是紧急的，但是通常滞后于移民的发展变化。移民是个长期发展的现象，其模式随时间发生变化，特征逐渐明显化。决策者需要学术研究提供证据，但是研究认定的移民模式或特征并不能很快

---

[1] Koko Warner, "Global Environmental Change and Migration: Governance Challenges," *Global Environmental Change*, Volume 20, Issue 3（2010）: 404.

[2] 陈庆文：《英国脱欧的启示》，联合早报网，http://www.zaobao.com/forum/views/opinion/story20160711-639844，最后访问日期：2017年10月18日。

[3] 转引自谢婷婷《中欧关系视角下的新侨研究》，社会科学文献出版社，2016，第126页。

[4] 〔瑞士〕安托万·佩库、〔荷兰〕保罗·德古赫特奈尔编《无国界移民：论人口的自由流动》，武云译，译林出版社，2011，第36页。

获得决策者的认可并反映到政策中。[①] 对移民政策的现有研究涉及四个内容：一是对国家案例的解读；二是探索某些国家的外交政策对移民政策的影响；三是考察欧盟的移民政策，特别是来自欧盟外的移民政策；四是分析国际难民制度。但对多边制度或一体化背景下劳动力移民的探讨相对较少。[②] 很多对移民政策的讨论集中于目标国一方，大致可以划分为五种：第一是阻止非法移民的到来或停留，第二是更有效地决定避难寻求者的地位，第三是为人们提供合法迁移的渠道，第四是打击非法移民的政策经验，第五是协调社会安全系统中最好的行为政策。[③] 更多偏重于目标国的利益。

通常认为，现有的移民政策存在三个漏洞。一是观念、贸易及资金自由流动的同时却限制人口流动。冷战后护照的普及扩大了出境权利，而入境和居住权利逐渐受到发达国家的限制，难民政策也没有从中分离出来。国家移民政策的基点是保护领土、市场和确保国家认同，控制边界、抵抗移民压力。二是经济、劳动力市场对移民有依赖，但是国家对移民的控制能力有限。欧洲国家在 20 世纪 70 年代关闭了劳动力的边界，80 年代确立了"零移民"（zero immigration）的目标，2000 年以来有选择性地重新开放，在允许入境移民数量和质量的问题上显示了国家有限的主权能力。"零移民"的目标从来不意味着没有移民，受国际义务及宪法原则的约束，政府不能禁止所谓的非自由裁量（non‐discretionary）移民，加之市场的动力，国家主权在移民政策中仅是一个有限的因素。三是移民的规模在继续扩大，南北政治的分歧在国际移民讨论中增加了国家安全的维度。[④]

---

① IOM, *World Migration Report 2018* (Geneva：Switzerland), p. 322.

② Eytan Meyers, "Multilateral Cooperation, Integration and Regimes：The Case of International Labor Mobility," Working Papers, Center for Comparative Immigration Studies, UC San Diego, 11th June 2002, p. 2, http：//ccis. ucsd. edu/wp‐content/uploads/2012/07/wrkg61. pdf.

③ Md. Rashidul Hasan, "International Labour Migration Governance：the Case of Bangladesh," November 2009, p. 43, http：//dspace. bracu. ac. bd/bitstream/handle/10361/2086/International% 20‐Labour% 20Migration% 20Governance. pdf？ sequence = 1.

④ Christophe Bertossi and Ashley Milkop, "The Regulation of Migration：A Global Challenge," *Politique étrangère*, Vol. 73 (Special Issue：World Policy Conference 2008)：191‐192.

（二）移民政策的演变：由自发转向限制

国际移民在第一波全球化时期是不受限制的，最近一次大规模的自发移民发生于 1850～1914 年。1914～1945 年，宏观经济的不稳定及政治动荡导致一些国家开始限制国际移民，移民运动由此告别了自由迁移时代，处于主权国家的控制下，但并不严格。二战结束后至 20 世纪 60 年代后期，西欧和北美的工业国家、中上收入的发展中国家、中东非洲及拉美的高收入石油出口国由于对外来劳动力的巨大需求，在合法移民之外还吸纳了很多与立法不符的移民。外国人未经允许入境寻找工作或定居下来工作仍是普遍的事情，还没有被打上非法移民的标签。进入 70 年代，尤其受石油危机的影响，目标国公众对集中在某些地区和经济活动部门的非法移民增加了意识敏感性，欧洲的几个传统移民目标国着手采取严厉的移民政策，制定了严苛的出入境管理制度和移民法律法规（限制发放签证和居住证），强化边界控制，采取威慑手段制裁运送者并遣返非法移民。1973 年的石油危机由此成为移民政策的一个清晰转折点，宣告了移民控制时代的到来。[1] 限制性移民政策逐渐成为一个不可逆转的趋势，主要的特征表现为目标国加强边界控制，减少移民入境，明确指向"不想要的"（unwanted）的非法移民，目的是"截流"（stemming the tide），控制移民入境是最简单，也是最重要的边界保护机制。至 20 世纪八九十年代，发达国家控制移民的努力更加积极。从此，移民控制从仅仅是国内问题上升到国际政治的高度，限制性移民政策逐渐成为一个重要的政策领域，边界控制成为国家权威的一个关键特征。[2]

自 20 世纪末期以来，国家试图取得更大的边界控制权。当前针对国际移民政策的"共识"是国家拥有无可争议的入境控制权，为了进一步加强对那些"不想要"的移民的控制，政府以国家利益之名使其政策合理化。

---

[1]　Douglas Massey et al. , *Worlds in Motion* (Oxford University Press, 1998), p. 5.

[2]　〔英〕罗斯玛丽·塞尔斯：《解析国际迁移和难民政策：冲突和延续》，黄晨熹等译，格致出版社、上海人民出版社，2011，第 85～86 页。

大多数政府努力通过国内政策和双边协议来制止人口的非法跨界流动，① 对移民控制的重点是非法移民而非一般移民。当前，发达国家的移民政策呈现三个趋同特征：加强对外来移民特别是对非法移民和难民的控制，采取措施促进已定居在本国的移民融入主流社会，国内民众支持政府加强对外来移民的控制。② 国际移民组织2012～2014年在140个国家进行调查，了解公众对国际移民的态度。在183772名受访者中，22%的人希望国家的移民程度维持不变，21%的人希望增加，34%的人希望降低，其余受访者未表态。③

二战结束以后，学界对亚洲移民政策的关注集中在两个领域：使非法移民合法化及移民政策系统化。④ 目的是解决严重的非法移民问题。学界对东南亚移民政策的研究倾向于关注三种移民政策行为体及机制间的互动：超国家及地区治理组织、国家和非国家行为体。第一类行为体如亚太经济合作组织（APEC）、东盟、国际移民组织、联合国、国际劳工组织等，包括这些行为体发起的倡议、计划及组建的委员会等。第二类行为体国家，指的是代表民族国家参与全球治理进程的政府以及国家框架内不同层面的制度、政府机构、体系（官方或非官方的），涉及移民政策的形成及实施。但是，这里的国家没有被定义为一个统一或理性的行为体，不同的国家也不具有相同或一致的观点、利益或议程，彼此之间反而表现出更多的分歧。第三类行为体包括移民、非政府组织（NGOs）、社会组织（Civil Society Organizations，CSOs）、移民组织、工会、直接或间接涉及移民的商业群体及

---

① Amarjit Kaur, "International Labour Migration in Southeast Asia: Governance of Migration and Women Domestic Workers," *Intersections: Gender, History and Culture in the Asian Context*, Issue 15 (2007): 3, http://intersections. anu. edu. au/issue15/kaur. htm.

② 李明欢：《国际移民政策研究》，厦门大学出版社，2011，第35页。

③ IOM, *How the World Views Migration*, IOM Migration Research Division, Geneva, January, 2015, p. 7, http://www. iom. int/files/live/sites/iom/files/pbn/docs/How－the－World－Views－Migration－Gallup－flyer. pdf.

④ Ronald Skeldon, "Managing Irregular Migration as A Negative Factor in the Development of Eastern Asia," *ILO Asian Regional Programme on Governance of Labour Migration Working Paper*, No. 18 (2009): 12.

资本利益群体。以上三类行为体代表了不同的范畴，超国家及地区治理组织代表全球或宏观层面，国家代表国内或中观层面，非国家行为体则属于当地或微观层面，三者之间并不相互排斥，而是在复杂的模式中相互交叉。大多数移民政策研究主要关注两类行为体之间的互动，通常是超国家及地区组织与国家之间，或者是国家与非国家行为体之间。①

四 移民治理

二战后，国际移民成为全球化时代的一个结构性要素。移民带来的多方面影响促使各国政府和国际社会开始采取不同措施进行治理。

（一）治理的概念

"治理"（governance）概念最早出现于 1989 年，世界银行在《撒哈拉以南非洲：从危机到可持续增长》中提出。进入 20 世纪 90 年代，治理作为一个"时尚"新事物出现在经济学、公共管理、社会学及政治学的诸多领域，引起了知识界不同研究流派的集体关注，② 成为一个使用频率较高的概念之一，跻身于西方学术界特别是经济学、政治学和管理学领域，广泛用于国际组织尤其是那些致力于促进全球贫困和受压迫人口改善生活的讨论和出版物中。"治理"本质上是个政治概念，但从其定义来看存在一定的模糊性。世界银行将其定义为各种公共的、私人的、个人和机构管理其共同事务的诸多方面的总和，使相互冲突或不同的利益得以调和并采取联合行动的持续过程，既包括有权迫使人们服从的正式制度和规则，也包括各种人们同意或认为符合其利益的非正式制度安排。③ 詹姆斯·N. 罗西瑙在《面向本体论的全球治理》一文中指出："治理是导引社会体系实现目标的

---

① Maureen Hickey, Pitra Narendra and Katie Rainwater, "A Review of Internal and Regional Migration Policy in Southeast Asia," Research Institute National University of Singapore, *Working Paper 8*, September 2013, pp. 10 – 11, http://r4d. dfid. gov. uk/pdf/outputs/MigratingOutOfPov/WP8. pdf.

② 〔法〕让 – 皮埃尔·戈丹（Jean – Pierre Gaudin）：《何谓治理》，钟震宇译，社会科学文献出版社，2010，第 19 页。

③ The Commission on Global Governance, *Our Global Neighbourhood*, Report（Oxford University Press, 1995）, pp. 2 – 3.

机制,一个非常适合理解世界上旧有边界日渐模糊、新身份司空见惯、政治思考面向全球的概念。可以肯定,强调治理很可能就是大家所接受的理解世界事务的新主观意识间本体论的首要标志。"① 联合国全球治理委员会(GCIM)1995 年在《我们的全球伙伴关系》研究报告中对治理的定义被认为具有代表性和权威性,"治理是个任何公共或私人机构管理其公共事务的诸多方式的总合,它是使相互冲突的或不同的利益得以调和并采取联合行动的持续的过程。它既包括有权迫使人们服从的正式制度和规则,也包括人民和机构统一的或以为符合其利益的各种非正式的制度安排"②。中国学者指出,治理是一种公共管理活动和公共管理过程,包括必要的公共权威、管理规则、治理机制和治理方式,目的是在各种不同的制度关系中运用权力去引导、控制和规范公民的各种活动,从而最大限度地增进公共利益。③

从以上对治理的定义来看,其有四个突出特征:首先,它不是一整套规则,也不是一种活动,而是一个过程;其次,治理过程不是控制而是协调;再次,治理同时涉及公共和私人部门;最后,治理不是一种正式的制度,而是不同行为体之间持续的互动。④ 治理是决策及各种决策实施的过程,其本质是有意识地确定并努力实现一个政治目标,并确保行为者朝着这个方向努力;其围绕四个关键问题展开,即谁治理(主体)、为何治理(原因)、治理者如何治理(方法)及治理产生的影响(效应)。⑤

由于市场和国家在社会资源配置中的失效,政治学家和管理学家主张用治理替代统治。治理不同于传统意义上的统治,主要体现在四个方面:一是权威机构不同,治理的权威并不一定是政府机构,而统治的权威必定是政府;二是管理过程中权力运行的向度不同,治理是一个上下互动的管

---

① 俞可平:《全球化:全球治理》,社会科学文献出版社,2003,第 64 页。
② 全球治理委员会编《我们的全球伙伴关系》,牛津大学出版社,1995,第 23 页。
③ 俞可平:《全球治理引论》,《马克思主义与现实》2002 年第 1 期。
④ 〔瑞典〕英瓦尔·卡尔松、〔圭〕什里达特·兰法尔主编《天涯成比邻——全球治理委员会的报告》,赵仲强等译,中国对外翻译出版公司,1995,第 2 页。
⑤ 〔美〕詹姆斯·罗西瑙:《没有政府的治理》,张胜军、刘小林译,江西人民出版社,2001,第 35 页。

理过程，统治的权力运行方向总是遵循自上而下、单一的向度；三是管理的范围不同，治理包括领土界限内的国家和国际领域，统治则只限于国家领土范围之内；四是权威的基础和性质不同，治理的权威主要源于公民的认同和共识，以自愿原则为特征，统治的权威来源于政府的法规命令，属于强制性。① 治理问题亦涉及国家和社会的关系领域，治理理论的兴起给政治学、行政学、管理学等学科的研究提供了新的知识背景与话语体系。

（二）移民治理

冷战结束以后，随着移民议题的"安全化"，国家与国际层面均表现出对非法移民不妥协的一致态度，不断寻求有效的治理措施。学界也逐渐重视对移民治理的研究并使其成为移民研究中的一个重要议题。

移民治理通常指的是关于移民问题、移民系统、移民进程、移民服务传送、移民管理及其他相关事务如国家、地区和全球层面的决策过程，通过促进国家行为体在移民领域的合作，寻求创建管理移民的国际框架，重点是控制出入境、阻止非法移民等。② 在如何定义移民治理的问题上，学界、国际组织及一些知名的研究机构存在较大争议，或使用一般的全球治理对移民进行定义，强调在一定的制度框架下通过运用一定的权力来实现人口的有序迁移；或关注多重行为体（包括个体、政府和非政府组织及私人部门等）的存在，倡导"移民伙伴关系"，从而使来源国、中转国和目标国在移民问题上的责任和收益更加均等。其中的共同要素是移民治理涉及多个行为体，为了使治理效果积极有效，对政府、私人部门及非政府组织之间的互动提出了客观要求。③ 国际移民全球委员会（GCIM）认为，移民治理包括移民政策和个别国家的计划、国家间的讨论和协议、多边论坛和磋商机制、国际组织的行为以及相关的法律和准则。联合国人权高专办公室

---

① 俞可平：《全球治理引论》，《马克思主义与现实》2002 年第 1 期。

② Md. Rashidul Hasan，"International Labour Migration Governance：the Case of Bangladesh，" November 2009，p. 25，http：//dspace. bracu. ac. bd/bitstream/handle/10361/2086/International% 20Labour% 20Migration% 20Governance. pdf？sequence = 1.

③ The Economist Intelligence Unit，*Measuring Well - governed Migration：The 2016 Migration Governance Index*（London，2016），pp. 12 – 13.

（OHCHR）将移民治理理解为一个进程，认为其需要法律准则和组织结构的结合并促进国际合作。美国移民政策研究所（MPI）认为，移民治理需要建立或多或少的正式准则并对国家行为进行管理，积极寻求安全、可靠、合法和有序迁移的共享议程。联合国社会发展研究所（UNRISD）认为，移民治理与所有可能的治理层面和行为体（国家及非国家）相关，需要共同参与协商、实施、执行和监督进程。乔治敦大学国际移民研究院（ISIM）认为，移民治理主要集中在两个方面：一是规范性的法律框架，二是组织机构。[1]

　　全球移民讨论的一个新关注点是以国家合作的形式寻求移民管理的国际框架，重点是控制出入境并阻止非法迁移，还将更广泛的人权议题纳入其中。当前，国际移民治理的基本态势是国家"安全化"行动与"区域化"进程并存。[2] 国际移民组织 162 个成员于 2015 年 11 月通过了《移民治理框架》，其原则是坚持国际标准、实现移民权利、运用证据及"整体政府"（whole‑of‑government）的方式制定政策，伙伴参与关注移民及相关议题；目标是促进移民及社会获得社会经济福利，有限解决流动的危机，确保移民在安全、有序及有尊严的方式下进行。[3] 国际移民治理可理解为一个过程，它结合了法律准则和组织结构的框架，形成了国家应对国际移民、关注权利和责任并促进国际合作的行为。对移民的理解通常假定为概念与其他议题领域的关系，将移民治理放在"移民与……"的背景下进行讨论。

　　国际移民组织（IOM）和经济学人智库（Economist Intelligence Unit, EIU）为了探索移民治理的理想模式，研究制定了移民治理指数（Migration Governance Index，MGI），提出了五个关键的政策领域：制度能力、移民权利、安全及有序迁移、劳动力移民管理、国家地区合作及其他伙伴关系。

---

① 转引自郭秋梅《国际移民组织与全球移民治理》，暨南大学出版社，2013，第 19 页。

② 吴琳：《东南亚移民危机与移民治理：从"安全化"到"区域化"》，《东南亚研究》2017年第 5 期。

③ "Migration Governance Framework," https://www.iom.int/sites/default/files/about‑iom/migof_brochure_a4_en.pdf.

移民治理指数的目的不是评估国家移民政策的实施结果，而是为国家移民治理结构提供一个综合的框架。它指出了移民治理中存在的缺陷及需要改进的领域，将发展、迁移、治理等方面联系起来，为实施与移民相关的可持续发展目标（SDGs）寻找政策杠杆。为了进一步验证移民治理指数，经济学人智库在全球挑选了 15 个国家（东盟成员国菲律宾入选），突出经济发展程度、国家类型（来源国和目标国）和人口规模等方面的典型性，设计了 73 个问题来衡量移民治理指数的五个领域。① 验证结果表明，得分高的国家都具有完整且专业的移民管理机构，制度、政策和规则连贯、透明，并采取跨界合作的方式。很多中等收入国家将移民政策置于优先议程中，尤其是那些在国外有大量移民的国家，意在通过良好的管理实现移民收益的最大化。②

第二节　东盟域内移民的发展历程

自 20 世纪七八十年代以来，东盟域内国家间的劳动力移民是东南亚后殖民时代新移民地理的一个组成部分。③ 流动模式首先受到殖民主义的影响，其次是东南亚反殖民解放斗争之后经济和社会的发展有力推动了移民。

一　殖民时期至20世纪60年代

移民问题在东南亚历史中是个恒常主题，跨界迁移历来是该地区的一个重要人口现象。西方国家在东南亚的殖民主义导致了该地区政治版图的

---

① The Economist Intelligence Unit, *Measuring Well - governed Migration*: *The 2016 Migration Governance Index* (London, 2016), pp. 7 - 8.

② IOM, "Economist Intelligence Unit Launch Migration Governance Index," https://www.iom.int/news/iom - economist - intelligence - unit - launch - migration - governance - index.

③ Amarjit Kaur, "Labour Migration Trends and Policy Challenges in Southeast Asia," *Policy and Society*, Volume 29, Issue 4 (2010): 385.

重构。殖民当局建立边界区分各自领地，产生了 6 个主要的政治实体——缅甸、马来亚、印支、印度尼西亚、菲律宾和泰国，由此形成了国家边界的雏形。但边界是模糊的和不明确的，没有物理标记且容易渗透，并与某些跨界族群社区相重叠，对当地经济活动和人口流动的影响微乎其微。所以直到 20 世纪 40 年代，东南亚的边界一直处于开放状态，人口流动是自由的和不受限制的，这也造就了该地区定居的移民社区和殖民领地内多元社会的形成。

殖民时期东南亚的移民流动与该地区的人口结构和经济发展密切相关。首先是整个地区的人口相对稀少且分布不均，马来亚和印尼的爪哇分别代表了两个极端，即劳动力短缺和剩余。马来亚人口分布密度低，农村居民不存在无地现象；相比之下，爪哇则有大量的无地贫困人口，非农雇佣在生存战略中具有至关重要的作用，爪哇在殖民时期就形成了向马来亚出口劳动力的传统。其次是殖民当局为促进领地内热带农业的发展，积极引进移民，以满足对劳动力的需求，如马来亚、苏门答腊和交趾支那（Cochin-china）的橡胶等热带作物的种植，缅甸、泰国和交趾支那边界地区的水稻种植。19 世纪后期至 20 世纪 30 年代，随着欧洲殖民主义的扩张，东南亚开始了新的大规模移民，以劳工移民为主的模式成为东南亚资本主义全球化的一个显著特征。其中，英国殖民当局主要从本地区外的印度和中国进口廉价劳工以满足马来亚的锡矿和种植园的发展需求，地区内部则吸引了来自菲律宾棉兰老岛西部、印尼爪哇和加里曼丹的劳动力。至 1920 年，东南亚地区主要出口的农产品是大米和橡胶，矿业等非农业部门也获得了发展。移民对殖民经济活动和目标地有重要意义，逐渐形成了移民集中在某些部门的现象。[1] 某种程度上，东南亚地区的移民概念具有一定的殖民印记。

---

[1] Amarjit Kaur, "Labor Crossings in Southeast Asia: Linking Historical and Contemporary Labor Migration," University of New England, *New Zealand Journal of Asian Studies* 11, Vol. 1 (2009): 278.

20世纪三四十年代，战争的影响和主要的经济转型导致东南亚地区的移民流动减少，1945年之后，该地区的去殖民化运动及此后出现的独立国家进一步导致了对人口流动的限制。[1] 1950年之后的30年，东南亚地区几乎没有外来移民，没有大规模进口劳动力的经济需求或政治空间，尤其在国家独立初期，移民在政治领域挑战着国家统一的观念。直到20世纪70年代后期，该地区一些国家封闭的移民政策才逐渐松动。

二　20世纪70年代以后

（一）东盟域内移民快速发展

东盟内部跨越国家的移民潮开始于20世纪70年代，80年代开始迅速发展，但在70年代具有显著的难民潮特征。越南、柬埔寨和老挝的战乱导致大量难民外逃，泰国成为地区内部的首要避难国，尽管其不是联合国难民公约的签署国，但在1975~1997年共接纳、援助了近120万难民。[2] 自20世纪80年代开始，劳动力移民（经济移民）构成了地区内部人口流动的主导模式。地区内的主要新兴工业化国家如新加坡、马来西亚和泰国实行出口导向的发展战略，随着全球再分配和制造业生产的重新分布，这些国家建立了很多工厂，国内的劳动力不足以满足市场需求，需要其他国家的剩余劳动力来填补。经济和政治移民之间的界限在国家政策及移民环境中逐渐模糊，即使最初为非经济原因的迁移，到达目标国后也会参与到劳动力市场或经济及产生收入的活动中，包括正规部门和非正规部门。[3] 很难获得东盟域内移民的确切数字，普遍的观点认为实际数字远远高于估计值。20世纪六七十年代仅有70万人，80年代有所增加，进入90年代后超越了来

---

[1]　Amarjit Kaur, "Labour Migration Trends and Policy Challenges in Southeast Asia," *Policy and Society*, Issue 29 (2010): 385.

[2]　Graziano Battistella, "Unauthorized Migrants as Global Workers in the ASEAN Region," *Southeast Asian Studies*, Vol. 40, No. 3 (2002): 358.

[3]　Chris Manning and Pradip Bhatnagar, "Coping with Cross - border Labour Flows within Southeast Asia," in Amarjit Kaur and Ian Metcalfe, eds., *Mobility, Labour Migration and Border Controls in Asia* (New York: Palgrave MacMillan, 2006), pp. 52 - 72.

自地区外的移民数量，约为 150 万人。[1] 2005 年，东盟国际移民为 1350 万人，其中 26% 进入美国，9% 到欧盟，26% 到中东及其他地区，剩余的 40% 在区域内流动，数字高达 530 万，[2] 联合国估计这 530 万移民中有 400 多万人是经济原因所导致的迁移。[3] 2011 年，东盟有 1280 万国际移民，占全球移民（2.16 亿）的 6%，地区内移民达 548 万，所占比例为 42.8%。[4] 2013 年，东盟的国际移民有 950 万，其中 70%（665 万人）在成员国间流动，主要进入三个目标国：泰国（350 万人）、马来西亚（150 万人）和新加坡（100 万人）。[5]

东盟域内移民的流向与国际移民的流向一致，即从欠发达成员国流向发达成员国，这是 20 世纪 90 年代以来的主要趋势。[6] 所有成员国都受到不同程度的影响，不同国家在移民链中充当着不同的角色：文莱、新加坡主要是目标国；缅甸、柬埔寨、印尼、老挝、菲律宾、越南主要作为来源国；马来西亚和泰国既是目标国也是来源国，但是两国接纳的移民远远多于输出的移民。国家的角色还呈现极化的特征，如新加坡和文莱是净移民接收国，缅甸和菲律宾是净出口国，接收了最少的地区内部移民。从净移民（net migration）[7] 数字来看，马来西亚、泰国和新加坡是东盟域内最大的三个移民

---

[1] *Analytical Report on the International Labour Migration Statistics Database in ASEAN: Improving Data Collection for Evidence – based policy – making*, Tripartite Action for the Protection and Promotion of the Rights of Migrant Workers in the ASEAN Region (ASEAN TRIANGLE project), ILO Regional Office for Asia and the Pacific (Bangkok: ILO, 2015), p. 14.

[2] Ong Keng Yong, "Growth, Employment, and Decent Work," remarks at Asian Employment Forum (Beijing, 2007), http://www. aseansec. org/20826. htm.

[3] "ASEAN Forum on Labour Migration," http://pstalker. com/ilo/resources/ASEAN%20FORUM%20ON%20LABOUR%20MIGRATION. doc.

[4] World Bank, "Bilateral Migration and Remittances Matrix," 2011, http://pubdocs. worldbank. org/en/919711443117529856/B.

[5] Guntur Sugiyarto and Dovelyn Rannveig Mendoza, "A Freer Flow of Skilled Labour within ASEAN: Aspiration, Opportunities and Challenges in 2015 and Beyond," MPI, Issue No. 11 (2014): 5.

[6] 〔英〕罗纳德·斯凯尔顿：《亚太地区跨国移民之动向》，中国社会科学院、联合国教科文组织编《国际社会科学杂志·国际移民 2000》（中文版）第 18 卷第 3 期，中国社会科学杂志社，2001，第 120 页。

[7] 净移民是指某个地区在一段时间内，每 1000 个居民（时间中段的人数）中移民入境的人数和移民出境人数的差值，正值表示迁入的人多于迁出的人。该指标反映的是某地区人口的迁入与迁出这两种同时发生事件对这一地区人口数量变动的综合作用的强度。

目标国。2005 年，三国共接纳了 91% 的地区内移民，占比分别为马来西亚35%、泰国35%、新加坡21%，主要的来源国是缅甸和印尼。[1] 2015 年，新加坡的净移民率为 12.74‰，马来西亚为 5.31‰、泰国为 0.49‰（见表 2 - 1）。

表 2 - 1 1970 ~ 2015 年部分年份东盟三大移民目标国的净移民率

单位：‰

年份	新加坡	马来西亚	泰国
1970	- 0.04	- 1.48	0
1980	1.22	- 0.11	1.28
1990	8.38	5.18	1.89
2000	13.81	4.53	2.27
2005	20.73	5.29	1.16
2010	18.79	5.29	0.18
2015	12.74	5.31	0.49

资料来源：Knoema，"World Data Atlas," https://knoema.com/atlas/。

如果从大陆的视角来看，东盟域内的移民流动形成了一个连贯且典型的移民系统。系统中包含了一群国家，其中有多个充当目标国的核心国家，其余为输出移民的边缘国家，形成了两条繁忙的移民走廊，即东盟群岛走廊（archipelagic ASEAN corridor）和湄公河次区域走廊（Mekong sub - regional corridor）。[2] 在第一条走廊中，马来西亚、新加坡和文莱是主要的目标国，移民主要来自印尼和菲律宾；在第二条走廊中，泰国是首要的目标国，移民主要来自缅甸、柬埔寨、老挝和越南，每年湄公河次区域输出的移民

① ILO, *Labour and Social Trends in ASEAN 2007*: *Integration*, *Challenges and Opportunities* (Bangkok, Thailand: ILO Regional Office for Asia and Pacific, 2007), pp. 50 - 51, http://www.ilo.org/public/english/region/asro/bangkok/library/download/pub07 - 04.pdf.

② Amarjit Kaur, "Labour Migration Trends and Policy Challenges in Southeast Asia," *Policy and Society*, Volume 29, Issue 4 (2010): 386.

有 300 万~500 万人，泰国至少接纳了其中的 60%。① 还有一种观点将东盟域内的移民划分为三个次系统，即马来半岛和新加坡、文莱—印尼—马来西亚—菲律宾东部东盟增长区 （Brunei – Indonesia – Malaysia – Philippine East ASEAN Growth Area，BIMP – EAGA） 及湄公河次区域。新加坡、马来西亚和泰国分别是这三个次系统中的主要目标国，沙巴、沙捞越和文莱是 BIMP – EAGA 的核心地区，移民来自印尼和菲律宾南部 （主要是棉兰老岛西部和巴拉望岛）。②

从来源国看，2015 年，柬埔寨、印尼、老挝、马来西亚和缅甸五个国家的移民占了东盟域内移民的 94%，接收国主要是泰国、新加坡和马来西亚。③ 2017 年，马来西亚接收的地区移民中，印尼移民占了 64%；进入泰国的移民中，缅甸移民最多，达 51%。根据 2017 年的年中统计，东盟域内移民总数约为 689.3 万人，输出移民最多的是缅甸 （约 215.5 万人）、印尼 （约 127.1 万人） 和马来西亚 （约 134.7 万人）；接纳移民最多的是泰国 （约 358 万人）、马来西亚 （约 169 万人） 和新加坡 （约 136 万人） （见表 2 – 2）。

表 2 – 2　2017 年东盟成员国间的移民流向及规模 （年中统计）

单位：千人

目标国	来源国										
	文莱	柬埔寨	印尼	老挝	马来西亚	缅甸	菲律宾	新加坡	泰国	越南	共计
文莱	—	—	6.5	—	51		14.2	1.6	15.2	—	88.5
柬埔寨	—	—	0.1	0.2	0.1	—	0.1	0.1	31.8	37	69.4

① ADB, *Facilitating Safe Labor Migration in the Greater Mekong Subregion: Issues, Challenges, and Forward – Looking Interventions*. Mandaluyong City, Philippines: Asian Development Bank, 2013, Executive Summary, http://www.adb.org/publications/facilitating – safe – labor – migration – greater – mekong – subregion.

② "NEW: SEACA Occasional Paper on Irregular Migration," February 14, 2008, http://seaca.net/viewArticle.php? aID=1038.

③ "The Brain as A Commodity: Migration of Labor in ASEAN," February 22, 2017, http://www.brinknews.com/asia/the – brain – as – a – commodity – migration – of – labor – in – asean/.

续表

目标国	来源国										
	文莱	柬埔寨	印尼	老挝	马来西亚	缅甸	菲律宾	新加坡	泰国	越南	共计
印尼	—	—	—	—	2.3	—	4.1	2.3	23	—	31.7
老挝	—	3.5	—	—	—	0.2	—	—	—	19	22.7
马来西亚	6	14.4	1091	—	—	308	103.7	81	—	89	1693.1
缅甸											
菲律宾	—	—	3.4	2.3	0.8	0.4	—	0.8	0.3	0.4	8.4
新加坡	—	—	168	—	1158	—	15.8	—	19.8	—	1361.6
泰国	—	680	0.69	923	135	1835	1.3	0.7	—	7.2	3582.89
越南	—	1	1.2	7.2	0.13	11.6	0.1	1.8	12	—	35.03
共计	6	698.9	1270.89	932.7	1347.33	2155.2	139.3	88.3	102.1	152.6	6893.32

资料来源：根据 UN, Population Division, "Total Migrant Stock at Mid-year by Origin and by Major Area, Region, Country or Area of Destination"（1990-2017）数据整理。

　　二战后，马来西亚大规模的入境移民开始于20世纪70年代。该国自1970年开始实施"新经济政策"（New Economic Policy, NEP），以出口导向战略为主，制订大规模基础设施建设计划、实现农业私有化及大力发展劳动密集型制造业部门，首要目标是减少并最终消灭国内的贫困现象，其次是减少马来人在农业经济中的集中，引导马来人转移到现代农业和城市经济部门。随着本国劳动力离开农业和建筑业等劳动密集型部门转向更多收入的工作，这些部门的劳动力出现短缺，开始大规模引进外来工人。大多数工人来自印度尼西亚并在自由放任的政策下定居该国。自20世纪90年代以来，马来西亚已发展成为东盟域内主要的移民接收国，移民工人占了该国劳动力的25%~30%。[1] 该国每10年一次的人口普查显示了外国人口的

---

[1] Maureen Hickey, Pitra Narendra and Katie Rainwater, "A Review of Internal and Regional Migration Policy in Southeast," *Asia Research Institute National University of Singapore*, *Working Paper 8*, September 2013, p. 30, http://r4d.dfid.gov.uk/pdf/outputs/MigratingOutOfPov/WP8.pdf.

增长趋势。1970 年外国人仅有 764400 人；2010 年增加至 212 万人，占总人口的 7.3%，[1] 其中 80% 来自东盟国家。[2] 根据移民局的统计，2017 年 11 月，马来西亚的工作人口为 1441 万人（总人口为 3100 多万人），合法外劳人数达 173 万人，其中印尼工人最多，近 71 万人。[3]

泰国在 20 世纪八九十年代经历了快速的经济发展。自 80 年代后期以来，因本国劳动力被吸纳到发展更快的制造业和服务业中，曼谷及周边地区劳动力成本上升，传统农业及相关部门劳动力短缺。为了维持出口经济的竞争力，泰国自 90 年代初期开始从缅甸、柬埔寨和老挝进口更廉价的劳动力，这些外劳人员逐渐成为该国农业、渔业和建筑业等部门的支柱。2011 年，在泰国登记的移民中，来自三个国家的工人超过了 130 万人，其中缅甸人占 82%。[4] 2013 年，泰国劳动力市场约有 325 万外国人，其中 270 万人来自柬埔寨、老挝和缅甸；[5] 2014 年，进入泰国的三国移民达 356.9 万人；[6] 2017 年年中统计，三国的移民工人共计 343.8 万人。进入泰国的移民主要集中在曼谷及附近地区、泰国南部及泰缅边界各府，分布在大城市如曼谷、清迈和普吉。

新加坡自 20 世纪 60 年代后期开始出现劳动力短缺，70 年代后期已实现国内劳动力的全部就业，在鼓励已婚妇女进入劳动力市场的同时，依靠进口不同技能层次的外国工人来满足需求。该国根据停留期限将移民分为

[1] Azizah Kassim and Ragayah Haji Mat Zin, "Policy on Irregular Migrants in Malaysia: An Analysis of Its Implementation and Effectiveness," Discussion Paper Series No. 2011 - 34, p. 1, http://dirp4. pids. gov. ph/ris/dps/pidsdps1134. pdf.

[2] UNODC, Transnational Organized Crime in East Asia and the Pacific, April 2013, p. 7, http://www. unodc. org/documents/southeastasiaandpacific/.../TOCTA_EAP_web. pdf.

[3] 《马外劳达 173 万逼近印族人口》，联合早报网，http://www.zaobao.com/news/sea/story20171109 - 809483，最后访问日期：2017 年 10 月 19 日。

[4] IOM, Labour Migration from Colombo Process Countries: Good Practices, Challenges and Ways Forward (Geneva: International Organization for Migration, 2011), p. 12.

[5] Jerrold W. Huguet, Thailand Migration Report 2014, United Nations Thematic Working Group on Migration in Thailand Bangkok, Thailand, 2014, pp. 1 - 2, http://reliefweb. int/sites/reliefweb. int/files/resources/TMR_2014. pdf.

[6] Vanitha Nadaraj, "Migrant Workers in Asean: The Hidden and Neglected Workforce," May 26, 2015, http://www. establishmentpost. com/migrant - workers - asean - hidden - neglected - workforce/.

两类:"residents"指的是公民(包括归化公民)和永久居民,"non - residents"则指临时移民(如学生和某些个人)。永久居民也是移民,有权永久居住在新加坡,除了没有选举权和投票权外,履行和享有公民的大多数义务和权利,包括可享受公租房、成年男性要服兵役等。1965 年,新加坡的临时移民占总人口的 2.9%;20 世纪 80 年代后,随着工业化进程的加快,这一群体人数不断增加。1990 年新加坡的总人口为 304 万人,临时移民有 31.1 万人;2000 年总人口与临时移民的数量分别为 402.8 万人和 75.5 万人,2014 年两者分别为 546.97 万人、159.9 万人。[1] 临时移民在 20 世纪最后 10 年占总人口的 18.7%,21 世纪的前 10 年比例上升至 25.7%。[2]

从来源国看,马来西亚、缅甸和印尼移民外迁的目标地主要是东盟成员国。以 2010 年为例,缅甸外出移民为 160 万人,约 90% 留在东盟域内,且几乎全部进入泰国;柬埔寨和老挝的绝大多数移民也选择以泰国为目标国。印尼 230 万海外劳工,59% 在东盟域内,主要进入马来西亚。菲律宾及越南移民主要迁往地区之外,进入美国的人数最多。其中,菲律宾作为东盟最大的移民出口国,在 360 万国际移民中,只有 14% 留在东盟域内,主要是作为合同工在新加坡和马来西亚工作;越南国际移民有 230 万人,12% 在东盟域内,主要进入柬埔寨和马来西亚。[3] 柬埔寨人口中有很大一部分属于工作年龄人口(15～64 岁),流动率高,30% 是国际移民,其中有 37% 到泰国,14% 进入马来西亚。[4]

① Department of Statistics, Ministry of Trade & Industry, Republic of Singapore, *Yearbook of Tatistics Singapore*, 2015, p. 22, http://www. singstat. gov. sg/docs/default - source/default - document - library/publications/publications_and_papers/reference/yearbook_2015/yos2015. pdf.

② Brenda Yeoh and Weiqiang Lin, "Rapid Growth in Singapore's Immigrant Population Brings Policy Challenges," April 3, 2012, http://www. migrationpolicy. org/article/rapid - growth - singapores - immigrant - population - brings - policy - challenges/.

③ Gloria O. Pasadilla, "Social Security and Labor Migration in ASEAN," *ADB Institute Research Policy Brief 34*, November 2011, p. 8, http://www. adbi. org/files/2011. 11. 28. rpb34. social. security. labor. migration. asean. pdf.

④ Sumalee Chaisuparakul, "Life and Community of Cambodian Migrant Workers in Thai Society," *Journal of Population and Social Studies*, Volume 23 Number 1 (2015): 2.

马来西亚和新加坡之间存在大量的相互移民。2007 年，马来西亚海外工人的 73%（约 150 万人）流向新加坡，新加坡 23 万外迁移民中有近 40% 在马来西亚从事高技术工作。[1] 根据马来西亚人力资源部 2014 年 6 月的一份统计，该国每天约有 15 万公民到新加坡工作，每天经过新柔长堤入境新加坡的电单车约 5.5 万辆。[2] 根据 2017 年年中统计，进入新加坡的马来西亚人数最多，约为 115.8 万人。

（二）东盟域内移民的主要特征

1993 年，斯蒂芬·卡斯尔斯（Stephen Castles）和马克·米勒（Mark Miller）在《迁移的时代》（*The Age of Migration*）一书中强调了当代国际移民的四大特征：全球化、加速化、多元化和女性化（feminization）。1998 年该书再版时，又增加了政治化作为第五个特征。[3] 在全球化时代下，国际移民的特征日趋复杂，总体可概括为：来源国、目标国和中转国之间的传统区别逐渐模糊，几乎所有国家都同时充当三种角色；移民群体中，女性比例迅速增加，基本与男性比例持平；移民的地区化趋势加强和区域劳动力市场形成；相对于过去的永久性移民模式，临时移民更加突出，移民想要获得长期居住资格或公民资格面临诸多现实障碍。[4]

在全球总体性特征之下，不同地区的移民潮既有共同点，也有各自的特性。如亚洲地区的移民特征主要表现为：移民作为亚洲经济的一个结构性要素还没有获得认可；移民流动高度受限，移民导致的负面影响被夸大；强调约束、管制、驱逐而不是管理移民，也没有建立移民体制的传统；在移民问题上缺少地区或双边的对话机制；缺乏可靠、翔实的移民数

---

① ILO, *Labour and Social Trends in ASEAN 2007：Integration，Challenges and Opportunities*（Bangkok，Thailand：ILO Regional Office for Asia and Pacific，2007），p. 50，http://www.ilo.org/public/english/region/asro/bangkok/library/download/pub07 – 04. pdf.

② 《新山街头露宿者 四成在新加坡打工》，联合早报网，http://www.zaobao.com/news/sea/story20140603 – 350238，最后访问日期：2017 年 10 月 19 日。

③ 〔英〕罗斯玛丽·塞尔斯：《解析国际迁移和难民政策：冲突和延续》，黄晨熹等译，格致出版社、上海人民出版社，2011，第 21 页。

④ Khalid Koser, *International Migration：A Very Short Introduction*（Oxford University Press，New York，2007），pp. 6 – 7.

据。① 自 20 世纪 80 年代以来，东盟域内的移民流动加速发展，成员国经济、社会和政治环境的差异性使得地区内移民呈现复杂性和多样性，存在三种有代表性的观点。第一种观点认为，女性化、显著的跨界流动、非法移民、高程度的非正规就业和人口贩卖是东盟内部移民的特征。② 第二种观点则认为，移民工人（经济移民）成为区域内移民的主导模式，女性化特征突出，非法移民可能与合法移民一样多，还强调了迅速发展的移民产业、政府政策对移民影响的重要性在不断加强。③ 第三种观点强调，东盟域内移民的特征除了性别构成、临时性及合法非法外，在技能层面上突出表现为绝大多数移民是非技术/低技术工（unskilled/low‐skilled），其特点起源于目标国政府和雇主对移民的偏好，并迅速发展成一种自我维持（self‐sustaining）的过程。④ 综合以上三种观点，东盟内部移民的主要特征可概括为以下四点。

1. 绝大多数移民是非技术/低技术工

世界银行将非技术/低技术工定义为接受过初等或中等教育的劳动力。东盟域内的移民主要由非技术/低技术工构成，尽管技术工人的数量在不断增长，但相比非技术/低技术工仍是很小一部分。如 2007 年，非技术/低技术工占移民总数的 87.1%，印尼在成员国中的比例最高，达 96.2%（见表 2‐3）。印尼、缅甸、柬埔寨和老挝的移民中，非技术/低技术工显著超过了技术工，绝大多数仅受过初级教育，如入境泰国的老挝移民有 85% 以上的人仅为小学教育程度甚至更低。⑤ 2011 年亚洲开发银行的一份资料显示，

---

① Graeme Hugo, "Best Practice in Temporary Labour Migration for Development: A Perspective from Asia and the Pacific," *International Migration*, Volume 47, Issue 5 (2009): 24–25.

② UN Women, *Managing Labour Migration in ASEAN: Concerns for Women Migrant Workers* (Asia Pacific Regional Office, 2013), p. 16, http://asiapacific.unwomen.org/en/publications.

③ Graeme Hugo, "International Migration in Asia's Demographic Transitions," http://www.eastasiaforum.org/2013/05/27/international‐migration‐in‐asias‐demographic‐transition/.

④ 吴前进：《东南亚地区的移民流动——以 1990 年之后的东南亚五国移民为例》，《社会科学》2005 年第 12 期。

⑤ Cambodia's Leading Independent Development Policy Research Institute (CDRI), *Costs and Benefits of Cross‐country Labour Migration in the GMS: Synthesis of the Case Studies in Cambodia, Laos, Thailand and Vietnam*, Working Paper Series No. 45, Phonm Penh, December 2009, p. 18, http://www.cdri.org.kh/webdata/download/wp/wp45e.pdf.

入境马来西亚的移民约有93%是非技术/低技术工，63%的人受过初级教育或更少。[①] 2014年6月，东盟域内67%的印尼移民、70%的越南移民仅接受过小学教育。[②] 非技术/低技术工原则上受合同制或工作证（work permits）制度的管理，在到达目标国前不直接与劳动力市场接触，通过中介机构或来源国与目标国之间的双边协议招募，但很大一部分属于非法入境目标国并非法工作。目标国公民教育程度的较高和国家的富裕使他们规避了"3D"工作（肮脏、危险和不体面），劳动力市场分割成技术和非技术工作导致了两种移民政策。技术移民如专业人才、管理人才及商业精英，受到优先对待并鼓励定居，低技术/非技术工人只能以临时合同雇佣。技术移民主要从穷国到富国。新加坡强调引进和融合技术工人，称其为外来人才（foreign talents），不同于非技术/低技术的外国工人（foreign workers）的称呼。马来西亚对专业人才/高技术和非技术/低技术移民的称呼不同，高技术工人被称为"expatriates"（*pegawai dagang*），而非技术/低技术工人被称为"foreign contract workers"（*pekerja asing*），分别持就业证（employment pass, *pas penggajian*）和临时工作准证或访问护照（work permit or visit pass, *pas lawatan kerja sementara*）。[③]

表2-3 2007年东盟双边非技术/低技术移民的比例

单位：%

来源国 \ 目标国	柬埔寨	印尼	老挝	马来西亚	菲律宾	新加坡	泰国	越南	其余	共计
柬埔寨	—	100	100	84.7	81.8	50.8	89.5	100	86.8	89.5
印尼	81.8	—	51.1	98.7	78.3	73.9	64.5	75.6	95.6	96.2

① Gloria O. Pasadilla, "Social Security and Labor Migration in ASEAN," ADB Institute Research Policy Brief 34, November 2011, p. 5, http://adbi. adb. org/files/2011. 11. 28. rpb34. social. security. labor. migration. asean. pdf.

② Richard H. Adams, Jr. Ahmad Ahsan, *Managing International Migration For Development in East Asia* (The World Bank, June 2014), Iii.

③ Amarjit Kaur, "Labour Migration Trends and Policy Challenges in Southeast Asia," *Policy and Society*, Volume 29, Issue 4 (2010): 391.

续表

目标国 来源国	柬埔寨	印尼	老挝	马来西亚	菲律宾	新加坡	泰国	越南	其余	共计
老挝	100	100	—	84.6	84.4	51	91.3	100	90.3	91.4
马来西亚	18.8	72.9	30.7	—	53	76.8	48	57.8	82.1	76.8
菲律宾	100	64.7	34.1	96	—	51	41.4	54.5	83.1	89.5
新加坡	55.5	61.6	33.3	79.6	49.4	—	73.5	59.1	97.2	79.2
泰国	85.9	62.2	74.1	96.1	49.7	51.1	—	75.5	87.4	86.3
越南	86.3	77.1	81	83.5	69.8	50.9	68	—	97.9	82.6
其余国家	56.5	98.7	88.3	90.3	77.9	47.4	81.4	97.4		82.3
共计	85.9	79.6	80.9	96.9	72.9	75.4	82.7	73.2	86.1	87.1

资料来源：Aniceto C. Orbeta, Jr, *Enhancing Labor Mobility in ASEAN: Focus on Lower - skilled Workers*, Philippine Institute for Development Studies, Discussion Paper Series No. 2013 – 17, February 2013, p. 4.

　　高技术移民通常是为了增加收入和改善工作环境，而非技术/低技术移民主要是希望减少经济的不安全性。两类移民在目标国的经济机遇不同，在当地社会的融合进程也不相同。技能层次决定了移民的就业领域，非技术/低技术移民集中在目标国的非正规经济部门，从事当地人不愿意从事或规避的工作，环境相对艰苦、收益相对低下，主要集中在服务业、制造业、农业和建筑业（见表 2 - 4）。马来西亚允许 6 个部门招募非技术/低技术移民：家务、建筑业、制造业、服务业、种植业和农业。[①]移民工人主要集中于种植业部门和从事家务工作，该国的橡胶种植业严重依赖这一类移民。泰国吸纳这一类移民的主要部门是农业、服务业、建筑业和制造业等；新加坡最突出的是服务业，比例达 49%。从目标国的角度看，移民不断进入某个部门/行业并逐渐被标签化，导致对该领域的移民需求持续存在。

　　新加坡的情况不同于马来西亚和泰国，因该国没有可相比的农业部门。新加坡制造业生产能力的不断提升，大大减少了对非技术/低技术工人的依

---

① Richard H. Adams, Jr. Ahmad Ahsan, *Managing International Migration For Development in East Asia* (The World Bank, June 2014), p. 243.

赖，这一类移民主要集中于制造业、建筑业、造船业和服务业（包括家务和护理）及其他类型的体力劳动中。

表 2 - 4   东盟成员国非技术/低技术移民的部门分布

单位：%

国家	制造业	建筑业	服务业	农业
马来西亚	35.12	14.79	24.74	25.35
新加坡	25	26	49	0
泰国	15.39	16.75	31.31	36.55
平均（印尼、菲律宾和越南）	27.88	19.01	33.15	20.26

资料来源：Terrie Walmsley, Angel Aguiar and S. Amer Ahmed, "Labor Migration and Economic Growth in East and Southeast Asia," Policy Research Working Paper 6643, The World Bank East Asia and the Pacific Region Office of the Chief Economist, October 2013, p. 14, http://www - wds. worldbank. org/external/default/WDSContentServer/WDSP/IB/2013/10/07/000158349_20131007131450/Rendered/PDF/WPS6643. pdf。

2. 临时移民占主导

临时移民指的是移民在目标国的居住和就业以临时工作准证为基础，迁移行为不会导致其在目标国的永久居留。[1] "临时移民"的表述有个结构性特征，即移民作为跨国流动的主体不是目标国的完全公民，[2] 国家制定移民法是为了使移民的合法地位具有暂时性。[3] 临时移民可以是自发的，也可以是按照移民来源国和目标国的双边协议有组织地进行。自发性临时移民的优越性在于它首先受劳动力市场的调控，可以解决短期劳动力的不足，从而使劳动力市场更具灵活性，[4] 对一些部门而言还具有不可替代的实际优

[1] Martin Ruhs, "The Potential of Temporary Migration Programmes in Future InternationalMigration Policy," International Labour Review, Vol. 145, No. 1 - 2 (2006): 9.

[2] Maruja M. B. Asis and Nicola Piper, "Researching International Labor Migration in Asia," The Sociological Quarterly, Volume 49, Issue 3 (2008): 428.

[3] 潘兴明、陈弘主编《转型时代的移民问题》，上海人民出版社，2010，第181页。

[4] Manolo Abella, "Policies and Best Practices for Management of Temporary Migration," UN/POP/MIG/SYMP/2006/03, 28 - 30 June 2006, http://www. un. org/esa/population/migration/turin/Symposium_Turin_files/P03_SYMP_Abella. pdf.

势，如农业部门对季节性劳动力的需求等。临时性是国际劳动力移民一个不可避免的特征和条件。因临时的就业地位对维持汇款的流动具有至关重要的作用，也是最可靠的一种途径，是"移民与发展"这一关系中的一个关键催化剂。[①] 不定居的迁移对工业化国家具有净经济效应，移民与来源国之间的长期联系对后者的经济贡献更是巨大，一旦移民在目标国定居，汇款的动力将消失。来源国希望维持与海外公民的关系，其原因从考虑国内政治的影响、文化的延伸、软实力的作用到吸引对经济发展意义重大的汇款和投资等，印尼和菲律宾政府积极促进临时合同劳动力的外迁就是出于这样的考量。临时劳动力移民比永久或半永久移民能更好地发挥移民促进来源地发展及减贫的作用，近年来临时移民被认为是解决移民困境的一项措施。

临时移民成为主导特征的同时，永久移民也没有完全消失，这与移民的技能层次有紧密的联系。永久移民通常是高技术移民或专业人才，而临时移民基本是非技术/低技术工，换言之，临时性是这一类移民群体的一个固有特征。两者的法律地位和在目标国的待遇截然不同，永久移民通常意味着能获得目标国的承认并可获得合法地位，临时移民可能包括大量非法移民。此外，两类移民群体对来源国和目标国劳动力市场的影响也不相同，因停留时间的长短、签证的性质、在劳动力市场中所处的位置及各自的家庭等不同。欧盟委员会、国际移民全球委员会和世界银行都建议促进临时移民，特别是非技术/低技术移民，作为调和移民、来源国和目标国利益的一种最优战略。这一战略通常被认为是个"三赢"的措施，即满足目标国劳动力市场的需求、移民合法进入高收入国家的劳动力市场、来源国实现移民外迁收益的最大化。[②]

自 20 世纪 80 年代以来，东盟域内的移民模式已不是先前的永久或定居

---

① Stuart Rosewarne, "Temporary International Labor Migration and Development in South and Southeast Asia," *Feminist Economics*, Vol. 18, No. 2 (2012): 65.

② Martin Ruhs, "The Potential of Temporary Migration Programmes in Future International Migration Policy," *International Labour Review*, Vol. 145, No. 1 - 2 (2006): 32.

模式，而转为以临时或短期移民为主，并逐渐成为一个固定特征。主要原因在于所有目标国政府都限制永久移民，没有一个国家的移民政策目标是产生长期或永久居民，各国都有相关政策限定移民，尤其是非技术/低技术移民的临时地位，[①] 也不允许临时移民家庭团聚。在东盟成员国中，新加坡对入境移民的规定最为严格。非技术/低技术移民在签署了有时间限制的工作合同后获准进入，合同到期要求返回来源国，与当地社区的融合受到阻碍，所能享受的权利也很少，如规定不允许带家属、不得与当地人结婚等。一些移民的最终目的也不是定居，如大多数柬埔寨工人不想长期在泰国定居；首要目的是提高家庭的经济地位或还债，一些移民达到存钱目标后就回国，一段时间后可能再次回到泰国，特别是有家属的移民。

湄公移民网络（Mekong Migration Network，MMN）认为临时移民政策导致了移民被社会排斥，易遭受劳动剥削，是一种危险的存在。[②] 目标国的法律和政策是建立在移民仅仅是一种临时现象的基础上，由此导致了治理劳动力移民的措施本质上是临时的，打破了任何家庭团聚的期望，将移民限制在非技术部门，也杜绝了其获得永久居住权或成为公民的可能性。

3. 女性化特征突出

二战前，全球范围内的国际移民以男性为主导，战后，女性在移民群体中所占的比例逐渐增长，移民女性化特征成为当代国际移民复杂性的一个表现。2017 年，在所有国际移民中，女性移民占了 48.4%；地区之间的差别较大，欧洲、北美洲、大洋洲、拉丁美洲及加勒比海的女性移民数量超过了男性。[③] 移民流动的多样性和极化的增加使得移民成为一个高度分层

---

① Carunia Mulya Firdausy, "Labour Mobility within ASEAN: Issues and Policy Implications for the ASEAN Economic Community," in Denis Hew, ed., *Roadmap to An ASEAN Economic Community* (Institute of Southeast Asian Studies, 2005), p. 204.

② Mekong Migration Network, *Permanently Temporary: Examining the Impact of Social Exclusion on Mekong Migrants*, October 2016, p. 5, http://www.mekongmigration.org/wp - content/uploads/2016/10/Permanently - Temporary - Eng - mmn - printed - version. pdf.

③ United Nations, Department of Economic and Social Affairs, Population Division (2017), *International Migration Report 2017: Highlights* (ST/ESA/SER. A/404), p. 15.

（stratification）的现象，分层概念强调要结合性别、族群、法律地位、技能程度及入境和离开的模式来分析。迁移对男女的影响不同，性别因而成为理解国际移民因果的一个关键因素。女性化概念和性别议题与男性、女性的不同移民经历相关，而性别化和分层化从本质上暗示了移民在劳动力市场中的经历，性别分析强调的是更广泛的社会环境对男女作用的影响及各自所能获得的资源及服务等。[①]

移民女性化特征一般包括以下几个方面的内容：第一，共同参与经济活动的女性人数增加，但所处的条件比男性差；第二，女性在劳动力市场中被边缘化；第三，女性移民的负担沉重，一方面参与政治和社会生活的机会在扩大，另一方面依然受到诸多限制。[②] 移民的女性化特征是对目标国性别选择政策及性别特定职业的回应，劳动力市场实际上被性别线所分割，移民进程也沿着性别线发生并持续存在。[③] 男性移民往往从事建筑业和制造业，这些部门容易受到金融危机的重创和商业周期的影响。迁移为妇女提供了发展的能量，一些妇女因出国务工获得了稳定的收入来源，通过汇款成为家庭经济的主要支柱，在家庭中的自主权和决策权增加。但与此相伴随的却是迁移过程中的诸多不确定风险，如遭遇贩卖、从事家务工作或性产业的妇女容易遭受社会隔绝和极端形式的剥削。

女性在移民潮中所占的比例因迁移路线不同而有所差别。一些国家中女性移民数量的增加反映了劳动力需求的变化。中等收入国家的妇女进入劳动力市场引发了对家务工人的需求，工作性质是导致移民大潮中女性化特征突出的原因之一。女性移民主要从事与女性传统角色相关的职业，特别是集中在家务工作和服务招待行业，其就业状况取决于目标国的人口发

---

① Nicola Piper, "Feminisation of Migration and the Social Dimensions of Development: the Asian case," *Third World Quarterly*, Vol. 29, No. 7 (2008): 1287 – 1288.

② 〔俄〕戈尔巴乔夫基金会编《全球化的边界——当代发展的难题》，赵顺国等译，中央编译社，2008，第236页。

③ Ronaldo Munck, "Globalisation, Governance and Migration: An Introduction," *Third World Quarterly*, Vol. 29, No. 7 (2008): 1232.

展趋势。① 探讨全球家务工的分工及国际迁移经验必然涉及工作的划界：一是家务劳动（包括各种维系家计、照顾家人与维持家庭再生产的活动）是一个重要的建构妇职（womanhood）的场域，家务市场的外包凸显了性别界限；二是国际迁移的经验导致了目标国与来源国社会的阶级与族群界限的重划；三是家庭成为全球不平等与社会差异的交会之处，在同一屋檐下的日常生活中，雇主与家务移民工人都在协商、营造空间界线，形成了社会界线的具体化存在。事实上，不论是女性雇主还是家务工人，她们的现实生活都与支配性的妇职大相径庭，两类女性都因工作而偏离传统的全职家务管理及母亲角色。②

自 20 世纪 70 年代以来，东盟成员国的女性在本国劳动力市场中的参与人数显著增多，同时还有大批女性迁移到国外工作，在跨界移民中的比例不断增长，逐渐形成了女性化特征。1990 ~ 2013 年，东盟三大移民目标国马来西亚、新加坡和泰国的女性移民数量呈不断增长的态势（见表 2 - 5）。2013 年，东盟 100 个男性移民对应 93 个女性移民，女性所占比例为 48%。③以泰国为例，1998 年的移民登记中，女性占了 29%，2005 年增加到 45%；进入泰国的老挝移民中，女性比例高达 55%。④ 2013 年 7 月，泰国持有工作证的柬埔寨、老挝和缅甸移民共 899658 人，其中女性移民 386338 人，所占比例为 42.9%，其中老挝女性移民的比例最高，达 45.1%（见表 2 - 6）。

---

① 〔印度〕加雅提·戈什（Jayati Ghosh）：《这场危机将会扭转全球的移民趋势吗?》，耶鲁全球在线，http://yaleglobal. yale. edu/cn/content/% E8% BF% 99% E5% 9C% BA% E5% 8D% B1% E6% 9C% BA% E5% B0% 86% E4% BC% 9A% E6% 89% AD% E8% BD% AC% E5% 85% A8% E7% 90% 83% E7% 9A% 84% E7% A7% BB% E6% B0% 91% E8% B6% 8B% E5% 8A% BF% E5% 90% 97% EF% BC% 9F，最后访问日期：2017 年 10 月 20 日。

② 蓝佩嘉：《跨国灰姑娘——当东南亚帮佣遇上台湾新富家庭》，吉林出版集团有限责任公司，2011，第 25 ~ 26 页。

③ *Analytical Report on the International Labour Migration Statistics Database in ASEAN: Improving Data Collection for Evidence – based policy – making*, Tripartite Action for the Protection and Promotion of the Rights of Migrant Workers in the ASEAN Region (ASEAN TRIANGLE project), ILO Regional Office for Asia and the Pacific, Bangkok: ILO, 2015, p. 7.

④ Philippe Doneys, "En – Gendering Insecurities: The Case of the Migration Policy Regime in Thailand," *International Journal of Social Quality*, Vol. 1, No. 2 (2011): 54.

进入新加坡的印尼和菲律宾移民，妇女占了绝大多数，几乎占据了该国的外籍家务帮佣（foreign domestic helpers，FDHs）工作，通常将入境马来西亚的菲律宾女工定义为女佣。2012 年，新加坡 20.6 万外来家务工人全部为女性，主要来自印尼和菲律宾。[①] 2014 年，新加坡为 16900 名外籍工人发放工作准证，其中 8000 人是外籍女佣。[②]

表 2-5　东盟三大目标国女性移民人数的比较

单位：人

目标国	1990 年	2000 年	2010 年	2013 年
马来西亚	453265	736885	994869	1020010
新加坡	381420	750020	1207938	1297081
泰国	245207	610093	1590524	1844344

资料来源：UN, Department of Economic and Social Affairs, Population Division, "Trends in International Migrants Stock: The 2013 Revision," UN database, POP/DB/MIG/Stock/Rev. 2013, http://www. un. org/development/desapopulation/migtration/date/estimate2/index. shtml。

表 2-6　2013 年 7 月泰国境内持工作证的老挝、缅甸和柬埔寨移民的性别构成

单位：人，%

来源国	总数	男性		女性	
		数量	占比	数量	占比
柬埔寨	89618	53223	59.4	36395	40.6
老挝	31782	17451	54.9	14331	45.1
缅甸	778258	442646	56.9	335612	43.1

资料来源：Ministry of Labour, Department of Employment, Thailand, http://wp. doe. go. th/eu/statistic/7/56/sm06 - 56. pdf, accessed on 19 August 2013。

东盟域内移民女性化特征的出现总体上可归结为三个方面的原因。首先，由于地区劳动力市场的变化，新兴工业化国家的贸易自由化战略催生了一些

[①]　Amelia Tan, "Changes to Indonesian Maid Policies," The Straits Times, 4 April 2012.

[②]　陈婧：《"高端"专业人才增加　本地外籍劳动力正转型》，联合早报网，http://www. zaobao. com/news/singapore/story20150407 -465606，最后访问日期：2017 年 10 月 20 日。

特殊的生产部门，如电子、纺织、制衣等，这些部门的发展吸引了本国女性及外来移民女性劳动力参与其中。其次，新加坡和马来西亚两国劳动力市场发展成熟，共同的特征是劳动力短缺及女性在劳动力市场中的高参与率，在相对短的时期内吸收并重组了这些国家的女性劳动力。再次，妇女教育地位的提升打破了管理和行政职位的就业障碍，中产阶级妇女也能进入教育、管理和其他行业。女性进入劳动力市场使她们从繁重的家务劳动中解放出来，随之也导致了对家务、儿童和老人看护服务业的需求，催生了对外来家务工人（主要是女性）的巨大需求，某种程度上促成了地区内部女性劳动力的流动。最后，在影响女性迁移的诸多因素中，大多数迁移决定是出于家庭生存战略的考虑，个体为了改善生计而选择出国务工。①

4. 非法移民数量庞大

东盟域内移民发展过程中存在一个看似矛盾的现象，即合法移民数量增加的同时非法移民数量也在增加。以寻求工作机会为目的非法迁移是东南亚地区最重要的跨界形式。尽管非法移民的存在已经引起了广泛讨论，但是缺乏关于这一群体的真实数据，没有任何一个成员国能确切掌握本国境内非法移民的数量，也没有权威的官方统计。原因在于：一是非法移民在人口普查范围之外；二是这一问题具有一定的政治敏感性，尤其是一些目标国存在民族问题的背景；三是成员国相互间容易渗透的边界、对入境控制的低程度及政府机构人员的腐败等影响对非法移民数据的收集。② 大多数情况下，不同行为体对非法移民问题的关注带有选择性和针对性，观点和看法不一致，难以一览全貌。如国家机构的数据只涉及违法的被捕移民，非政府组织和移民支持者关注移民人权遭受侵害的行为，媒体则惯常以突发事件报道非法移民并夸大这一群体所带来的危害。尽管没有确切的数据，

① Amarjit Kaur, "Labor Crossings in Southeast Asia: Linking Historical and Contemporary Labor Migration," University of New England, *New Zealand Journal of Asian Studies* 11, 1 (June 2009): 296–297.

② Lim Lin Lean and Paul Chan Tuck Hoong, "Migrant Workers in Asean: A Review of Issues and Implications for Government Policies," *International Migration*, Volume 21, Issue 2 (1983): 287.

通常的看法是东盟域内的非法移民数量庞大，已成为该地区的一个突出问题和棘手的地区性难题。

第三节 东盟域内非法移民问题的凸显

东盟域内的非法移民逐渐发展成为一个显性的地区问题，其特征主要表现为：一是数量庞大，二是构成复杂。

一 非法移民数量不断增多

东盟域内非法移民的流向可简单概括为三个主要来源国（印尼、菲律宾和缅甸）和两个首要目标国（马来西亚和泰国）。一般认为，东盟非法移民的数量在1997～1998年亚洲金融危机前达到了顶峰，估计有260万人，其中82%是印度尼西亚人和菲律宾人，马来西亚和泰国共接纳了其中的83%。[1] 2005年东盟国际移民为1350万人，这一数字并没有包括非法移民，估计该地区30%～40%的移民是通过非法渠道进入的。泰国和马来西亚成为亚洲容纳非法移民最多的两个国家，境内共有300万非法移民。[2]

马来西亚国内的非法移民可追溯至20世纪70年代，当时没有专门的移民政策和机制进行合法的招募和雇佣，几乎所有外国移民工人均为非法移民。此后，该国的非法移民经历了逐渐发展的过程。八九十年代合法、非法移民之间的比例是5:1，如1998年，合法移民有1127652人，非法移民仅有244730人，合法移民人数是非法移民的4.6倍（见表2-7）。进入21世纪两者间的比例已达1:1，几乎同步增长。20世纪80年代，马来西亚的非法移民估计有50万人，2006年内政部的一项统计表明，该国境内有70

① Jenina Joy Chavez, "Social Policy in ASEAN: The Prospects for Integrating Migrant Labour," *Global Social Policy*, Vol. 7, No. 3 (2007): 369.

② Jacqueline Joudo Larsen, "Migration and People Trafficking in Southeast Asia," *Trends & Issues in Crime and Criminal Justice*, No. 401, November 2010, Australian Government, Australian Institute of Criminology, p. 2, http://aic.gov.au/media_library/publications/tandi_pdf/tandi401.pdf.

万非法移民，其中 70% 是印尼人。很多印尼人坐船从巴淡岛非法入境，或者使用伪造证件从努那坎（Nunakan）入境。[①] 2010 年的人口普查显示，非公民占了马来西亚总人口（2820 万人）的 8.2%，其中合法移民 180 万人，非法移民为 50 万~180 万人。[②] 马来西亚的非法移民主要集中在沙巴州和马来半岛，主要来自菲律宾和印度尼西亚。2010 年，沙巴州 310 万人中就有 50 多万非法移民；[③] 内政部 2011 年 8 月的"大赦计划"共登记了 230 万外国工人，其中 100 万人是合法移民，130 万人为非法移民。[④] 2015 年，该国 383 万外劳中非法者达 170 万人；2016 年 3 月雇主联合会估计合法和非法外劳的总数达 600 万人。[⑤] 进入马来西亚的非法移民具有明显的循环特征，对被捕的非法移民进行生物识别发现，至少有 30% 是以前被驱逐出境而后再次非法入境的。[⑥]

表 2-7   1998 年东盟三大目标国合法移民与非法移民人数的对比

单位：人

目标国	合法移民	非法移民
马来西亚	1127652	244730
泰国	89862	897027

---

① Lan Anh Hoang, "Impact of Internal and International Labour Migration: South-East Asia," Migration out of Poverty Research Programme Consortium, 8th February 2011, p. 21, http://www.rmmru.org/newsite/wp-content/uploads/2013/08/WorkingPaper28.pdf.

② Azizah Kassim and Ragayah Haji Mat Zin, "Policy on Irregular Migrants in Malaysia: An Analysis of Its Implementation and Effectiveness," *Discussion Paper Series* No. 2011-34, Philippine Institute of Development Studies, pp. 1-2, http://www.pids.gov.ph/policynotes.php?id=5094&pubyear=2012.

③ "Royal Panel to Probe into Illegals Issue," *New Straits Times 2012*, 2 June 2012, http://www.nst.com.my/top-news/royal-panel-to-probe-into-illegalsissue-1.90187.

④ Idris Jajri and Rahmah Ismail, "Determinants of Migration from ASEAN-3 into Malaysia," *Asian-Pacific Economic Literature*, Vol. 28, Issue 2 (2014): 53.

⑤ 《马国再力推"聘非法外劳"》，联合早报网，http://www.zaobao.com/news/sea/story20160422-608065，最后访问日期：2017 年 10 月 21 日。

⑥ Azizah Kassim and Ragayah Haji Mat Zin, "Policy on Irregular Migrants in Malaysia: An Analysis of Its Implementation and Effectiveness," Philippine Institute of Development Studies, Discussion Paper Series No. 2011-34, pp. 1-2, http://www.pids.gov.ph/policynotes.php?id=5094&pubyear=2012.

目标国	合法移民	非法移民
新加坡	530000	23000（被捕）

资料来源：based on country papers presented at the "Workshop on International Migration and Labour Markets in Asia," Japan Institute of Labour in cooperation with OECD and ILO, January 2000, Tokyo, 26－28。

泰国 20 世纪 70 年代因专业人才和技术工人短缺，鼓励外来投资并积极吸引人才，合法移民大多数是技术工人，但人数很快被非法移民超越。进入 80 年代，经济发展良好及高等教育普及，当地人不再对低报酬的工作感兴趣，迫使雇主开始雇佣外来的非法移民。泰国的非法移民主要来自老挝、缅甸和柬埔寨。自 1988 年开始，泰国的非法移民就一直多于合法移民。如 1998 年，非法移民达 897027 人，相比之下，合法移民只有 89862 人，仅占移民总数的 9%（见表 2－7）；2014 年泰国全国范围内登记的非法移民达 160 万人。[①] 泰国非法移民数据最可靠的来源是 2009 年和 2011 年的移民登记，每次登记中至少有 100 万非法移民，每年可能有 66 万新入境移民。[②] 2009 年，在泰国非法打工的老挝、缅甸和柬埔寨移民估计超过了 200 万人，大多数没有合法文件，约占泰国总劳动力的 6%，而 1998 年这一比例仅为 3%。[③] 2011 年估计来自三国的移民有 250 万人，其中约 150 万人是非法移民。[④] 1997~2011 年，泰国外劳数量从 29 万人暴增至 130 万人，非法移民占外来廉价劳动力的 40% 以上，原因之一是大量被遣返的非法移民再次非

① 杨云燕：《泰国：对人口贩卖"零容忍"》，新华网，2015 年 1 月 31 日，http://www. newchinesenet. com/print/31595，最后访问日期：2017 年 10 月 21 日。

② United Nations Office on Drugs and Crime（UNODC），*Transnational Organized Crime in East Asia and the Pacific*, A Threat Assessment, April 2013, p. 12, http://www. unodc. org/documents/southeastasiaandpacific/Publications/2013/TOCTA_EAP_web. pdf.

③ 林憬屏：《泰国境内 200 万缅寮柬移民　多数非法且无保障》，2009 年 3 月 31 日，http:// www. haixiainfo. com. tw/44720. html，最后访问日期：2017 年 10 月 21 日。

④ Jerrold W. Huguet, *Thailand Migration Report 2014*, United Nations Thematic Working Group on Migration in Thailand Bangkok, Thailand, 2014, p. 14, http://reliefweb. int/sites/reliefweb. int/ files/resources/TMR_2014. pdf.

法入境。① 2014 年泰国的外劳总人数高达 200 多万人，全年完成了约 160 万非法移民的登记工作，前 11 个月共登记移民 1493781 人，其中柬埔寨 681571 人、缅甸 600816 人、老挝 211394 人。② 从来源国看，柬埔寨劳动力绝大多数进入了泰国，国际移民组织 2012 年估计柬埔寨外迁移民有 95% 是通过非法渠道进入泰国的，每年约有 60 万人。③ 根据柬埔寨职业培训和劳工部的统计，2014 年 6 月有超过 20 万柬埔寨公民在泰国务工，其中只有 8 万人持有工作许可证。④ 2017 年 5 月，在泰国的柬埔寨工人有 40 万 ~ 50 万人，合法入境的只有 16 万多人。2013 年，泰国境内的缅甸非法移民约有 45 万人，构成泰国境内最大的移民群体，2016 年的数量不少于 72 万人。⑤

马来西亚和泰国的非法移民广泛集中在低收入工作中，主要是两国的建筑业、马来西亚的种植业、泰国的农业畜牧业及渔业部门。非法移民在目标国形成了不同程度的社区，特别是在泰国与缅甸和老挝边界沿线的市镇、马来西亚的沙巴州等。来自缅甸的罗兴亚（Rohingya）穆斯林到达泰国后有一部分辗转进入马来西亚，在吉隆坡和槟城已形成了一定规模的罗兴亚人社区。

二 非法移民的构成复杂

（一）小群体自发跨界

一些移民选择小群体规模的跨界，大多以 4 ~ 5 人的规模，采取秘密或

---

① 《泰国发展研究院（TDRI）称廉价外劳时代 5 年内结束》，《泰国世界日报》2011 年 8 月 10 日。
② Mekong Migration Network, *The Precarious Status of Migration in Thailand: Reflections on the Exodus of Cambodian Migrants and Lessons Learnt*, 26 June 2014, p. 3, http://ticambodia.org/library/wp - content/files_mf/1452499733FINALEDITEDREPORT24Nov.pdf.
③ Thomas Fuller, "In Thailand, Burmese Workers Call out to 'Mother Suu'," *The New York Times*, 30 May 2012, http://www.nytimes.com/2012/05/31/world/asia/in - thailand - a - warm - welcome - for - daw - aung - san - suu - kyi.html.
④ 《大批在泰国的柬埔寨非法劳工返回柬埔寨》，联合早报网，http://news.xinhuanet.com/world/2014 - 06/16/c_126623428.htm，最后访问日期：2017 年 10 月 21 日。
⑤ Mekong Migration Network, *Safe from the Start: The Roles of Countries of Origin in Protecting Migrants*, July 2017, p. 37.

公开的方式，无证或使用合法护照或边界通行证，以步行或乘车船的方式跨越官方或非官方边界；在主要的交通干道及可能碰到警察的任何地方，为了不被捕，可能需要支付 6.5～260 美元的贿赂；① 通过亲友关系或非法中介在目标国寻找工作机会。东盟域内的非法移民主要集中在以下几条移民通道：缅甸—泰国、老挝—泰国、柬埔寨—泰国、印尼—马来西亚、马来西亚—新加坡。这几条通道输送了域内移民数量的 88%。②

（二）移民走私

东盟域内存在数量较多的非法移民，尤其是湄公河国家进入泰国和马来西亚、印尼进入马来西亚的，这些流动在很大程度上受到走私贩的帮助。跨界泰国的移民走私具有大规模和灵活性的特征，从柬埔寨、老挝和缅甸进入泰国很容易，可选择很多的途径跨界。走私贩通常引导移民从偏远的地方跨界，或者用卡车及其他交通工具秘密运送。

湄公河国家的很多移民通过走私的途径进入泰国工作，获得他们所期待的比国内收入高得多的工作。绝大多数移民借助认识的走私贩的帮助。大部分走私贩本身就是非法移民，他们熟知目标国的形势，并与目标国的雇主、中介和警察建立关系，依赖口耳相传的声誉将移民和工作联系起来，他们做事可靠，能在较短时间内将移民送到目标国并帮其安排好工作。联合国毒品和犯罪问题办公室（United Nations Office on Drugs and Crime，UNODC）估计，泰国每年来自老挝、缅甸和柬埔寨的非法移民有 83% 是通过走私途径进入的，人数约为 55 万人；其中缅甸移民最多，达 45 万人（占82%），柬埔寨移民 5.5 万人（占 10%），老挝 4.4 万移民（占 8%）。走私费用因国别不同而有所不同，柬埔寨移民需向走私贩支付 34～138 美元，绝大多数支付 80～112 美元；老挝移民每人支付 80～113 美元；而缅甸移民的

---

① United Nations Office on Drugs and Crime (UNODC), *Transnational Organized Crime in East Asia and the Pacific*, *A Threat Assessment*, April 2013, p. 9, http://www.unodc.org/documents/southeastasiaandpacific/.../TOCTA_EAP_web.pdf.

② Guntur Sugiyarto and Dovelyn Rannveig Mendoza, "A Freer Flow of Skilled Labour within ASEAN: Aspiration, Opportunities and Challenges in 2015 and beyond," MPI, Issue 11 (2014): 1.

价格最高，为 323～485 美元。费用包含了跨界所需的成本，如旅途中的食物、水、交通运输、住宿及工作安排等，如老挝的走私贩将非法移民带到边界转给泰国的接应者，后者安排下一步的交通、住宿和工作。人均走私费用最高的是缅甸移民，为 406 美元；其次是老挝移民，人均 97 美元；柬埔寨移民人均 85 美元，每个移民的平均利润为 10～30 美元，走私贩还可从雇主那里获得好处，人均 6～16 美元。[①] 来自老、缅、柬三国的非法私民每年需要支付走私费用共计 1.921 亿美元，其中缅甸最高，为 1.831 亿美元（占 95%），相比之下，柬埔寨和老挝移民支付的费用较低，分别是 470 万美元和 430 万美元。[②]

移民走私的路线是不均衡的，近年来突出的是海上路线。从缅甸经安达曼海进入泰国、马来西亚和印尼者，主要是避难寻求者，其余路线主要是运送非法移民工人。[③] 泰国军政府 2014 年上台后，于 2015 年开展了取缔非法移民的行动，之后从水路非法入境的移民数量有所减少，但是通过陆上通道非法入境的人数有所增加。其中，泰国西部达府（Tak）是从缅甸进入泰国的主要陆路通道。根据湄索（Mea Sot）移民警察的数据，移民走私案件不断增加，人数从 2014 年的 20323 人增加至 2016 年的 24962 人，从边境到曼谷或其他城镇的人均走私费用约为 15000 泰铢（约 430 美元）。[④]

（三）人口贩卖

人口贩卖发生在移民大潮的背景之下，与非法跨界移民紧密相连，既是犯罪问题，也是劳动力和人权议题。国际劳工组织估计全球有 2100 万被

---

① United Nations Office on Drugs and Crime (UNODC), *Transnational Organized Crime in East Asia and the Pacific*, *A Threat Assessment*, April 2013, p. 13, http://www.unodc.org/documents/southeastasiaandpacific/.../TOCTA_EAP_web.pdf.

② United Nations Office on Drugs and Crime (UNODC), *Transnational Organized Crime in East Asia and the Pacific*, *A Threat Assessment*, April 2013, Executive Summary, Iv, http://www.unodc.org/documents/southeastasiaandpacific/.../TOCTA_EAP_web.pdf.

③ McAuliffe M. L. and F. Laczko, eds., *Migrant Smuggling Data and Research*：*A Global Review of the Emerging Evidence Base* (IOM：Geneva, 2016), p. 215.

④ 《尽管两国大力取缔人蛇活动　从缅偷渡入泰不断增加》，联合早报网，http://www.zaobao.com/news/sea/story20170512－759052，最后访问日期：2017 年 10 月 21 日。

迫劳动力，其中包括遭贩卖的受害者，主要用于被迫劳动和遭受性剥削，但真实数据不详。2012～2014 年在 106 个国家确认了 63251 名受害者。2014 年在 85 个国家确认了 17752 名，其中女性（成年人及女童）占 70%，女性受害者的比例相对于 2004 年的 84% 有所下降；儿童是仅次于女性的第二大受害者，2012～2014 年占比从 25% 上升至 30%；男性的比例呈增长趋势，5 个受害者中就有 1 个男性。[①] 从受剥削情况来看，女性受害者主要是遭受性剥削、被迫婚姻、乞讨、家务奴工、被迫劳动及器官移植，男性受害者主要是器官移植和被迫劳动（见表 2 - 8）。国际移民组织 2015 年在 115 个目标国共援助了 7000 名受害者，其中 25% 来自东盟国家；这些受害者中，92% 充当被迫劳动力，7% 遭受性剥削。[②]

表 2 - 8　被贩卖人口遭受的剥削及占比情况

单位：%

剥削形式	女性	男性
器官移植	18	82
被迫劳动	37	63
性剥削	96	4
其他形式的剥削	76	24

资料来源：UNODC, *Global Report on Trafficking in Persons 2016*（United Nations, New York, December 2016）, p. 27。

东南亚地区在全球人口贩卖链中已然成为一个中心，[③] 扮演着来源地、目标地和中转地的角色。每年有 20 万～22.5 万名妇女和儿童成为受害者，

---

① UNODC, *Global Report on Trafficking in Persons 2016*（United Nations, New York, December 2016）, pp. 23 - 25.

② "Human Trafficking in the ASEAN（2015）," https://www. iom. int/sites/default/files/infographic/ASEAN - CT - Infographic - 05july2016. png.

③ US Committee on Foreign Relations. *Trafficking and Extortion of Burmese Migrants in Malaysia and Southern Thailand*, United States Senate, April 3（2009）：13 - 14, http://digitalcommons. unl. edu/cgi/viewcontent. cgi? article = 1018&context = humtraffdata.

占全球受害者的 1/3，其中 60% 的案例发生在东盟区域内部。^① 区域内部的人口贩卖现象出现于 20 世纪 80 年代，90 年代已发展到严重的程度，是该地区仅次于贩毒的第二大严重罪行，引起了大多数东盟成员国的关注。受害者主要来自越南、缅甸和柬埔寨，包括妇女和儿童（80% 以上）、男性和婴儿。从性别上看，被贩卖的越南籍受害者绝大多数是妇女，其余两国则以男性居多。越南的人口贩卖呈现数量上升及国际化的趋势，案例主要集中在其与周边国家接壤的地区。据统计，2005 年至 2013 年 7 月，越南抓获的人贩约 5600 人，解救受害者 7000 多人；仅 2012 年底至 2013 年 7 月，人口贩卖的案件就高达 700 起，抓获嫌疑人 1100 多人，解救受害者 1300 人，其中 80% 被卖到国外。^②

2017 年 6 月，美国国务院发布《2017 年人口贩卖报告》（*2017 Trafficking in Persons Report*），根据东盟成员国对打击人口贩卖的情形进行定级。层级最高的是菲律宾，最糟糕的是老挝、缅甸和泰国，位于第二级观察名单（见表 2-9）。

表 2-9　东盟成员国在 TIP 中的层级

国家	2016~2017TIP 层级	2015~2016TIP 层级	国家在 TIP 中的主要角色
文莱	第二级	第二级	中转国
柬埔寨	第二级	第二级	来源国、中转国
印尼	第二级	第二级观察员名单	主要是来源国
老挝	第二级观察员名单	第二级	来源国、中转国
马来西亚	第二级	第二级观察员名单	目标国、来源国
缅甸	第二级观察员名单	第三级	主要是来源国
菲律宾	第一级	第一级	主要是来源国
新加坡	第二级	第二级	目标国、中转国

---

① Annuska Derks, "Combating Trafficking in South – East Asia: A Review of Policy and Programme Responses," *IOM Migration Research Series*, 2/2000, p. 16.
② 《越南人口贩卖案件呈上升和国际化趋势》，国际在线，http://gb.cri.cn/42071/2013/07/04/6651s4170394.htm，最后访问日期：2017 年 10 月 21 日。

国家	2016～2017TIP 层级	2015～2016TIP 层级	国家在 TIP 中的主要角色
泰国	第二级观察员名单	第二级观察员名单	来源国、目标国和中转国
越南	第二级	第二级	来源国、目标国

资料来源：*2017 Trafficking in Persons Report*。

　　泰国作为东南亚地区贸易和运输的一个中心，已成为区域内部人口贩卖的一个重要来源国、中转国和目标国。2005～2010 年，泰国每年约有 150 名受害者被解救，基本来自柬埔寨、老挝和缅甸；[①] 2013 年，官方认定了 2010 名受害者；2014 年保守估计受害者有上万名。[②] 根据《泰国 2014 年人口贩卖报告》，有关机构调查了 280 起人口贩卖案件，确认了 595 名受害者的身份，其中有 115 起案件提起诉讼，104 名被告被定罪，5 个雇佣机构遭到处罚。[③] 2015 年，泰国境内的老挝、缅甸和柬埔寨非法移民有 4%～23% 属于人口贩卖的受害者。[④] 联合国毒品和犯罪问题办公室估计，每年被贩卖到泰国的受害者约为 26400 人，相当于每年新入境非法移民（66 万人）的 4%；受害者每人每年平均损失 1260 美元，剥削者每年可获得高达 3300 万美元的收益。[⑤] 与移民（合法及非法）一样，被贩卖的受害者进入泰国的路径有以下几种。

　　来自柬埔寨的受害者。可能步行通过泰国尖竹汶府榜罗区（Pong Ron）的边界，步行或乘车通过沙卡（Srakaew）达帕耶村（Ta Praya）的检查站、

[①] Srawooth Paitoonpong and Yongyuth Chalamwong, *Managing International Labor Migration in ASEAN：A Case of Thailand* [Thailand Development Research Institute (TDRI), Bangkok, 2012], p. 23.

[②] Jerrold W. Huguet, *Thailand Migration Report 2014*, United Nations Thematic Working Group on Migration in Thailand Bangkok, Thailand, 2014, p. 151, http://reliefweb.int/sites/reliefweb.int/files/resources/TMR_2014.pdf.

[③] 杨云燕：《泰国：对人口贩卖"零容忍"》，新华网，http://www.newchinesenet.com/print/31595，最后访问日期：2017 年 10 月 22 日。

[④] UNODC, *Transnational Organized Crime in East Asia and the Pacific*, April 2013, Executive Summary, pp. 13 - 14, http://www.unodc.org/documents/southeastasiaandpacific/.../TOCTA_EAP_web.pdf.

[⑤] UNODC, *Transnational Organized Crime in East Asia and the Pacific*, April 2013, Executive Summary, Iv, http://www.unodc.org/documents/southeastasiaandpacific/.../TOCTA_EAP_web.pdf.

沙卡功哈村（Klong Had）的班考廷（Baan Kao Din）检查站或亚兰区（Aranya Prathet）的隆光（Rong Kluea）市场，之后或乘船抵达达叻府功艾村（Klong Yai）的巴功达（Baan Klong Tak）。

来自老挝的受害者。通过泰国乌汶府昆江区（Kong Jiam）的崇湄村（Chong Mek），乘船通过清莱府的清恭（Chiang Kong）和廊开府的蓬贵（Pon Paeng）或乘车通过廊开府和莫拉限府。

来自缅甸的受害者。步行穿过位于泰国北碧府、达府和清莱府的泰缅边界，乘船通过达府的湄拉马（Mae Ra Mad）和拉廊府的加坡（Ka Por），步行或乘车通过达府的湄索和清莱府的湄塞。

东盟成员国间的人口贩卖从剥削形式来看，主要分为三类：第一类也是最多的一种，受害者被带到目标国从事劳动密集型工作，如家务工作、建筑、农业种植和工厂工作等；第二类是从事色情行业，涉及大多数妇女和儿童；第三类是迫使被贩卖的儿童沿街行乞、充当童工等。除这三类之外，还有器官移植和代孕。人口贩卖为东盟国家的血汗工厂、家务工作及色情行业等提供了一个劳动力来源。泰国的渔业及相关产业、工厂、建筑业、农业及色情行业中存在大量来自缅甸、柬埔寨和老挝的受害者，老挝和缅甸移民也被卖到私人家庭充当家务奴工，缅甸和柬埔寨儿童被迫乞讨。东盟域内高度女性化特征的移民流动与该地区以性剥削为目的的人口贩卖有关。湄公河次区域的色情市场建立在色情观光业和强大的内部需求基础之上，特别是与泰国色情行业的发展密切相关。泰国色情业的发端可追溯至越南战争时期。2012年，泰国有14万之多的性工作者，其中被贩卖的人口高达5600人，地区内部的受害者为3750人。2008年，柬埔寨境内的性工作者接近2.8万人，其中4%（1120人）是被贩卖的人口，来自地区内部的有275人，基本上是越南人。假设色情行业的被贩卖人口每人每年可创造4.5万美元的利润，泰国和柬埔寨的4025（3750＋275）名受害者每年创造的利润可高达1.81亿美元。[1]

---

[1] Srawooth Paitoonpong and Yongyuth Chalamwong, *Managing International Labor Migration in ASEAN: A Case of Thailand* [Thailand Development Research Institute (TDRI), Bangkok, 2012], p. 23.

在泰国，被贩卖人口作为劳动力的规模和重要性被低估了，实际上其比色情行业中的受害者人数更多，对经济发展的意义也更大。[1] 该国雇佣非法移民比例较高的一些部门，如渔业、家务工作等就容纳了大批被贩卖的人口。泰国北部和南部的非法移民主要来自缅甸，龙仔厝府是吸引移民的四大沿海府之一，当地的海鲜加工业是容纳被贩卖人口的第二大行业，仅次于色情行业。2006 年，泰国警方发现龙仔厝府 800 多名来自缅甸的被囚禁男女和儿童，66 名被泰国政府认定为被贩卖人口，在极端恶劣的条件下工作。在 2011 年的调查中，400 多名非法移民有 34% 是被贩卖的受害者。[2] 很难将被贩卖的人口从数量庞大的劳动力移民群体中区分出来，因为他们在工作中都同样遭受剥削。

（四）难民

非法移民通常指的是非法进入中转国和目标国，但是在特定时期、特定国家，非法离开也属于非法行为，难民和避难者构成了非法流动的主要人群，如 1949～1990 年的东德。东南亚地区自 1975 年以来没有再发生地区性战争，但难民形势一直很严峻，不仅包括内部产生的，还包括外来的。根据 1990 年的年中统计，难民数量为 157977 人，虽然有所波动，但整体趋势是不断上升，2017 年年中时人数已达 381619 人（见表 2 - 10）。根据联合国难民署的统计，2016 年底，东盟成员国接纳的难民及类似难民处境的人数（people in a refugee - like situation）为 207011 人，待定的避难寻求者 68290 人；泰国和马来西亚是接纳难民最多的两个成员国，分别是 106447 人、92263 人（见表 2 - 11）。从地区内产生的难民看，20 世纪七八十年代主要来自越南、柬埔寨和菲律宾，90 年代主要来自印尼亚齐、泰国南部和缅甸。其中以缅甸的数量最多，若开邦的罗兴亚人通过孟加拉国、泰国到

---

[1]　Philippe Doneys, "En - Gendering Insecurities: The Case of the Migration Policy Regime in Thailand," *International Journal of Social Quality*, Volume 1, Issue 2 (2011): 61.

[2]　UNIAP, *Estimating Labour Trafficking: A Study of Burmese Migrant Workers in Samut Sakhon, Thailand*, Bangkok, 2011, p. 4, http://www. no - trafficking. org/reports_docs/estimates/uniap_estimating_labor_trafficking_report. pdf.

达马来西亚, 钦族、克伦族、掸族等少数民族通过陆地边界进入泰国。2016年底难民的主要来源国是缅甸 (490289 人)、越南 (329351 人) 和印度尼西亚 (13064 人)、柬埔寨 (12429 人) (见表 2 - 12)。

入境马来西亚的难民开始于第二次印支战争, 大批越南船民入境避难; 20 世纪七八十年代还有来自棉兰老岛的菲律宾穆斯林难民; 1976 ~ 2003 年的印尼亚齐独立运动导致的军事冲突引发大批亚齐人 (Acehnese) 逃亡马来西亚; 20 世纪 80 年代缅甸的罗兴亚人开始持续不断地进入。外国难民大多居住在城市地区, 主要集中在吉隆坡、巴生河流域和槟榔屿。东盟的另一个成员国柬埔寨也深受难民问题的困扰, 难民主要是来自越南的少数民族——蒙塔格纳德 (Montagnards) 人。这是越南中部山区的一个少数民族, 越南战争期间曾协助美军攻打越南民主共和国 (1945 ~ 1976 年), 越南社会主义共和国成立后对该民族持敌视态度, 导致不断有蒙塔格纳德人逃往柬埔寨。根据联合国难民署的统计, 只有极少数蒙塔格纳德人获得了难民身份, 那些未获得难民身份的或待在金边, 或隐藏在柬越边境丛林中以躲避搜捕。自 2014 年 11 月起, 蒙塔格纳德人开始了新一波非法进入柬埔寨的越境活动。东盟区域内的避难寻求者最显著的是来自缅甸的罗兴亚人。[①]

表 2 - 10   1990 ~ 2017 年部分年份东盟难民 (包括避难寻求者) 的
年中统计数量

单位: 人

目标国	1990 年	2000 年	2005 年	2010 年	2015 年	2017 年
文莱	0	96296	0	0	0	0
柬埔寨	0	146085	34	130	129	104
印尼	2138	292307	142562	405	811	13548
老挝	0	21948	0	0	0	0
马来西亚	14862	1277223	50487	33693	81516	234581
缅甸	0	98011	0	0	0	0

---

① Marie Mcauliffe, *Resolving Policy Conundrums: Enhancing Humanitarian Protection in Southeast Asia* (Washington, DC: Migration Policy Institue, 2016), p. 7.

目标国	1990 年	2000 年	2005 年	2010 年	2015 年	2017 年
菲律宾	19860	318095	176	96	243	547
新加坡	146	1351691	0	3	7	1
泰国	99821	1257821	104965	117053	96675	132838
越南	21150	15945	2357	1928	0	0
共计	157977	4875422	300581	153308	179381	381619

注：时间截至 2017 年 6 月。

资料来源：UN, Population Division, Estimated refugee stock (including asylum seekers) at mid - year by major area, region, country or area, 1990～2017。

表 2 - 11　2016 年东盟成员国接纳难民及类似难民处境人口的情况

单位：人

目标国	2016 年初难民及类似难民处境的人口	2016 年底难民及类似难民处境的人口	2016 年底待定的避难寻求者
柬埔寨	76	66	177
印度尼西亚	5957	7827	6578
马来西亚	94166	92263	56311
菲律宾	269	408	214
泰国	108261	106447	5010
共计	208729	207011	68290

资料来源：根据联合国难民署 Statistical Yearbook 2016 的数据整理。

表 2 - 12　2016 年东盟成员国难民及类似难民处境人口的来源情况

单位：人

来源国	2016 年初难民及类似难民处境的人口	2016 年底难民及类似难民处境的人口	2016 年底待定的避难寻求者
柬埔寨	12802	12429	383
印度尼西亚	13956	13064	3587
老挝	7363	7232	170
马来西亚	439	456	6165
缅甸	451805	490289	56027
菲律宾	593	434	3123
新加坡	55	41	55

来源国	2016 年初难民及类似难民处境的人口	2016 年底难民及类似难民处境的人口	2016 年底待定的避难寻求者
泰国	222	158	962
越南	329357	329351	4553
共计	816592	853454	75025

资料来源：根据联合国难民署 *Statistical Yearbook 2016* 的数据整理。

近年来，缅甸成为东盟域内难民的首要来源国。联合国难民署 2014 年《全球趋势报告》指出，缅甸是全球第七大难民来源国，2016 年产生的难民同样是东盟成员国中数量最多的，主要是来自若开邦的罗兴亚人。罗兴亚人是缅甸的穆斯林，境内约有 130 万人，境外则有 150 万人。[1] 1982 年，缅甸《国籍法》将英殖民时期移居缅甸者列为非法移民，其中包括所有罗兴亚人，他们没有公民权，是世界上受迫害最严重的族群之一。缅甸政府实施"若开行动计划"（Rakhine Action Plan），只有罗兴亚人出示证件证明自 1948 年起就居住在缅甸，并承认自己是"孟加拉人"（Bengali）才可归化为公民，否则将被关押并驱逐出境。[2] 自 2012 年以来，缅甸一再爆发宗教族群冲突，罗兴亚人成为东盟新一轮难民流动的开始，主要逃往孟加拉国及东盟成员国。大多数难民冒着生命危险从缅甸乘船到泰国南部，希望能够到达印尼和马来西亚开始新的生活，原因在于两国都有大量的穆斯林居民，且经济相对发达、对非技术/低技术工有需求，希望获得这两个国家的接纳。[3]

2015 年初，约 2.5 万名罗兴亚人乘船外逃，对泰国、马来西亚和印度

---

① 李韬霓：《罗兴亚人凝视 亚细安不安》，联合早报网，http://www.zaobao.com/news/world/story20170108 - 710991，最后访问日期：2017 年 10 月 21 日。

② 《社论：从源头解决罗兴亚难民问题》，联合早报网，http://www.zaobao.com/forum/editorial/story20150515 - 480411，最后访问日期：2017 年 10 月 21 日。

③ 蒋天：《海上"人口走私"凸显东南亚非法移民困局》，《中国青年报》2015 年 6 月 15 日，第 4 版。

尼西亚而言不啻为一个突发危机。[①] 三国采取"踢皮球"的态度，阻止船只靠岸，马来西亚政府担心如果接收这些罗兴亚人可能会吸引更多人进入，也会鼓励缅甸政府毫无顾虑地驱逐罗兴亚人。泰国政府于 2015 年 5 月 29 日召集了一次特别紧急会议，与会国包括除新加坡、文莱外的东盟所有成员国，地区外的国家如澳大利亚、新西兰和孟加拉国等国，联合国难民署、国际移民组织等国际机构代表，它们均承诺将向海上难民提供人道主义救援。2016 年 10 月，罗兴亚人武装组织"坚定信仰运动"袭击孟都镇警岗，杀害 9 名警察，[②] 缅军随后展开大规模镇压并控制了若开邦，罗兴亚人持续不断外逃。马来西亚作为收容罗兴亚人最多的成员国，2016 年 11 月与联合国难民署联合推出了一项针对难民的受聘制度（在此之前禁止难民进入劳动力市场），初步允许 300 名罗兴亚人在种植业和制造业中合法工作。评论者认为这是个双赢措施，一则补充了当地的劳动力，也便于政府管控；二则难民有收入来源可减少马国政府的负担。[③]

难民在东盟成员国政治委婉的说法下被归类为"非法移民"，泰国和马来西亚不是联合国《关于难民地位的公约》及《关于难民地位的议定书》的签约国，没有义务接收难民入境并提供援助，故将难民当作非法移民对待。地区难民危机是一个复杂的经济政治、道德伦理及人道主义问题，因缺少媒体的讨论和公众的关注而愈严重，东盟也没有采取集体和持续的努力加以应对。

---

① 《约翰·科因：印尼是罗兴亚人的最后希望》，联合早报网，http://www.zaobao.com/sea/politic/story20161126 - 694782，最后访问日期：2017 年 10 月 21 日。

② 李祀霓：《罗兴亚人凝视 亚细安不安》，联合早报网，http://www.zaobao.com/news/world/story20170108 - 710991，最后访问日期：2017 年 10 月 21 日。

③ 《担心武装冲突恶化 马印泰穆斯林示威声援缅罗兴亚人》，联合早报网，http://www.zaobao.com/news/sea/story20161126 - 694782，最后访问日期：2017 年 10 月 21 日。

第三章　东盟域内非法移民的原因分析

移民不是一个孤立的现象，也不是简单的个体行为。人们为什么迁移是个既简单而又困难的问题，很难进行全面概括。迁移行为不是产生于某个单一动因，而是多种因素共同作用的结果，与经济、社会、阶级、宗教和政治因素存在复杂的关联，是社会和经济变革的结果之一；推动移民的力量极为复杂并深深植根于社会的转型进程中。国际上对移民因素的归纳和总结具有较强的争议性，国际移民全球委员会（GCIM）认为"3D"（发展、人口和民主）是推动国际移民发展的首要力量，[①] 移民不是源于经济发展的需要而是源于发展本身。[②] 移民作为全球化的一个组成部分受到全球化发展的推动，因全球化加剧了国家间经济发展的不平衡，移民是"对抗全球化不合理的一种挑战和反抗"[③]。全球化与国际移民增长的规模和程度是相联系的，在人口方面的影响表现为不断发生某种人口交换。信息传播速度的加快和交通基础设施的改善使迁移变得容易和可行，也增加了人们迁移到其他地方的愿望和能力。美国学者兰特·普里齐特（Lant Pritchett）于2003年提出了导致当前全球大规模移民潮的"五种力说"：不同地区和国家间巨大的跨国生活标准和工资水平的差别；全球对劳工需求的多样性；不同国家和地区人口增长幅度的不平衡加速了人口流动，年轻劳工跨国寻求就业机会；全球交通设施的便利加速了资本和人口的跨国交流；某些职业

①　Global Commission on International Migration（GCIM）, *Migration in An Interconnected World: New Directions for Action*, Report of the Global Commission on International Migration, Switzerland, 2005, p. 12.

②　Henrik Olesen, "Migration, Return, and Development: An Institutional Perspective," *International Migration*, Volume 40, Issue 5, Special Issue 2（2002）: 137.

③　王春光：《非法移民：一个全球性的世纪难题》，《参考消息》2004年8月26日，第12版。

具有相对地域性，如护理和零售业工人，人们需要迁移到国外寻求适合的工作。[①]

从历史的发展来看，非法移民是合法移民的伴生物，[②] 在特定的历史和社会背景下与其有特定的关联，也有类似的迁移动因。本章对东盟域内大规模非法移民现象的原因解释将从宏观（macro - level）、中观（meso - level）和微观（micro - level）三个不同层面进行综合分析。

第一节　宏观层面

对东盟域内大规模非法移民现象的宏观层面分析主要关注结构性因素，将非法移民问题置于东盟更广泛的历史和社会经济背景下进行分析。

一　历史地理与文化因素

移民具有内在的地理性。冷战结束以后，随着移民地理的全球化，全球人口流动已不仅仅发生在通过共同历史或殖民地遗产联系起来的来源国和目标国之间，如法国与北非、英国与英联邦共同体等，而是突出表现为移民的流动更加多样化、复杂化，路线也更多。[③] 地理因素在非法移民中具有重要作用，源于来源国和目标国之间的地缘接近；有着共同边界线的国家之间，非法移民问题相对突出。东盟域内存在很大的空间维度，更多的迁移发生在共享边界的国家之间，大规模非法移民的存在也反映了有效管理边界的重要性，特别是海岛和偏远的边界地区。移民路线是移民进程的一个重要部分。东盟内部非法移民问题因成员国之间独特的地理环境而具有显著的地缘性特征。大多数非法移民是跨界类型的，因地理上的亲缘性、

---

① Lant Pritchett, "The Future of Migration - Part One," Yale Global, 5 November 2003, http://yale-global. yale. edu/content/future - migration - part - one.

② 罗刚：《云南边境民族地区非法移民问题及其治理研究》，法律出版社，2012，第16页。

③ Christophe Bertossi and Ashley Milkop, "The Regulation of Migration: A Global Challenge," *Politique étrangère*, Vol. 73 (Special Issue: World Policy Conference 2008): 190.

共同的边界和边界的可渗透性，遇到的阻力小，这为那些不知道或者不能选择合法迁移途径的移民提供了先天的自然条件。

历史上，东南亚国家在发展过程中对森林及高山等边缘地区的控制力度随着国家实力的强弱有所变化，尤其在两个国家交界的地区通常存在很大的灰色区域，这些地方的人口迁移一般不受政治权威的控制。殖民时期，国家边界的建立使得区域内的传统迁移跨越了国家边界，但依然依赖于传统路径，印尼和马来西亚之间、缅甸和泰国之间、菲律宾棉兰老岛西部和沙巴之间，地理上的临近造就了移民的频繁发生。东盟域内的非法移民，有1/3沿着主干道并通过官方检查站进入目标国，剩余的2/3属于非法跨越国家边界。① 2013 年，东盟成员国间 25 条主要的移民通道表明了地理因素的优势与重要性（见表 3 - 1）。东盟非法移民大多数是跨越陆地边界的，但跨海的数量也在增加。

表 3 - 1　2013 年东盟域内 25 条主要移民通道

单位：人，%

序号	移民通道	移民数量	占地区内部移民的比例
1	缅甸→泰国	1892480	29
2	印尼→马来西亚	1051227	16
3	马来西亚→新加坡	1044994	16
4	老挝→泰国	926427	14
5	柬埔寨→泰国	750109	12
6	缅甸→马来西亚	217768	4
7	印尼→新加坡	152681	2
8	新加坡→马来西亚	78092	1
9	越南→柬埔寨	37225	1
10	泰国→柬埔寨	31472	—
11	泰国→文莱	25451	—

① UNODC, *Transnational Organized Crime in East Asia and the Pacific*, April 2013, p. 10, http://www.unodc.org/documents/southeastasiaandpacific/.../TOCTA_EAP_web.pdf.

续表

序号	移民通道	移民数量	占地区内部移民的比例
12	菲律宾→马来西亚	21345	—
13	泰国→印尼	19681	—
14	新加坡→印尼	19681	—
15	泰国→新加坡	17644	—
16	菲律宾→新加坡	14176	—
17	柬埔寨→马来西亚	13876	—
18	越南→老挝	11447	—
19	缅甸→越南	9783	—
20	泰国→马来西亚	8137	—
21	印尼→越南	7671	—
22	文莱→马来西亚	5975	—
23	越南→泰国	5966	—
24	老挝→越南	4284	—
25	菲律宾→印尼	3517	—

资料来源：United Nations, Department of Economic and Social Affairs, Population Division, *Trends in International Migrant Stock: The 2013 Revision – Migrants by Destination and Origin*, December 2013。

　　泰国的地理位置使它深受非法移民的困扰。泰国与老挝、缅甸和柬埔寨三国接壤，边界线漫长且容易渗透，有无数个天然的人员往来通道，且大多位于偏僻的森林地带。泰、缅两国之间的边界线长达 2400 多公里，缅甸移民进入泰国最繁忙的通道是达府的美索，与之相邻的是缅甸克伦邦的妙瓦底（Myawaddy）。在旱季，移民可以蹚水渡过靠近大其力的湄赛河（Mae Sai River）或者湄索和妙瓦底之间的湄伊河（Moei River）；在雨季，缅甸人乘坐小型船只便可渡过界河入境泰国。泰国和柬埔寨边界线长 817 公里，两国虽然长期不和，但两国人民多年来可以相对自由地进入对方领土，尤其是在农村和偏远地区；既难以实现有效的监管也不可能完全关闭，这一先天优势为非法跨界提供了可能。泰国南部临海各府是海上非法移民的首选地，如来自缅甸的非法移民就选择这里入境。老挝移民的非法途径除

105

了跨越边界和界河外，还经柬埔寨中转到达泰国湾，然后乘船或经马来西亚进入泰国南部。

马来西亚与泰国、印度尼西亚和新加坡三个国家有着 3147 公里的边界线，2000 多公里的海岸线，与 6 个国家有共同海岸线，临海位置、海岸线的易渗透性使其很难控制非法移民入境。与印尼之间既有海路也有复杂的陆路边界线，印尼的非法移民很容易进入，来自棉兰老岛的菲律宾人跨过苏鲁群岛进入沙巴州只需两天的时间；与泰国交界处的哥乐河连接着马来西亚的吉兰丹和泰国的哥乐，全长 81 公里，宽度为 50~400 米，河上共有 130 个非法码头，包括彭加兰古堡（Pengkalan Kubor）36 个、兰斗班让（Rantau Pajang）69 个和武吉布雅（Bukit Bunga）25 个。① 在哥乐河河面较窄和水流较浅处，游泳或走路即可到达对岸，河面较宽处可借助小型渡船，两岸一直是马、泰两国居民日常往来和走私团伙活跃的地区。

迁移不是在真空中发生，来源国和目标国之间宗教、语言和文化上的亲缘性有助于促进移民进程。文化是影响移民行为的重要因素已不是一个新话题，文化的亲缘性有助于降低语言、信息不对称等造成的迁移成本和风险，从而促进人口流动。② 但现有关于移民因素的讨论研究，对移民与文化关系的讨论依然薄弱，主要由于文化的定义广泛、抽象且难以量化。东盟域内移民属于被现代国家边界分割开的具有强大族群相似性的邻国间跨界行为，如马来西亚政府长期容忍印尼移民持续不断的到来，因族群、语言、社会文化和宗教信仰等方面的相似性，印尼人很容易与当地社会融合；非法移民也能轻易藏匿在民间，通信和运输条件的革新、新的道路网络又使迁移更加容易。

---

① 《为杜绝走私 马泰边境将装电围篱》，联合早报网，http://www.zaobao.com/news/sea/story20131201-282914，最后访问日期：2017 年 10 月 22 日。

② 李楠：《文化因素对人口流动的长期影响：基于中国历史经验的实证分析》，《社会》2015 年第 4 期。

二　成员国间的人口差距

人口迁移模式受到很多结构性因素的影响，人口因素是其中之一。东南亚人口在历史上经历了显著的变化，1800 年有 3000 万人，1900 年有 8000万人，2000 年达 5.24 亿人，[①] 2018 年 4 月东盟总人口已达 6.54 亿人。[②] 在20 世纪初期，爪哇中部和东部很多地区的人口密度堪比中国和印度的农村地区；东南亚其他人口较多的地区主要集中在水稻种植区，包括红河三角洲、菲律宾的吕宋岛以及米沙鄢群岛（Visayas）部分地区、昭批耶河（Chao Phaya）和伊洛瓦底江三角洲。

二战后，东南亚人口数量进入一个新的转型期。主要源于现代技术对疾病的控制能力的增强及生活水平的提高，随之而来的是人口死亡率下降、人口增长迅速，1972～2010 年人口增长了两倍。[③] 但是进入 70 年代以后，地区人口增长率开始下降。新加坡早在 1957 年就出现了这一趋势，之后是 60 年代中期的马来西亚和泰国、菲律宾和印尼，70 年代中期是文莱、缅甸和越南，出生率相对较高的柬埔寨和老挝在 80 年代后期也开始出现下降趋势，在可预见的时期内，成员国的人口出生率将保持下降趋势（见表 3-2）。该地区人口出生率的下降表明经济与社会发展的步伐加快，同时也涉及制度性方面的因素，包括家庭计划政策和婚姻模式等。如马来西亚在 20 世纪 60 年代生育率的降低，基本上是由于女性结婚年龄上升，大多数在 30 岁左右，生育的孩子数量不足以弥补未结婚或是晚生育的数量。人口出生率的降低也与教育发展紧密联系，两者相互影响，随着教育机会的增加，农村和城市地区的父母关心孩子的教育，希望获得更好的经济条件和社会流动性。

---

① Gavin W. Jones, *The Population of Southeast Asia*, Asia Research Institute Working Paper Series No. 196, January 2013, p. 5, http://www.ari.nus.edu.sg/wps/wps13_196.pdf.

② "South - Eastern Asia Population," http://www.worldometers.info/world - population/south - eastern - asia - population/.

③ Gavin W. Jones, *The Population of Southeast Asia*, Asia Research Institute Working Paper Series No. 196, January 2013, p. 3, http://www.ari.nus.edu.sg/wps/wps13_196.pdf.

表 3 - 2　2007 ~ 2016 年东盟成员国的人口增长率

单位：%

国家	2007 年	2008 年	2009 年	2010 年	2011 年	2012 年	2013 年	2014 年	2015 年	2016 年
文莱	1.5	1.4	1.4	1.8	1.7	1.6	1.6	1.4	1.3	1.4
柬埔寨	0.9	1.5	1.5	1.5	1.4	1.6	1.1	1.2	1.2	1.2
印尼	1.3	1.3	1.2	3.1	1.5	1.4	1.4	1.3	1.3	1.3
老挝	2.2	2.2	2.1	2.1	2.1	2.0	2.0	2.5	- 4.7	2.0
马来西亚	1.9	1.9	1.9	1.8	1.7	1.5	2.4	1.6	1.6	1.5
缅甸	0.7	0.8	0.8	0.9	- 0.8	1.0	1.0	1.6	0.9	0.9
菲律宾	2.0	2.0	2.0	1.0	1.8	1.8	1.7	1.7	1.7	1.7
新加坡	4.3	5.5	3.1	1.8	2.1	2.5	1.6	1.3	1.2	1.3
泰国	0.7	0.7	0.6	- 1.5	0.4	0.4	0.4	0.4	0.3	0.3
越南	1.1	1.1	1.1	1.1	1.1	1.1	1.1	1.1	1.1	1.1
东盟	1.3	1.4	1.3	1.6	1.2	1.3	1.3	1.3	1.1	1.2

资料来源：*ASEAN Statistical Yearbook 2016/2017*。

人口出生率下降的同时，年龄结构也在发生变化，东盟国家的老龄化进程同样不可避免。新加坡和泰国最早开始出现老龄化趋势，之后是越南和印尼。以 2014 年为例，60 岁以上人口占比较高的是新加坡、泰国和越南，0 ~ 4 岁人口占比较高的是菲律宾、老挝和柬埔寨（见表 3 - 3）。2010 ~ 2025 年，菲律宾、缅甸和越南工作年龄人口将分别增长 35%、14% 和 12.4%；同期，泰国年轻人口仅增长 1.1%，而老龄化人口将从 8.9% 上升至 16.1%；新加坡的老龄化人口将从 9% 增至 17.3%。至 2025 年，印尼、老挝和菲律宾的年轻人在总人口中的占比将均高于 17%，相比之下，新加坡和泰国将不到 11.5%。[①] 人口结构的变化对国家间劳动力市场将会产生潜在的影响。泰国人口增长率在 1984 ~ 2014 年从 1.8% 下降至 0.4%，0 ~ 14 岁的人口比例从 36% 下降至 18%；据国际劳工组织估计，至 2020 年，泰国

---

① ILO and ADB, *ASEAN Community 2015：Managing Integration for Better Jobs and Shared Prosperity* （Bangkok, Thailand：2014），p.7.

工作年龄的人口每年将减少 15 万人，而老挝、缅甸和柬埔寨的人口增长率、0～14 岁人口的比例均将高于泰国。根据泰国经济和社会发展局（Thai National Economic and Social Development Board）的统计，2015 年该国需要 4326 万名劳动力，但本国工人只有 3936 万人，空缺 390 万人；至 2025 年，这一空缺将增加至 536 万人，不得不依靠移民工人来填补。[①]

表 3 - 3 2016 年东盟成员国不同年龄群体的人口结构

单位：千人,%

国家	人数					占比				
	0～4	5～19	20～54	55～64	>65	0～4	5～19	20～54	55～64	>65
文莱	33	102	238	31	18	7.9	24.2	56.3	7.4	4.3
柬埔寨	1517	4351	7529	982	779	10	28.7	49.1	6.5	5.1
印度尼西亚	24007	68431	132617	19894	13757	9.3	26.5	51.3	7.7	5.3
老挝	696	2139	3155	352	280	10.5	32.3	47.6	5.3	4.2
马来西亚	2633	7999	16728	2388	1913	8.3	25.3	52.8	7.5	6.0
缅甸	4938	14909	25882	4062	3126	9.3	28.2	48.9	7.7	5.9
菲律宾	11367	31303	48752	6729	5102	11	30.3	47.2	6.5	4.9
新加坡	187	649	2059	551	3934	4.8	16.5	52.3	14.0	12.4
泰国	3816	12852	35168	8207	7439	5.7	19.0	52.1	12.2	11.0
越南	7713	20743	47892	8953	7395	8.3	22.4	51.7	9.7	8.0
东盟	56906	163451	320018	52139	40297	9.0	25.8	50.6	8.2	6.4

资料来源：*ASEAN Statistical Yearbook 2016/2017*。

三 经济因素

一般认为，经济结构的改变以及劳动力市场供需双方的状况导致了移民流动，移民潮一旦开始，生活水平的差距和业已形成的移民网络就会不

[①] United Nations Office on Drugs and Crime（UNODC），*Trafficking in Persons from Cambodia, Lao PDR and Myanmar to Thailand*, Bangkok, August 2017, p. 158.

断推动移民过程。[①] 二战结束以后，东南亚的国际移民基本上是个经济现象。在地区一体化背景下，区域内部的劳动力流动是独立发生的，基本上受国家间工资差距的驱动和市场力量的推动。[②]

（一）国家间经济发展差距导致的推—拉动力

追求经济上的富足一直是大规模人口迁移的主要原因，国家间的经济差距构成了劳动力移民推拉因素中最重要的根据。1959 年唐纳德·博格（Donald. J. Bogue）发表的人口推—拉理论，是最朴实的人口迁移理论，也是解释国际移民的常用模式之一。认为移民之所以发生是因为受到来源地的推力或排斥力（负面因素）以及目标地的拉力或吸引力（积极因素）的交互作用，这一理论假定迁移的成本和收益由来源国和目标国的一系列因素决定。大多数对移民决定因素的经验研究发现，工资对移民流动的影响是积极的和重要的。推—拉理论解释了移民是一个相对不平等的副产品，即实际收入和机会的不平等，移民则是对差异的回应，是供需因素结合的平衡结果。劳动力的流动会产生平衡化的机制效果，将劳动力从低收入地区转到高收入地区，从长远来看，人口的流动有助于平衡地区间的工资和条件差距。

移民作为一个社会进程，有其内在动力。简单意义上可将移民行为的产生归结为三个基本要素：目标地的需求——拉力因素（demand - pull），来源地的供应——推力因素（supply - push）以及将来源地和目标地联系起来的网络因素。这三个因素可形成 2×3 的矩阵（见表 3 - 4），解释人们为何迁移及维持迁移的动力。[③] 无论是推力还是拉力，都可分为自然和人为两大方面，推力包括失业/工作机会缺乏、贫困、战争/政治或宗教迫害、自然环境问题等，拉力则包括更高的工资/生活标准、劳动力需求、较宽松的

---

① 〔法〕乔治·弗提奥·塔皮诺斯：《全球化、区域融合、跨国移民》，祝东力译，《国际社会科学杂志》（中文版）2001 年第 3 期。

② Jayant Menon, "Narrowing the Development Divide in ASEAN: The Role of Policy," *Asian – Pacific Economic Literature*, Volume 27, Issue 2（2013）: 33.

③ Philip Martin, "Managing International Labor Migration in the 21th Century," *South Eastern Europe Journal of Economics*, Volume 1（2003）: 10.

宗教政治环境等。

表 3 - 4　移民的三个基本要素及组合情况

移民类型	需求——拉力	供应——推力	网络/其他
经济移民	劳动力招募，如客工	失业或就业不足、收入低	工作和工资信息、家庭团聚
非经济移民	家庭团聚	逃避战争和迫害，如寻求避难者和难民	通信、运输、援助组织，渴望新经历/冒险

　　二战后，东南亚国家经历了不同的发展历程，形成了两个国家集团：越南、柬埔寨和老挝三个社会主义国家退出了国际经济领域，贸易关系主要限于东方阵营，缅甸政治上保持中立但经济上封闭发展，这一集团经历了经济停滞，人均收入低；另一集团包括新加坡、马来西亚、泰国、菲律宾和印度尼西亚，这些国家均保持开放的经济并参与到全球经济中，以出口导向为发展战略，取得了较好的经济发展成效，劳动力市场也经历了变革。国家的不同发展经历导致了发展程度的差异，形成了高收入、中上收入、中低收入和低收入四个梯级。以 2005 年为例，新加坡的人均 GDP 是马来西亚的 5.3 倍、泰国的 10.3 倍；泰国的人均 GDP 是柬埔寨的 6.2 倍、老挝的 5.4 倍、缅甸的 10 倍。2016 年，泰国人均 GDP 分别是柬埔寨和缅甸的 4.6 倍和 4.8 倍，差距依然存在（见表 3 - 5）。在贫困率（<2 美元/天）方面，文莱、马来西亚、新加坡和泰国仅有 0 ~ 3.5%，柬埔寨、印度尼西亚和菲律宾均超过了 40%，而老挝的贫困率则高达 60% 以上（见表 3 - 6）。

表 3 - 5　1995 ~ 2017 年部分年份东盟成员国人均 GDP 对比
（按当年价格计算）

单位：美元

国家	1995年	2000年	2005年	2008年	2010年	2012年	2015年	2016年	2017年年中统计
文莱	18292	20511	28589	42678	35437	47640	30994	26935	27893
柬埔寨	319	300	470	741	781	945	1167	1277	1389
老挝	763	333	542	1013	1242	1640	2212	2394	2567

续表

国家	1995年	2000年	2005年	2008年	2010年	2012年	2015年	2016年	2017年年中统计
马来西亚	4612	4286	5599	8646	8920	10655	9505	9374	9659
缅甸	—	221	287	704	996	1181	1147	1231	272
印度尼西亚	1394	870	1403	2418	3178	3744	3370	3604	3858
菲律宾	1200	1051	1208	1941	2155	2591	2866	2926	3022
新加坡	24936	23793	29870	39722	46569	54432	53628	52960	53880
泰国	2846	2028	2905	4379	5065	5850	5799	5901	6336
越南	337	401	699	1154	1297	1751	2087	2171	2306

资料来源：IMF's World Economic Outlook Database, October 2017。

新加坡、文莱、马来西亚和泰国是东盟发展程度最好的四个国家，相比其他国家有更高的工资及更多的工作机会，因而成为区域内部移民的目标国。成员国间的工资差距是造成人员流动的重要原因。[①] 1997年，印尼成年工人的日工资是 0.28 美元，而马来西亚是 2 美元；根据英国《经济学家》公布的数据，2010 年东盟成员国中制造业工人时薪最高的是新加坡，为 9.6 美元，其次是马来西亚，为 4.9 美元，泰国 1.8 美元，而印尼工人的时薪仅为 0.7 美元。[②] 2012 年，缅甸国内的非技术工一天的收入仅为 0.48 ~ 0.58 美元，而在泰国湄索每天可赚 1.5 ~ 2 美元；[③] 泰国法定的日工资最低是 305 铢，是柬埔寨的 2 倍、缅甸的 3 倍多。[④] 2014 年，人均 GDP 最高的是新加坡、文莱和马来西亚，新加坡是印尼的 16 倍、菲律宾的 19.6 倍；泰国

---

① Graeme Hugo, "Demographic Change and International Labour Mobility in Asia – Pacific – Implications for Business and Regional Economic Integration: Synthesis," in Graeme Hugo and Soogil Young, eds., *Labour Mobility in the Asia – Pacific Region* (Institute of Southeast Asian Studies, 2008), p. 20.

② 丁刚、暨佩娟：《国际产业转移致熟练工短缺　薪酬差距大影响劳动力流向》，人民网，http://finance. people. com. cn/GB/13962150. html，最后访问日期：2017 年 10 月 22 日。

③ Hein de Haas, "The Migration and Development Pendulum: A Critical View on Research and Policy," *International Migration*, Volume 50, Issue 3 (2012): 22.

④ 《担心被捕罚款　泰数万缅甸劳工逃回国》，联合早报网，http://www. zaobao. com/news/sea/story20170711 – 777986，最后访问日期：2017 年 10 月 22 日。

的人均 GDP 是老挝的 3.2 倍、缅甸的 4.5 倍、柬埔寨的 5 倍。从人均月工资及最低月工资来看，来源国和目标国之间也同样存在差距（见表 3 - 6）。

表 3 - 6　东盟成员国的经济指标

单位：美元,%

国家	经济指标			贫困率 （2 美元/天）
	人均 GDP （2014 年）	人均月工资 （2013 年）	每月最低工资 （2014 年）	—
新加坡	56320	3690	—	—
文莱	36610（估计值）	1610（2011 年）	—	—
马来西亚	10800	650	240 ~ 280	2.3（2009 年）
泰国	5450	390	240	3.5（2010 年）
印尼	3530（估计值）	180	70 ~ 200	43.3（2011 年）
菲律宾	2870	220	120 ~ 270	41.7（2012 年）
越南	2050（估计值）	200	90 ~ 130	12.5（2012 年）
老挝	1690（估计值）	—	80	62（2012 年）
缅甸	1220（估计值）	—	—	—
柬埔寨	1080	120（2012 年）	0 ~ 100	41.3（2011 年）

资料来源：International Labour Organization, *Analytical Report on the International Labour Migration Statistics Database in ASEAN: Improving Data Collection for Evidence - based policy - making*, 2015, p. 53。

　　成员国间经济和人口发展的差异产生了来源国和目标国之间的推—拉动力。一方面，高收入成员国在贸易、旅游、投资等方面不断发展，另一方面，低收入成员国经济发展缓慢、劳动力持续增长导致了低工资和剩余劳动力。目标国引进移民填补劳动力市场的短缺不是一种使收入平衡的方式，而是一种富裕国家资本动员其他国家廉价劳动力的机制，[①] 移民有时被认为是解决分配问题的一个次优选择。从就业机会来看，国家间就业条件的差距特别是工资差距对劳动力移民模式有着重要的影响。国内的高失业

---

① 〔英〕罗斯玛丽·塞尔斯：《解析国际迁移和难民政策：冲突和延续》，黄晨熹等译，格致出版社、上海人民出版社，2011，第 43 页。

率，国外的更高工资对出国寻求就业是个强大的动机，也提供了通过工资汇款改善家庭经济状况的机会。新古典经济理论认为，劳动力供需及工资差距是移民产生的根源，[1] 不同国家和地区间同质劳动力的工资差别，导致了劳动力从低工资地区向高工资地区流动。寻求更好的收入和工作机会是区域内部非法迁移的首要推动力。[2]

除经济因素外，东盟来源国移民外迁的推力因素包括政治、社会和自然环境问题等。如缅甸人外迁主要是由于国内的政治问题、宗教和族群矛盾冲突；而在柬埔寨，土地和就业机会缺乏是主要推动力，该国的制造业主要集中在轻工业，以纺织和制鞋为主，倾向于雇用女工，年轻男性的选择更少，工厂的生产能力不足以满足年轻劳动力的需求，建筑业工作增加，但很多由有更多技能的越南人占据。[3] 在环境因素方面，近 20 年来湄公河沿岸的土地和村庄在雨季通常遭受数月的洪水威胁，其他季节又可能面临干旱，上游大坝的建设更是加剧了这些问题，2011 年的洪水导致柬埔寨很多稻田和森林被毁，迫使当地人外迁。

（二）地区劳动力市场的二元性

国际移民是调节劳动力市场的一个关键要素。移民与劳动力市场形成彼此影响的关系，移民调节劳动力市场，劳动力市场则塑造了移民流动。[4] 1954 年威廉·阿瑟·刘易斯（William Arthur Lewis）发表的《无限劳动供给下的经济发展》一文，提出二元经济结构的发展理论，论证了发展中国家农业劳动力向城镇工业部门流动的两部门之间的人口迁移模型。他认为发展中国家普遍存在二元经济结构，一是农村中以传统方

---

① Idris Jajri and Rahmah Ismail, "Determinants of Migration from ASEAN – 3 into Malaysia," *Asian – Pacific Economic Literature*, Vol. 28, Issue 2 (2014): 53.

② McAuliffe M. L. and F. Laczko, eds., *Migrant Smuggling Data and Research: A Global Review of the Emerging Evidence Base* (IOM: Geneva, 2016), p. 216.

③ Sumalee Chaisuparakul, "Life and Community of Cambodian Migrant Workers in Thai Society," *Journal of Population and Social Studies*, Volume 23, Number 1 (2015): 5.

④ Harald Bauder, *Labor Movement: How Migration Regulates Labor Markets* (Oxford University Press, 2005), p. 15.

式进行生产、生产力低下的传统部门，二是城市中以现代化方式进行生产、生产率和工资水平相对较高的现代部门。两个部门存在的工资差别导致了农村剩余劳动力向城市现代部门转移，而且农村剩余劳动力的供给近似于无限，这种单项的转移不仅不会使传统部门工资提高，还具有抑制现代部门工资增长的作用，使现代部门能够获得更多的超额利润。[①]

1979 年，迈克尔·J. 皮奥里（Michael J Piore）提出具有深远影响的二元劳动力市场理论（dual labor market theory）。与传统移民理论不同的是，该理论假设迁移的动力来自城市经济的二元制结构及其内生的劳动力需求。在城市经济和发达国家的经济中存在工资待遇好、条件优越的主要部门和工资待遇差、条件不好的次要部门，各自的劳动力市场供求不同。本地居民一般在主要部门工作，次要部门因条件差对本地居民没有吸引力，导致劳动力供给长期不足，需要外来劳动力补充。二元劳动力市场理论对移民的解释主要关注拉力因素，认为迁移行为的发生及持续存在源于目标国对劳动力的永久需求。现代发达国家劳动力市场对移民的需求源于四个基础性特征：结构性通胀、动机问题和地位问题、经济的二元性和劳动力供应人口学。[②] 资本本身的二元性使发达国家的劳动力市场存在分割（segmentation），即这些国家的经济结构由资本密集型部门和劳动力密集型部门组成，资本密集型部门是劳动力市场中的主要部门，收入高、工作条件优越，需要高技术的劳动力；劳动力密集型部门是一个次要部门，工作不稳定、收入低下、福利有限、工作条件恶劣，对经验、技能和教育的回报率低，发达国家的劳动力不愿意从事或回避这一部门，导致劳动力短缺。目标国使用低技术移民来填补劳动力密集型市场，这是劳动力流动的制度性基础。劳动力市场分割是现代资本主义社会的一个结构性特征，对欠发达国家的

---

① 李通屏、朱雅丽、邵红梅等编著《人口经济学》（第二版），清华大学出版社，2014，第328页。

② Douglas S. Massey et al., "Theories of International Migration: A Review and Appraisal," *Population and Development Review*, Vol. 19, No. 3 (1993): 441.

移民有着巨大的吸引力，移民占据的特定工作对当地人没有吸引力，低技术移民工被引入分割的劳动力市场中。在国际移民中起重要作用的一个进程是劳动力市场的分割，即特殊职业类型对技术工和非技术/低技术工需求的增加及区域劳动力市场的形成。[①]

东盟域内移民的发展与一体化进程密切相关。很多劳动力市场与国家边界相重叠，如文莱—印尼—马来西亚—菲律宾东部东盟增长区（BIMP - EAGA）、马来半岛和湄公河次区域。[②] 发达成员国有资本优势，而欠发达成员国具有劳动力的比较优势。东盟成员国的发展程度可划分为三个等级，新加坡已进入后工业时代，老挝、缅甸、柬埔寨依然依靠农业经济，其他国家处于工业化的转型过程中，目标国存在程度不一的正规经济部门与非正规经济部门。[③] 在二元经济结构中，正规经济部门与国际制造业和服务业相接轨，而非正规经济部门与国际经济联系极少，但是弹性和容纳性很大，可以吸收较多的就业人口。[④] 东盟域内移民符合劳动力市场分割的原理，技术工、非技术/低技术工和非法移民满足了不同的市场需求。[⑤] 在目标国的两个经济部门中，正规部门只接纳本国公民和合法移民，移民对当地的工资构成影响；非正规部门的劳动力主要为非法移民，弥补了劳动力短缺，

[①] Amarjit Kaur, "Managing the Border: Regulation of International Labour Migration and State Policy Responses to Global Governance in Southeast Asia," This paper was presented to the 16th Biennial Conference of the Asian Studies Association of Australia in Wollongong 26 June – 29 June 2006, p. 6, http://www. group – global. org/en/storage_manage/download_file/27234.

[②] Amarjit Kaur, "Labor Crossings in Southeast Asia: Linking Historical and Contemporary Labor Migration," University of New England, *New Zealand Journal of Asian Studies*, Vol. 11, No. 1 (2009): 293.

[③] "非正规"经济又称传统经济，指根植于传统农业、手工业和传统制造业、服务业的经济活动，以小规模家庭作坊式的传统制造业、手工业和个体零售业为主体。2003 年第 17 届国际劳工统计学家大会（International Conference of Labour Statisticians, ICLS）确定了"非正规部门就业"的定义，同时包括了非正规部门的就业及在正规部门的非正规就业。

[④] 张庭伟、吴浩军：《转型的足迹——东南亚城市发展与演变》，东南大学出版社，2008，第141 页。

[⑤] Amarjit Kaur, "International Labour Migration in Southeast Asia: Governance of Migration and Women Domestic Workers," *Intersections: Gender, History and Culture in the Asian Context*, Issue 15 (2007): 21, http://intersections. anu. edu. au/issue15/kaur. htm.

与当地工人也没有形成竞争关系。[1] 以泰国为例，该国非正规部门的就业率一直很高，即使在经济危机时期也不受影响，2003～2013 年泰国有 60% 以上的劳动力属于非正规就业。泰国国家统计局（NSO）在"2011 年社会经济调查"中定义了非正规就业，指的是不被社会保障措施覆盖的工人，当时估计所有就业中非正规就业占 67.6%，主要分布在农业部门（53.5%）、服务业部门（38.9%），工业部门仅占 7.6%。[2]

（三）国家经济对移民的结构性依赖

从经济学的角度来看，移民是个主要的经济议题，因其包含了作为劳动力的人力资本。外来人力资源对维持国家的发展势头及保持其在国际上的竞争力具有重要作用，劳动力移民因而成为经济发展的一个结构性要素和特征。移民对国家经济发展而言具有安全阀的作用，其既是对市场的回应，同时也使个人、家庭、社区乃至国家受益，移民进程一旦开始就具有了自我持续性（self – sustaining）。[3] 这源于目标国和来源国对移民的结构性依赖：来源国通过输出剩余劳动力可缓解国内的就业压力，降低贫困率，增加外汇收入并促进发展，一些国家甚至将其作为一项重要的国家战略，使之成为国内发展的一个替代方案；[4] 目标国则通过引进移民解决国内劳动力和技术的短缺问题，目标国对非法移民的需求同样是结构性的，[5] 规模巨大的非正规经济部门为非法移民提供了就业机会，如农业、建筑业、小型制造业、服务业或个体经营。非法移民则是对这种需求的一种回应，

① ángel Solano – García, "Legal or Illegal? Preferences on Immigration," *International Journal Social Welfare*, Volume 18（2009）: 397.

② Sukti Dasgupta, Ruttiya Bhula – or and Tiraphap Fakthong, *Earnings Differentials Between Formal and Informal Employment in Thailand*, ILO Asia – Pacific Working Paper Series（Bangkok: ILO, November 2015）, p. 4.

③ Stephen Castles, "Why Migration Policies Fail?" *Ethnic and Racial Studies*, Vol. 27, No. 2（2004）: 222.

④ Stephen Castles, "The Factors That Make and Unmake Migration Policies," *International Migration Review*, Volume 38, Issue 3（2004）: 860.

⑤ Maruja M. B. Asis, "Borders, Globalization and Irregular Migration in Southeast Asia," in Aris Ananta and Evi Nurvidya Arifin, eds., *International Migration in Southeast Asia*（Institute of Southeast Asian Studies, Singapore, 2004）, p. 201.

作为非技术/低技术工人的重要来源。① 由于某些经济部门对非法移民的依赖，目标国似乎也接受了这一事实。自由市场经济被认为对非法移民有更高程度的容忍度，原因在于自由经济需要廉价、灵活和顺从的工人以保持竞争力。② 外来的非技术/低技术工和非法移民（两者在很多情况下是重合的）集中在劳动力市场中的低收入部门，与当地工人不形成竞争，有助于降低当地劳动密集型企业的生产成本，对投资者有吸引力，从而保持目标国的这些部门在全球市场上的竞争力。目标国对非法移民保持一定程度上的容忍也正是考虑到经济的发展及某些既得利益集团对非法移民的需求。③

在东盟成员国中，新加坡、马来西亚和泰国在经济快速发展过程中产生了对大批廉价劳动力的需求，国内劳动力难以满足，需要外来移民填补，尤其是当地工人不愿意从事的工作，如建筑业、家务、种植业和渔业等。泰国有将近40%的非法移民聚集在曼谷及周边地区，特别是沙莫沙空（Samut Sakhon）至曼谷的东南部，这里集中了该国众多的制造业、酒店业、旅游业和性产业。④ 非法移民的法律地位是个有竞争力的因素，其被排除在法律保护之外的事实吸引了一些市场和雇主，他们可以支付更低的报酬甚至对其进行无偿剥削。非法移民集中在特定部门，且随着数量的不断增加，成为一个内生的平衡环境。⑤

---

① ILO, *Labour and Social Trends in ASEAN 2007: Integration, Challenges and Opportunities* (Bangkok, Thailand: ILO Regional Office for Asia and Pacific, 2007), p. 56, http://www.ilo.org/public/english/region/asro/bangkok/library/download/pub07 – 04. pdf.

② James F. Hollifield, "The Emerging Migration State," *International Migration Review*, Vol. 38, No. 3 (2004): 891.

③ Maruja M. B. Asis: "Borders, Globalization and Irregular Migration in Southeast Asia," in Aris Ananta and Evi Nurvidya Arifin, eds., *International Migration in Southeast Asia* (Institute of Southeast Asian Studies, Singapore, 2004), p. 223.

④ United Nations Office on Drugs and Crime (UNODC), *Trafficking in Persons from Cambodia, Lao PDR and Myanmar to Thailand*, Bangkok, August 2017, p. 162.

⑤ Arye L. Hillman and Avi Weiss, "A Theory of Permissible Illegal Immigration," *European Journal of Political Economy*, Vol. 15 (1999): 585.

第二节　中观层面

中观层面的分析是将移民原因的宏观解释与聚焦个人迁移经验的微观解释联系起来，主要突出移民网络和国家移民政策的作用。这一层面的分析从两个方面改变了移民原因分析中常见的微观和宏观之间的分歧，一是可将移民的各个过程联系起来（包括做出迁移的决定及对目的地的选择）；二是建构了社会结构和社会关系的类型，社会关系和社会结构使移民、非移民、前移民和潜在移民之间通过各种方式建立了联系。[①]

一　移民网络

（一）移民网络理论的发展

来源地的失业、低工资和贫困还不足以导致迁移的发生，需要满足某些要求和程序，即目标国对移民劳动力的需求、移民政策及其为移民提供服务和援助的网络体系。[②] 20 世纪 80 年代，移民理论最显著的变革之一是采纳了网络理论，这一理论试图对迁移进行批判性的思考，关注社会网络在移民进程中的作用，并致力于研究社会资本的形成和累积对国际移民行为的影响。移民既依赖网络也造就了网络，网络在移民过程中占据了重要的位置，充当着个人角色微观层面与结构决定因素宏观层面之间的中介。移民研究认为，社会网络是迁移计划和目的地选择的一个重要决定因素，对移民决策有一定的影响，人类学家、历史学家和社会学家均使用网络一词来表述社会、政治和经济三者之间的一系列关系。网络作为一个整体，基于全球化的视角可以解释个体和家庭如何处理他们在寻求远距离移民策

---

① 〔美〕帕特里克·曼宁（Patrick Manning）：《世界历史上的移民》，李腾译，商务印书馆，2015，第 202 页。

② Maruja M. B. Asis, "Borders, Globalization and Irregular Migration in Southeast Asia," in Aris Ananta and Evi Nurvidya Arifin, eds. , *International Migration in Southeast Asia* (Institute of Southeast Asian Studies, Singapore, 2004), p. 202.

略时遇到的问题。这一理论隐含了两个假设：一是认为移民是经过了理性选择，二是认为移民对目标地的信息有某种程度的了解。[①] 大多数移民行为不是自发地运行，而是在连接着来源地和目标地的一定网络体系内发生，移民被定义为网络造就的过程。早期移民建立的路线和网络有助于形成当前的流动模式。由于发展了来源地和目标地之间密集的关系网，人们在这种网络内迁移并对网络产生了依赖关系，移民网络是将移民从一个国家带到另一个国家的主要机制之一。

移民网络是一整套人与人之间的关系，通过亲缘、友情及共同的来源地联系着来源国和目标国的移民、前移民和潜在移民。[②] 网络具有乘法效应，在移民中扮演"资本"的角色，构成社会资本的一种有价值的形式，为个人和群体提供巨大的资源；其在来源国背景下通常被理解为文化资本（cultural capital）的传播机制，在目标国背景下更多被强调为社会资本（social capital）。[③] 移民网络是个广泛的概念，包括了人们在跨界之前获得的有关目标国的一些就业机会信息等，网络受到通信、运输和人权发展三个方面演变的塑造和强化。[④] 移民与国内朋友、亲友间的关系起着信息网络的作用，同时建立了社会资本并促进了进一步的移民，并因此具有了自我持续性，超越了特定环境或时期的推—拉因素作用。[⑤] 网络一旦建立，就能为持久的移民流动提供强大动力。网络建立的重点在于其改变了来源地移民的决策环境，将家庭成员与目标国的其他家庭成员和亲友联系起来，随着时间的推移这一环境变得更加复杂，不仅涉及雇主还有其他促进迁移的要素。移民

[①] 〔美〕帕特里克·曼宁（Patrick Manning）：《世界历史上的移民》，李腾译，商务印书馆，2015，第 202 页。

[②] Graeme Hugo, "Asia and the Pacific on the Move: Workers and Refugees, A Challenge to Nation States," *Asia Pacific Viewpoint*, Volume 38, Issue 3 (1997): 280.

[③] Pierre Bourdieu and Loïc J. D. Wacquant, *An Invitation to Reflexive Sociology* (Chicago: University of Chicago Press, 1992), p. 119.

[④] Philip Martin, Manolo Abella and Christiane Kuptsch, *Managing Labor Migration in the Twenty - first Century* (Yale University Press, 2006), p. 11.

[⑤] Ronaldo Munck, "Globalization, Governance and Migration: An Introduction," *Third World Quarterly*, Vol. 29, No. 7 (2008): 1230.

网络最重要的作用是有能力支撑人口流动，运行在政府决策之外，且具有一定的弹性，因而网络内的移民流动不易受政策介入的影响，即使政府采取严厉措施也很难制止。社会网络内的互动使迁移变得更加容易，减少了迁移的成本和风险，为跨国移民网络的维系奠定了基础，能使移民合法或非法迁移；社会网络还因移民的增加而得以扩展和强化，从而使潜在移民受益。

移民网络被定义为人与人之间的关系组合，可分为两部分：人与人之间的网络及移民产业。[①] 人与人之间的网络是移民与其家庭或朋友的互动，包括移民与在国外或返回的亲友、邻居及朋友间的联系；有学者将这一网络划分为家庭网络和社区网络，前者主要由家人、亲属或者朋友组成，属于"强关系"（strong ties），后者由相识之人组成，属于"弱关系"（weak ties）。[②] 随着某来源地的移民在目标地数量的增加，由血缘或地缘等因素构成的人际关系形成了一个网络，移民信息可以更准确、更广泛地传播，为潜在移民提供了低成本、低风险迁移的可能性，从而增加了跨界的可能性。随着移民的增加，连锁移民、扩展的亲缘关系又进一步扩展了网络，移民通过现代通信方式和互联网又建立起新的社会网络。

迁移进程一旦开始，就需要各种不同的服务，移民产业随之发展，并成为移民链中的一个主要利益相关者。[③] 随着跨国劳动力流动的商业化和规范化，移民产业的重要性逐渐增加，为移民研究提供了一条富有成效的路径。移民产业指的是中介及业务的集合体，其提供的服务以获取资金利益为目标，促进并支持着移民。[④] 二战结束以后，移民流动能更加敏锐地捕捉

---

① 〔英〕罗斯玛丽·塞尔斯：《解析国际迁移和难民政策：冲突和延续》，黄晨熹等译，格致出版社、上海人民出版社，2011，第48页。

② Paul Winters, Alain de Janvry and Elisabeth Sadoulet, "Family and Community Networks in Mexico – U. S. Migration," *Working Paper Series in Agricultural and Resource Economics*, No. 99 – 12 (1999)：4, http://www. une. edu. au/bepp/working – papers/ag – res – econ/arewp99 – 12. pdf.

③ Stephen Castles, "Why Migration Policies Fail," *Ethnic and Racial Studies*, Vol. 27, No. 2 (2004)：222.

④ Johan Lindquist, Biao Xiang, Brenda S. A. Yeoh, "Opening the Black Box of Migration：Brokers, the Organization of Transnational Mobility and the Changing Political Economy in Asia," *Pacific Affairs*, Vol. 85, No. 1（2012）：9.

到劳动力市场的需求，这一背景导致了一系列非国家体系的扩散。移民产业是在亲缘及地方联系的网络基础上发展起来的，商业驱动的移民中介作为一个社会经济架构，构成了移民产业的主体。其运作链包括政府机构、官方及私人招募机构（有执照的和无执照的）、金融机构、律师乃至有组织的犯罪集团或其他居间者，通常称为专业网络。他们收取费用后合法或非法操作，移民风险因来自中间介质的多种援助而减少，移民和中介之间的关系与服务本质是决定迁移能否成功及后续移民与劳动力市场能否结合的决定因素。人与人之间的网络不能完全取代移民产业形成的作用，后者可以提供资金援助、信息或移民到达目的地后的住宿和工作，人、地方和中介机构之间的联系通过社会网络变得活跃。① 移民与国家之间的互动不是两个行为体之间的博弈，还涉及第三个行为体即移民中介。移民的能动性包括发现有用的中介、网络，获得支持或保护，或购买需要的服务。② 移民中介被描述为负面或中立的角色，其非法性表现为偷运非法移民和难民、贩卖人口。③

移民与移民网络关系的密度和质量是个关键因素，这依赖于移民建立关系的能力，不同社会网络发挥着不同的社会支持和社会杠杆作用。移民网络的发展正在强化国家之间的相互依存关系并使之不可逆转，由此促使来源国和目标国之间常规纽带的每一条常规路径得以逐步强化。网络联系了来源国和目标国的人口并确保迁移不受时间限制，是双向性的和永久性的，为移民家庭和移民社区提供了大量的信息和创造了相互交流与相互支持的机会。④ 移民网络的扩展及移民产业的兴起为移民提供了动力，某种程

---

① Bruce Lindquist, "Migration Networks: A Case Study in the Philippines," *Asian Pacific Migration Journal*, Vol. 2, No. 1 (1999): 76 – 78.

② Maurizio Ambrosini, "Why Irregular Migrants Arrive and Remain: The Role of Intermediaries," *Journal of Ethnic and Migration Studies*, 2016, p. 14.

③ Dimitria Groutsis, Di van den Broek & Will S. Harvey, "Transformations in Network Governance: The Case of Migration Intermediaries," *Journal of Ethnic and Migration Studies*, Vol. 41, No. 10 (2015): 1558.

④ 周敏、郭南译《国际移民与社会发展：在亚洲重新崛起背景下的若干理论思考》，《中外关系评论》2016 年第 1 期。

度上也冲击了国家对移民入境的控制能力。

（二）非法移民中的网络

有学者认为，非法移民的产生需要几个前提条件：目标国存在一定规模的非正规经济、灰色租房市场、无须证明身份即可获得的各种服务及独立于合法成员资格之外的诸多社会网络。[①] 网络体系在非法移民过程中无处不在，相比官方的正规渠道，移民更容易接触到非法渠道。非法迁移的途径可能涉及熟悉这一过程的人链，其作为一个安全和可信赖的网络对潜在移民具有较强的吸引力。开始于来源地一些熟识的人际关系，家庭成员、朋友和熟人在传播目的地就业机会信息和移民路径信息中起着重要的作用。网络有助于减少移民非法跨界的困难和风险，其成本也小于正规渠道，由此增加了非法迁移的可能性。非法移民尽管存在很多困难，但依然能够利用大量的社会互动，及时在目标国找到住所和工作，建立个人关系甚至出现在公共场所。家庭成员和朋友作为中介的参与提高了移民对非法迁移的信任，合法移民为新入境的非法移民提供了社交、工作和居住场所等方面的便利，打消了移民对非法迁移风险的顾虑。[②]

移民网络促进了合法及非法迁移，后者通常使用密集的社会网络和非法渠道。在这一过程中，中介行为可划分为五种类型：第一是提供联系，将移民与目标国的工作机会联系起来，提供信息及资助等；第二是提供某些服务，包括准备所需的文件、运送移民等；第三是提供直接帮助以解决移民的实际需要；第四是容忍，可视为一种隐性的中介，行为体包括非政府组织、雇主、住所主人等，对非法移民"视而不见"，使其避免被捕、被驱逐；第五是政治施压，只涉及一些有意愿的行为体，如移民团体、非

---

① Martina Cvajner and Giuseppe Sciortino, "Theorizing Irregular Migration: The Control of Spatial Mobility in Differentiated Societies," *European Journal of Social Theory*, Vol. 13, No. 3 (2010): 398.

② 〔美〕贾格迪什·巴格瓦蒂（Jagdish Bhagwati）：《难以截断的外来劳工潮》，耶鲁全球在线，http://www.yaleglobalfd.fudan.edu.cn/content/% E9% 9A% BE% E4% BB% A5% E6% 88% AA% E6% 96% AD% E7% 9A% 84% E5% A4% 96% E6% 9D% A5% E5% 8A% B3% E5% B7% A5% E6% BD% AE，最后访问日期：2017 年 10 月 23 日。

政府组织、社会组织、商会及雇主协会等，通过集体行为发挥作用，或者支持非法移民权利、主张大赦，或者阻止政府机构实施更严格的管理，从而对政治决策产生影响。[①] 非法移民被排除在接收国的很多法律制度之外，迫使他们采取与合法途径平行的非法机制。移民网络有助于克服这些障碍，将非法移民与当地雇主联系起来并从中获利，表明非法移民不仅是个平行或隐藏的世界，还混合了目标国社会不同的利益集团和制度。[②]

因跨界亲缘关系和族群网络的存在，东盟域内的非法移民很难制止。[③] 大众传媒的影响，收音机、电视和新闻媒体以及回归移民的故事在传播工作机会信息中起着关键作用，潜在移民能够充分获取邻国的信息。非法移民流动有其内在的机制，除了社会网络以及回归移民提供的信息联系外，还有非法招募机制，直接将移民与目标国的工作联系起来，形成"一站式"服务。

二 目标国的政策因素

（一）控制移民入境是国家主权的内在要求

移民问题不是一个独立的研究主题或进程，需要在特定国家的历史、法律和政策环境下考虑。移民政策通常被描述为更大移民背景的一部分，并已成为移民研究中一个不可或缺的重要环节，它关注移民的某个方面或是特定的移民群体。基于国家管理移民的视角，移民政策在非法移民中主要充当着障碍性因素。非法移民的产生和存在与国家的政策紧密相关，是社会、政治和法律共同建构的产物，[④] 政策和法律应为非法移民的产生负

---

① Maurizio Ambrosini, "Why Irregular Migrants Arrive and Remain: The Role of Intermediaries," *Journal of Ethnic and Migration Studies* (2016): 4–5.

② Maurizio Ambrosini, "Why Irregular Migrants Arrive and Remain: The Role of Intermediaries," *Journal of Ethnic and Migration Studies* (2016): 14.

③ Azizah Kassim and Ragayah Haji Mat Zin, "Policy on Irregular Migrants in Malaysia: An Analysis of Its Implementation and Effectiveness," Discussion Paper Series No. 2011–34, p. 2, http://dirp4. pids. gov. ph/ris/dps/pidsdps1134. pdf.

④ Franck Düvell, "Paths into Irregularity, The Legal and Political Construction of Irregular Migration," *European Journal of Migration and Law*, Volume 13 (2011): 276.

责，而不是移民个体或群体本身。

移民进程涉及三个基本要素：特定政策（措施）的存在或缺失、这些政策（措施）的实施及移民对以上两点的认知。[①] 供应推动与需求拉动因素、政府政策的结合互动决定移民的规模和模式：来源国的供应推动因素影响移民的迁移决定，需求拉动因素影响移民对目标国的选择，国家政策则直接或间接地调整和管理这些供需因素。从法律范畴尤其是国际法的视角来看，当代非法移民是现代民族国家出现的直接产物。现代民族国家的出现使得领土疆界的完整以及本国国民和外国人之间的区别成为现代民族国家的组成部分，国家主权和公民权构成了两个核心要素，对内的最高权即国家对其领土内的一切人和物以及对领土外的本国人享有属地优越权和属人优越权，[②] 国家有权决定自己的国民能否出境以及谁能够入境和居住，而在此之前，人口的迁移和流动不受国家主权因素的影响和制约。

发生在特定国家（地区）经济、社会和安全环境下的移民模式和进程在一定程度上反映了移民政策的背景。从全球范围来看，针对移民的政策大体上可分为三类：劳动力管制方式（labour-regulation approach），人权方式（human rights approach）及控制与安全方式（control and security approach）。这三类分别把移民视为经济单元、独立的权利个体和安全威胁。[③] 在国际法层面，基于国家主权和领土的原则，国家有绝对权力决定对待非公民的方式以及是否给予其合法的公民资格。现代民族国家形成之后，主权和公民认同越来越受重视，国家创建了一套复杂而严密的有关主权和公民权的法律体系与管理机制，严格限制人口在国家之间的自由迁移，非法

---

① Anna Triandafyllidou, "The Governance of International Migration in Europe and North America: Looking at the Interaction between Migration Policies and Migrants' Strategies," *Journal of Immigrant & Refugee Studies*, Vol. 6, No. 3 (2008): 293.

② 梁西：《国际法》（修订第二版），武汉大学出版社，2000，第64页。

③ Alexander Aleinikoff, "International Legal Norms on Migration: Substance without Architecture," in Alexander Aleinikoff and Vincent Chetail, eds., *Migration and International Legal Norms* (T. M. C. Asser Press, 2003), p. 467.

移民试图冲破现代民族国家对迁移的限制。[①] 从某种意义上讲,非法移民是当代民族国家体系发展与完善的一个副产品,现代民族国家的诞生及国家对主权的维护是其产生的最高政治因素。移民过程游离于合法与非法之间,[②] 合法和非法迁移具有相同的动因和过程,区别仅在于前者是通过公开和确立的渠道迁移,后者则规避了这些渠道;两者之间的界限一般受目标国国内法的影响,其决定了合法移民的可能性或障碍因素,所以移民的非法地位是人为设计所导致的。[③] 非法移民在正式的移民政策建立之前就已存在,并继续成为移民政策的治理目标;是移民政策不能充分反映移民需求和移民压力互动的结果,也是对移民进程结构性缺陷的一种应对。[④]

(二)移民政策与劳动力市场的需求不匹配

移民政策影响着国家移民的流动和存量。对于非法移民的产生,传统的解释是期望移居某个国家的移民数量大于该国政府批准接收的数量。[⑤] 当代移民的一个重要特征是,需要或想要迁移的人数远远超过了目标国允许的合法范围。原因在于移民的拉动因素受到目标国劳动力需求增加或减弱的影响,而来源国的推力因素如失业或政治不稳定则倾向于保持相对长期的静态。[⑥] 目标国的政策设定了合法移民的渠道,但是对移民的需求主要来自劳动力市场,当既有的合法渠道不能满足移民的需求时,非法移民机制就开始发挥作用。问题的核心是市场需求与政府政策之间不匹配。非法移民是对劳动力短缺的补充,而政策成为非法移民产生的前提条件之一,这本质上是政治发展跟不上经济和人口发展的一个结果。这里的政治发展指的是治理特征和政策体系能否有效应对变动的经济和社会现实,在大多数

---

① 王显峰:《当代中国非法移民研究》,博士学位论文,暨南大学,2004,第27页。

② 李明欢:《国际移民政策研究》,厦门大学出版社,2011,第166页。

③ 〔英〕罗斯玛丽·塞尔斯:《解析国际迁移和难民政策:冲突和延续》,黄晨熹等译,格致出版社、上海人民出版社,2011,第190页。

④ Economic and Social Commission for Asia and the Pacific, "Migration Patterns and Policies in the Asian and Pacific Region," *Asian Population Studies Series*, No. 160, UN 2003, p. 15.

⑤ 潘兴明、陈弘主编《转型时代的移民问题》,上海人民出版社,2010,第178页。

⑥ Yuko Hamada, "National Governance in International Labour Migration," *Migration and Development*, Vol. 1, No. 1 (2012):56.

情况下，移民政策或移民管理与经济或社会的转型并不同步。① 这样，在国家和超国家层面同时存在困局，一方面是对移民劳动力有需求，另一方面是对移民继续采取限制性政策。对劳动力的需求和控制使得移民的经济和政治利益之间产生了断裂，非法移民不是无效、失败或有瑕疵的移民政策的后果，而是对劳动力需求和关闭边界需求之间难以解决的相互敌对的后果。②

全球范围内的大多数国家在移民问题上采取限制性政策，即强化边界控制，打击非法移民。这一政策牢固植根于民族主义者的政治话语中，出于意识形态而非实用主义，首先体现的是国家的政治需求，而且是独立于经济发展要求之外，由此导致了经济需求和政府政策间的不匹配。当前，移民目标国均以国家利益为核心来制定移民政策，在根本上违背了社会的发展潮流，也与国家自身的社会经济需求背道而驰。移民政策的制定不是对"资本需求"的简单回应，其在很多国家是被动的。尽管有些国家逐渐认识到经济发展对移民的依赖，但出于政治和安全方面的考虑，政策制定的基调仍是有选择地限制移民入境。

国家政策影响移民模式。边界控制的强化在减少入境移民数量方面起到了一定作用，但同时也带来了意想不到的后果，即打断了循环移民模式，催生了非法移民策略和移民线路的多样化，也使迁移过程中的风险增大。③ 所以在实施限制性移民政策的国家，非法移民的存在在很大程度上是不可能合法入境的一个结果。④ 采取非法途径进入目标国的移民动机与合法移民

---

① Ronald Skeldon, "Managing Irregular Migration as A Negative Factor in the Development of Eastern Asia," *ILO Asian Regional Programme on Governance of Labour Migration Working Paper*, No. 18, March 2009, p. 3, http://www.ilo.org/wcmsp5/groups/public/—asia/—ro – bangkok/documents/publication/wcms_105108.pdf.

② Blanca Garcés – Mascareñas, "Legal Production of Illegality in A Comparative Perspective: The cases of Malaysia and Spain," *Asia Europe Journal*, Volume 8, Issue 1 (2010): 87.

③ Hein de Haas, "Turning the Tide? Why Development Will Not Stop Migration," *Development and Change*, Vol. 38, No. 5 (2007): 825.

④ Blanca Garcés – Mascareñas, "Legal Production of Illegality in A Comparative Perspective – The Cases of Malaysia and Spain," *Asia Europe Journal*, Volume 8, Issue 1 (2010): 78.

一样，但限制性的入境移民政策和避难政策导致合法移民的机会逐渐减少。现有的研究还没有建立起限制性移民政策与非法移民之间的因果关系。①

（三）东盟目标国对非技术/低技术移民的限制

东盟目标国在引进劳动力移民问题上主要有三个考虑：第一是允许进入的移民人数或规模；第二是移民的构成，包括不同技能层次、国籍、宗教信仰和性别等；第三是最重要的，即如何管理移民流动。② 前两个考虑的是移民政策目标的基础，引进本国"需要"和"想要"的移民，但是对移民规模和构成的考虑导致了允许入境的移民人数减少、迁移成本高昂、移民在目标国的停留时间被严格限制，一些想要迁移的人被排除在政策允许的合法渠道之外，迫使移民不得不寻求非法途径，从而导致地区内部移民走私和人口贩卖的猖獗。非法移民渠道和服务的机制化又使非法移民流动持续存在。③

东盟目标国都希望大力引进技术移民，同时限制非技术/低技术移民的流动，但东盟域内移民流动仍然以后者为主，实际上，一些国家确实需要非技术/低技术移民，但不愿意承认这种依赖。④ 当前东盟社会维度中一个主要的缺失是，在官方讨论中不承认非技术/低技术移民，只承认技术移民和专业人才，并认为后者才具有合法和正规地位。⑤ 文莱、马来西亚、新加坡和泰国普遍存在双层劳动力移民政策框架：一层是试图吸引并留住高技术移民，另一层是严格控制或管理非技术/低技术移民。后者对目标国而言

① Khalid Koser, "Dimensions and Dynamics of Irregular Migration," *Population, Space and Place*, Volume 16 (2010): 188.

② Amarjit Kaur, "Labor Crossings in Southeast Asia: Linking Historical and Contemporary Labor Migration," *New Zealand Journal of Asian Studies*, Volume 11, Issue1 (2009): 297.

③ 潘兴明、陈弘主编《转型时代的移民问题》，上海人民出版社，2010，第173页。

④ Carunia Mulya Firdausy, "Labour Mobility within ASEAN: Issues and Policy Implications for the ASEAN Economic Community," in Denis Hew, ed., *Roadmap to An ASEAN Economic Community* (Institute of Southeast Asian Studies), 2005, p.210.

⑤ Jenina Joy Chavez, "Social Policy in ASEAN: The Prospects for Integrating Migrant Labour," *Global Social Policy*, Vol.7, No.3 (2007): 369.

是经济上需要但政治上不需要的，国家有意阻止这一群体定居或成为公民。[1] 双层政策框架的本质是区别对待不同技能层次的移民，对高技术人才采取自由政策，制定一些激励措施吸引这一群体并希望其能长久定居，甚至可获得公民资格；对非技术/低技术工人是不情愿地接受并严格限制，尤其是在经济低迷时期。新加坡为吸引和留住高技术外国人才，制定了完备的政策，对非技术/低技术合同工有严格的政策管理，并把这两套政策运用到国家的全面发展战略中。技能层次在一定程度上决定了移民在目标国的待遇甚至是法律上的地位，非技术/低技术移民与非法移民在大多数情况下是重合的。

此外，政府机构中存在的腐败行为也为非法移民敞开了一些通道。2014年，路透社记者在泰国等三个国家进行了为期两个月的调查，发现一些地方官员和警察甚至参与人口贩卖活动，把栖身在泰国难民收容所的罗兴亚人交由人口贩卖组织处理，一些海军官员和人贩从中获利。[2] 马来西亚警察政治部一份历时10年的综合报告指出，该国边境执法人员和安全部队中也存在严重的涉贪行为。这些执法机构包括移民局、海事执法机构、缉私组及警察行动部队，边界驻守保安及执法人员中甚至有高达80%的人员涉贪。[3] 为了谋取私利，他们不仅受贿，甚至还参与人口贩卖等非法行为。

第三节　微观层面

宏观层面的历史、社会经济背景和中观层面的社会网络及政策背景对移民动机和进程的解释是不充分的，微观层面的分析重在理解移民个体的经历，迁移的真正决策者是家庭及个人。关于移民决策的研究还没有达成

---

[1]　Susan Kneebone, "The Governance of Labor Migration in Southeast Asia," *Global Governance*, Vol. 16, No. 3 (2010): 383.

[2]　张旌:《美国指泰国为人口贩卖中心　评级降至最低》，新华网，http://news. xinhuanet. com/world/2014–06/23/c_126654473. htm，最后访问日期：2017年10月22日。

[3]　《警方揭露：马国八成边界执法人员涉贪》，联合早报网，http://www. zaobao. com/news/sea/story20150604–487586，最后访问日期：2017年10月22日。

共识，即必要和充分的推—拉因素清单。[①] 有学者认为，对非法移民的解释需要深入个体或家庭决策的微观层面，因为迁移的决定是基于家庭的微观理性，而不是国家或经济的宏观理性。[②]

一　移民个人及家庭的理性决策

不同移民理论强调迁移的不同方面，微观理论强调个体及家庭的决策，推力、拉力因素决定了迁移的可能性和目标地的选择，迁移的决定依赖于人们对收益的预期。20 世纪 70 年代，行为科学革命的影响使移民研究从建构空间和数量模型转向对人的行为研究，研究重点从理论转向实证，出现了一系列从个人或家庭层次对移民动机和决策的微观理论研究，比较典型的是新家庭经济迁移理论。这一理论对移民家庭的关注增多，把家庭而非个体作为移民决策的单元，认为人们的集体行动会使预期收入最大化和风险最小化，家庭净收益而不是个人净收益是家庭移民的动力。[③] 实际上，移民研究中的一个常见主题是个人特征在迁移决定中起到的关键作用，并由此产生了微观经济移民理论。[④] 这一理论主要考虑个体的决策选择，特别是工资水平和失业率对迁移决策的影响，[⑤] 认为移民源于理性的个人想要获得更高生活水平的愿望和对迁移后收入提高的预期。从就业工作机会来看，国家间就业条件的差距特别是工资而不是贫困对劳动力移民模式有着重要的影响。相比国内的高失业率和低收入，国外的更高工资对一个人出国寻求就业有着更大的吸引力，能为其提供一个改善家庭经济状况的机会。成

① Sonja Haug, "Migration Networks and Migration Decision – Making," *Journal of Ethnic and Migration Studies*, Vol. 34, No. 4 (2008): 599.
② Khalid Koser, "Dimensions and Dynamics of Irregular Migration," *Population, Space and Place*, Volume 16 (2010): 189.
③ Ronaldo Munck, "Globalization, Governance and Migration: An introduction," *Third World Quarterly*, Vol. 29, No. 7 (2008): 1230.
④ Brian Cushing and Jacques Poot, "Crossing Boundaries and Borders: Regional Science Advances in Migration Modelling," *Regional Science*, Volume 83 (2004): 320.
⑤ Sonja Haug, "Migration Networks and Migration Decision – Making," *Journal of Ethnic and Migration Studies*, Vol. 34, No. 4 (2008): 599.

员的外迁是家庭收入来源多样化的一个策略，主要在于汇款有助于增加家庭收入和改善生活条件，并能减少市场带来的冲击和风险。[①]

在移民研究中，行为体的观点暗示着移民进程可用个体的行为来解释，个体决定导致了宏观的结果，迁移被认为是一种理性的行为。新移民经济理论认为移民可使家庭收入而非个体收入最大化，迁移因而是家庭战略的要素，具有通过汇款分散家庭风险的战略功能。[②] 移民是对人力资本的一次家庭投资，不仅使个人利益最大化，也是使家庭收入来源多元化的一个重要途径，可减少家庭在保障制度不完善的社会中所面临的风险，在外家庭成员的汇款可能成为家庭经济财富的基础。[③] 就业因素尤其是劳动报酬因素决定着移民的流动和方向。从移民个体的角度看，迁移是为了逃避失业、贫困、武装冲突、人权缺失和政府腐败，主要的动力因素是国内缺乏机会。

个人或家庭在做出迁移决策的过程中通常受四个因素的影响：一是社会和文化因素首先决定迁移是否发生；二是移民发生的形式是永久还是循环；三是对目的地的选择；四是移民在新环境中可能遭遇的经历。此外，如果从个体因素考虑，还包括家庭状况、年龄、性别、个性、技能经验、教育程度、婚姻状况、健康、对其他地区的认知程度及与外界的接触方式等。在此观点下，迁移不仅是个利他战略也是种向前看的行为，目的是使个人或家庭的福利期望最大化，通过汇款可为移民家庭提供一个获得教育和医疗等社会服务的关键保障；也是一种个人或家庭改善生活状况的策略，更是一场跨越国界的"赌博"。迁移行为的发生是由移民根据经济和非经济的动机来决定的，而迁移愿望不仅出于经济收益和政治自由方面的考虑，还具有社会象征意义。如在东盟成员国中，老挝的年轻人将出国工作视为

---

① UNODC, *Transnational Organized Crime in East Asia and the Pacific*, April 2013, p. 8, http://www. unodc. org/documents/southeastasiaandpacific/. . . /TOCTA_EAP_web. pdf.

② Sonja Haug, "Migration Networks and Migration Decision – Making," *Journal of Ethnic and Migration Studies*, Vol. 34, No. 4 (2008): 587.

③ 李通屏、朱雅丽、邵红梅等编著《人口经济学》（第二版），清华大学出版社，2014，第325页。

某种成年仪式。

二　基于成本和收益的分析

探究国际移民根本原因的目的是确定人们向外迁移是出于选择而非必要。[①] 移民是个选择的过程，大多数社会科学家对移民动机的一致看法是，个人迁移是为了改善生活质量，这是前提，同时受到经济、环境、政治或社会因素的影响。[②] 在经验及理论上，成本和风险是影响移民做出迁移决定的关键因素。新古典经济学家认为个体迁移的决定是建立在对留在国内或出国的相关成本和收益的理性分析之上，目的是使迁移的预期收益最大化。移民成本是指为了实现迁移而花费的各种直接成本和机会成本，其中，直接成本包括信息收集、决策和迁移过程中支出的各种费用；机会成本则包括整个移民过程及寻求新工作过程中损失的工作收入以及迁往新居住地适应新环境和新工作的心理成本。收益则是指移民在迁移后因为拥有更好的工作机会和环境而增加的收入。[③] 风险和成本的理论框架扩展到国际移民的分析领域之后，认为潜在移民通过对比目标国和来源国的可能收入差距进行成本—收益分析，如果净收益是正值则可能做出迁移决定。在经济意义上，迁移是个投资决定，是由两个国家或一国之内的两个地区之间不平等的工资水平和工作机会导致的，移民期望迁移的收益高于成本。

迁移不可避免地会产生风险并带有不确定性，而且广泛存在于所有移民形式（合法、非法移民和难民）及移民过程的所有阶段当中，只是程度不同。现有对风险和不确定性作用的研究还没有达到清晰的理论化水平，

---

① Sheikha Haya Rashed Al Khalifa, "Chairperson's Summary of the United Nations General Assembly High – Level Dialogue on International Migration and Development," *International Migration Review*, Vol. 40, No. 4 (2006): 968.

② James E. Coughlan, "Asian Intranational and Transnational Migration Flows and Their Regional Implications for Asian Security into the 21st Century," https://www.griffith.edu.au/_data/assets/pdf_file/0003/169239/james – coughlan – paper. pdf.

③ 杨云彦等：《全球化、劳动力流动与经济空间重建》，中国财政经济出版社，2008，第139～140。

也没有一个综合的理论框架来加以解释。[①] 移民研究强调风险的重要性，涉及来源国的移民、非移民以及目标国的居民。有理由假设潜在的移民会将迁移前后的预期收入进行对比，期望值也因为自身的年龄、受教育程度、专业技能和当时的资产状况等因素而有所不同；但在现实中，由于信息不充分或者对现有信息的理解有误，潜在移民对收益的估计可能并不准确。[②]

移民选择非法迁移可能认为其涉及的风险很小或没有。实际上，非法模式（人口贩卖除外）的自愿特征和固有的风险相结合，不同于其他类型的迁移决定。非法移民研究发现，除人口贩卖之外，选择非法迁移途径对一些人而言可能是个深思熟虑的选择或决定，一则目标国的移民政策使他们毫无选择，二则因为有移民网络的协助作用。移民在非法跨界前，如果求助于走私贩，则会协商可接受的价格、挑选更好的服务、选择路线和确定最后的目的地等事宜，表明是有选择性的自愿行为。[③] 从个人角度看，除了理性愿望的驱动之外，移民能否出国在很大程度取决于其能否承担迁移费用，[④] 即对程序办理成本的评估，包括找到工作的概率、旅费、住宿费、税收及对信息的获得等。只有在一定时期内个人由于外迁而获得比办理成本更高的收益时，才会决定迁移。国际移民组织针对柬埔寨移民的研究表明，很多移民倾向于合法迁移，但是承担不了迁移的成本，尤其对贫困家庭而言。因为随着合法迁移的成本不断增长，预期的收益将大大减少。

移民选择非法渠道，首先是因为不能合法迁移，因目标国都限制大量非技术/低技术移民的进入，很难申请到所需的文件和工作证；其次是合法

---

① Maruja M. B. Asis and Nicola Piper, "Researching International Labor Migration in Asia," *The Sociological Quarterly*, Volume 49, Issue 3 (2008): 440.

② 〔俄〕C. 伊万诺夫：《劳动力移民：因素与选择》，《国外社会科学》2006 年第 6 期。

③ Khalid Koser, "Dimensions and Dynamics of Irregular Migration," *Population, Space and Place*, Volume 16 (2010): 189.

④ 李昕蕾、任向荣：《东亚国际劳工移民的流动特征及其动力机制——基于政治经济学的分析向度》，《东南亚纵横》2008 年第 11 期。

移民渠道成本高昂、程序烦琐且耗时长久。另外，申请过程中还存在政府官员的腐败行为等。相比之下，非法途径成本低且方便快捷。以柬埔寨移民为例，合法迁移的途径是通过在金边的招募机构进入泰国和马来西亚，其中进入泰国的合法成本为 700 美元（费用相当于在泰国工作 4～5 个月的收入），进入马来西亚则需要 900 美元，但通常的花费都达到 1500～3000 美元;[1] 在时间方面，合法途径需要等待 3～6 个月，工作证的有效期限仅有 2 年，且只能延期一次，若再次申请还需要等 3 年。而非法途径的成本为 120～200 美元，也只需要几天的时间。[2] 早在 2013 年 12 月，柬埔寨新闻频道采访了几个非政府组织的代表，他们一致认为泰国存在大批柬非法移民是由于高昂的护照办理费用。[3]

2008 年，针对泰国春武里府和罗勇府的柬埔寨合法及非法移民的成本与收益开展的一项调查显示，合法移民途径下移民的固定成本达 747 美元，而非法途径的固定成本最低仅为 150 美元，从最终的净收益来看，合法移民比非法移民仅多 300 多美元（见表 3-7）。

表 3-7 泰国境内柬埔寨合法移民与非法移民的成本—收益对比

单位：美元

	柬埔寨移民		
	合法移民	非法移民（有证）	非法移民（无证）
总收益	10091	6510	7713
总成本	7387	4116	5361

① Chan Sophal, "Economic Costs and Benefits of Crossborder Labor Migration in the GMS: A Case Study of Cambodia," Research Advisor CDRI Phnom Penh Hotel, Phnom Penh, 7-8 October 2009, p. 16, http://cdri. org. kh/dan/conf78oct09/d1/6. % 20Chan% 20Sophal% 20 - % 20Cambodia. pdf.

② *Asia - Pacific Migration Report 2015: Migrants' Contributions to Development*, Asia - Pacific RCM Thematic Working Group on International Migration, ST/ESCAP/2738, p. 69, http://www. unescap. org/sites/default/files/SDD% 20AP% 20Migration% 20Report% 20report% 20v6 - 1 - E. pdf.

③ Kuch Naren and Kaing Menghun, "Diffificulty of Obtaining Passport Adds Illegal Migration," June 12, 2013, https://www. cambodiadaily. com/archives/task - of - obtaining - passport - is - adding - to - illegal - migration - problem - 30629/.

	柬埔寨移民		
	合法移民	非法移民（有证）	非法移民（无证）
固定成本	747	150	217
变量成本	6640	3966	5144
移民净收益	2704	2394	2352

资料来源：Srawooth Paitoonpong and Yongyuth Chalamwong, *Managing International Labor Migration in ASEAN：A Case of Thailand* ［Thailand Development Research Institute（TDRI），Bangkok，2012］，p. 27。

第四章　东盟域内非法移民的影响分析

移民具有内在的政治性和国际性，前者涉及非公民在特定国家的存在，后者强调的是移民跨国流动产生的影响。作为一种人口的跨国流动形式，移民不只是劳动力或经济议题，[①] 还具有社会属性和政治属性，这就决定了移民的影响不仅限于经济层面，经济因素驱动的迁移所导致的结构性影响扩展到社会文化、政治和安全领域。劳动力的流动不同于资本流动，因人的影响带有政治敏感性，也会导致一系列复杂的社会问题，法国前总统萨科齐认为"移民不是问题，但移民会让问题变得更加复杂"[②]。国外学者一直将非法移民纳入移民的范畴进行研究，[③] 非法移民产生的影响也一并被纳入移民影响中。在经济学研究中，移民影响没有在特定政策环境下得到关注，也不存在于合法和非法移民之间的差距中。[④] 东盟成员国间的移民流动对来源国和目标国同样产生了一系列意想不到的经济、社会、人口和政治、外交等方面的影响。一方面，移民客观上满足了各国及地区的经济发展需求，在一定程度上促进了地区经济的整合与社会互动，移民流动、地区一体化与社会转型的关系逐渐密切；另一方面，移民也引发了对其与公民、国家间关系的新思考，促使国家对移民政策做出新选择。[⑤]

---

① 《国际劳工组织亚太地区"亚洲劳动力移民政策和管理的挑战"会议综述》，中企联合网，http://www.cec-ceda.org.cn/ldgx/info/content.php? id = 148，最后访问日期：2017 年 10 月 23 日。

② 张竹林：《恐怖事件背后的法国社会》，联合早报网，http://www.zaobao.com/forum/views/world/story20150306-453729，最后访问日期：2017 年 10 月 23 日。

③ 罗刚：《云南边境民族地区非法移民问题及其治理研究》，法律出版社，2012，第 21 页。

④ Andri Chassamboullia and GiovanniPerib, "The Labor Market Effects of Reducing the Number of Illegal Immigrants," *Review of Economic Dynamics* 18（2015）：792.

⑤ 吴前进：《东南亚地区的移民流动——以 1990 年之后的东南亚五国移民为例》，《社会科学》2005 年第 12 期。

第一节　移民影响概述

移民不是简单的人口从一个空间到另一个空间的流动或从一个地方到另一个地方的位置变更，而是一种社会地理形式及社会文化过程或认知模式。[①] 移民产生的影响取决于一些关键变量，包括人口跨国迁移携带的意识形态、民族、宗教、文化等因素对相关国家的领土完整、政治独立、文化认同、社会稳定及凝聚力所产生的传统及非传统安全方面的影响。移民影响最大的是世界上拥有最繁忙移民通道的国家，尤其是单个来源国与单个目标国之间。

一　决定移民影响的关键变量

对于移民产生的综合影响，移民学者斯蒂芬·卡斯尔斯（Stephen Cas-tles）于 1997 年提出了九组矛盾：接纳与排斥、市场与国家、财富增加与贫困化、网络与个人、全球化与地方、经济与环境、现代性与后现代性、作为国家的国民和作为全球的公民、自上而下（top - down）的全球化和自下而上（bottom - up）的全球化。[②] 对于这种跨国社会行为，大多数移民以改善自身的生存环境为目的，但受主客观条件的限制，这种有意图的行为在目标国造成的后果千差万别。既有积极的也有消极的，既有短期效应也有长期影响，而且这些后果在逐步累积的过程中又会相互抵消或相互促进，在某些特定外部条件的作用下还会发生变异，从而使得移民在目标国产生的累积性后果具有极强的不确定性。[③] 移民流动以意想不到的方式产生影响，无论是积极的还是消极的，对来源国社会变革的影响都比目标国更加

[①] Russell King, "Geography and Migration Studies: Retrospect and Prospect Department of Geography," *Population*, *Space Place*, Volume 18, Issue 2（2012）: 145.

[②] 中国社会科学杂志社编《社会转型：多文化多民族社会》，社会科学文献出版社，2000，第 244~245 页。

[③] 田源：《移民与国家安全——威胁的衍生及其条件研究》，世界知识出版社，2010，第 7 页。

深远。原因在于，全球化体系中经济权力、技术知识和制度强度不对称，更发达的移民目标国有一定的能力确保移民流动对经济结构的影响，同时阻止不想要的社会变革。[1]

移民是否产生积极的发展效应受到以下因素的影响：移民类型是临时的还是永久的，移民地位是合法的还是非法的，移民权利受到何种程度的保护，迁移行为是计划性的还是非计划性的，移民的数量和规模（小部分人长时间流动还是大量人口的短期流动）及移民的社会经济背景（性别、年龄、教育和婚姻状况等）。[2] 简言之，移民对来源国和目标国影响的大小主要取决于移民数量的多少、迁移时间的长短和移民群体的构成状况这三个方面。就移民数量而言，小规模移民产生的影响不大，主要限于移民个体及其家庭；而大规模的跨国迁移产生的影响巨大。时间方面，永久移民与短期循环移民导致的影响不同（见表4-1），循环移民是指移民在国外逗

表4-1 移民模式对来源地和目标地社会的影响对比

	模 式	
	短期（循环式）移民	长期（永久性）移民
来源地社会	• 侨汇和投资对稳定地方经济的贡献 • 发展的潜力取决于政体的性质	• 来源地人口萎缩 • 文化跨国性 • 侨汇减轻贫困，但促进了现有阶级结构的稳定 • 在国家选举中通过集体投票将政治变革的潜力变为现实
目标地社会	• 经济政治制度的微小调整 • 满足劳动力市场的需要，有利于经济发展	• 出现工人阶级和少数民族居民区 • 工人阶级特别是当地精英中的少数民族日益多元化 • 为适应多元化而进行一些制度准则改革

资料来源：周敏、张国雄主编《国际移民与社会发展》，中山大学出版社，2012，第14页。

---

[1] Alejandro Portes, "Migration and Social Change：Some Conceptual Reflections," *Journal of Ethnic and Migration Studies*, Vol. 36, No. 10 (2010)：1555.

[2] UNRIC, *World Migration Report 2013：Migrant Well - being and Development*, Geneva, 2013, p. 34, http：//www. iom. int/cms/wmr2013.

留一段时间后返回来源地，因而对目标地和来源地的文化和社会结构不太可能产生实质性的影响，在某种条件下，不仅不会导致社会变革反而强化了现存的，特别是来源地的社会结构。移民群体的构成状况则往往以超出人们预期的方式影响移民的变革潜力。受教育程度低的移民群体对目标地社会造成的影响更长久，从起初对当地语言文化的不熟悉到趋向于维持原有的习俗；相比之下，受教育程度高的移民群体更具灵活性，更能适应目标地的文化，就业机会更大，也较易融入主流经济社会活动中。①

二 移民影响的主要层面

人口流动的同时伴随着经济资源、文化行为、政治意识形态和社会价值的流动，移民形成的国际网络使来源国、目标国等所有相关国家的经济关系、社会、政治制度、文化和国家身份均受到不同程度的影响。② 在移民所导致的多方面影响中，讨论较多的是移民—发展、移民—安全这两组关系，均与地缘政治密切相关。其中，"移民—发展"的关系更多地关注作为移民来源地的南方国家在移民问题上的收益评估；而"移民—安全"的关系主要集中在北方国家和地区的政策议程中，尤为明显的是，那些发生移民暴力冲突的国家不得不正视移民所导致的安全问题。③ 全球化与国际迁移密不可分的联系，一方面体现在全球化是人的社会行为或行动的结果，且直接影响了全球化的性质、内容和进程；另一方面，全球化也在改变人的认知和行为方式，这种影响在国际移民中表现得尤为突出。全球化使移民及移民问题更为国际化、普遍化，④ 由此，移民与安全、移民与社会经济发

---

① 周敏、张国雄主编《国际移民与社会发展》，中山大学出版社，2012，第7~8页。

② Stephen Castles and Mark J. Miller, *The Age of Migration*: *International Population Movements in the Modern World* (New York: the Guilford Press, 1998), p. 27.

③ Ninna Nyberg Sørensen, "Revisiting the Migration–Development Nexus: From Social Networks and Remittances to Markets for Migration Control," *International Migration*, Vol. 50, No. 3 (2012): 62.

④ 转引自郭秋梅《全球化进程中的国际移民：特征、挑战与治理》，《八桂侨刊》2012年第2期。

展、移民与国家、移民与民族认同等问题也将移民问题的范畴从一国国内
延伸到全球。

（一）移民—发展

移民最立竿见影的影响体现在经济方面。大多数移民行为是由经济因素
驱动的，并会产生强大的经济效应，移民的经济影响是当前移民讨论中最具
争议的议题之一。移民流动改变了不同生产部门和利益群体之间的利益分配，
无论是对来源国还是对目标国来说，总产出都因移民而增加。① 但从经济学的
观点看，移民效应不是均等分布的，而是存在此消彼长的损失和收益。人口
流动造就了赢家和输家，如技术移民对目标国有益，对来源国来说则意味着
人才流失；家庭团聚对移民很重要，却不被目标国认可。移民逐渐被认为是
促进发展的一个强大动力，移民与发展之间的关系在学术界和全球范围内引
起了很多关注，强调移民通过转移资源和转变观念对发展所产生的积极效应。
这一关系的假设前提是移民汇款对来源国的经济发展具有积极影响，汇款是
来源国外汇收入的一个重要来源，在那些拥有大量海外工人的国家，汇款的
作用更加突出。1990 年全球移民汇款有 740 亿美元进入中低收入国家，2016
年达 4290 亿美元；最贫困国家的移民进入发达国家后，来源国的收入增长了
15 倍，入学率增长了 2 倍，儿童死亡率下降了 16 倍。②

学界研究了移民汇款对发展中国家所产生的经济效应，得出了三种主
要结论：产生的经济效应不显著、产生了正向经济效应、产生了负向经济
效应。③ 与其他形式的流动资本相比，移民汇款具有更加稳定的特征，即使
在金融压力时期，也不会出现大幅度的波动。对于经常出现宏观经济波动
的发展中国家而言，汇款的稳定性有助于平稳消费和投资，从而对经济增
长产生重要影响，表现为乘数效应、投资刺激效应、贸易抑制效应、技术

---

① 〔美〕保罗·克鲁格曼、茅瑞斯·奥伯斯法尔德：《国际经济学》（第五版），海闻等译，中国
人民大学出版社，2002，第 154～155 页。

② IOM, *World Migration Report 2018*（Geneva：Switzerland，2018），p.3.

③ 崔兆财、张志新、高小龙：《国际移民汇款的经济增长效应——基于发展中国家的系统
GMM 分析》，《首都经济贸易大学学报》2015 年第 5 期。

进步提升效应和人力资本积累效应。① 汇款是很多发展中国家的一个关键减贫工具，其直接进入来源地家庭和社区，减贫效应高于其他任何形式。汇款主要用于消费、储蓄和投资，其中 60% 以上用于购买日常必需品，如食物、衣物和住所。② 2005 年底，世界银行发布《2006 年全球经济展望：汇款与移民的潜在经济意义》，首次对全球移民汇款流动给出翔实数据，通过对大量数据的推演论证，明确指出"国际移民可以给移民自身、移民的家庭、移民的来源国和目的国都创造具有实质性的福利效益"。2006 年 5 月，联合国发布《全球化与相互依存：国际移民与发展》（A/60/871 号文件），强调国际移民已经成为不同国家之间具有重要意义的联系纽带，移民流动可使来源地和目标地之间取长补短，同步实现经济上的良性发展。③

移民涉及的领域包括资金、观念、知识、技能、社会网络、技术、政治影响和政治策略，是资本积累过程中的一个要素，而非可有可无的副产品。④ 移民对社会经济发展的影响不只在"钱汇"，还在于"社会汇款"（social remittances），即观念（民主、责任和性别平等）、行为、认同和社会资本，这些通常被认为是积极的，表现为扩展了移民网络的效应、对传统秩序进行解构等。移民传播的技术和观念为发展提供了支持，人才的循环流动对来源国和目标国均有好处，非技术/低技术移民的外迁对降低来源国社区的贫穷程度具有较大的作用，而目标国引进技术和专业人才对提升本国在全球政治经济中的地位同样具有重要意义。⑤

---

① 崔兆财、张志新、高小龙：《国际移民汇款的经济增长效应——基于发展中国家的系统 GMM 分析》，《首都经济贸易大学学报》2015 年第 5 期。

② *Remittances in Times of Financial Instability*, Remittances Program, Multilateral Investment Fund, Inter – American Development Bank, p. 8, https://publications. iadb. org/bitstream/handle/11319/5712/Remittances% 20in% 20Times% 20of% 20Financial% 20Instability. pdf? sequence = 1.

③ 李明欢：《国际移民治理的现实困境与善治趋势》，《学术前沿》2014 年第 14 期。

④ Ronaldo Munck, "Globalization, Governance and Migration: An introduction," *Third World Quarterly*, Vol. 29, No. 7 (2008): 1237.

⑤ 联合国大会文件：《国际移徙与发展：秘书长报告》，A/60/871，2006 年 5 月 18 日，第 12 页，http://daccess – dds – ny. un. org/doc/UNDOC/GEN/N06/353/53/PDF/N0635353. pdf? OpenElement。

移民与发展的关系是复杂的，移民的成本和收益不是零和博弈。当前，国际移民的收益更多在目标国，来源国和移民处于支持的假象之下，很多不适当的管理体系抵消了移民对来源国及对移民的潜在有利影响。① 目标国认为非技术劳动力的存在增加了社会成本，包括增加了社会福利支出、犯罪和文化冲突等，移民与发展议程的前提是化解这些问题，② 同时需要政府适当的治理和国家间的合作。在国际讨论中，还提出了移民发展计划的可持续性问题，批评移民与发展的范式仅仅是政府用于扩大劳动力出口的合理化途径。实际上，移民和发展机制没有解决国家和家庭层面同时存在的对汇款的依赖问题。③ 发展不仅能强化移民，也可能减少移民。有观点认为，更好的发展不是减少移民而是转变移民的形象。那些不能从国家发展中获益的人将寻找更多的迁移渠道。④

（二）移民—安全

1. 移民议题的"安全化"

对移民的讨论不仅从发展的视角，还包括从安全的视角，与移民相关的安全问题已成为一个挑战。当前移民挑战中讨论最多的是移民与安全之间的关系。在这一关系下，移民被构建为一个安全威胁，认为其与全球黑帮、有组织犯罪、毒品、武器走私、人口拐卖、跨国洗钱、城市暴力和恐怖主义等全球化黑暗面有一定的联系，对国家的综合安全构成威胁。⑤ 作为全球化最明显的标志之一，移民成为怨恨的焦点和敌视的目标，大规模的

---

① Graeme Hugo, "Best Practice in Temporary Labour Migration for Development: A Perspective from Asia and the Pacific," *International Migration*, Volume 47, Issue 5 (2009): 45.

② Stephen Castles, "Development and Migration or Migration and Development: What Comes First?" *Asian and Pacific Migration Journal*, 4 (2009): 457 – 458.

③ Benjamin A. San Jose, "Achieving Human Security for Migrants: the Limits of State Policies and Migration Development Initiatives," *San Jose Bandung Journal of Global South* 1 (2015): 9.

④ Michael Vogler and Ralph Rotte, "The Effects of Development on Migration: Theoretical Issues and new Empirical Evidence," *Journal of Population Economics* 13 (2000): 488 – 489.

⑤ Ninna Nyberg Sørensen, "Revisiting the Migration – Development Nexus: From Social Networks and Remittances to Markets for Migration Control," *International Migration*, Vol. 50, No. 3 (2012): 66.

移民流动往往引发目标国居民的反对和抵触，不仅担忧社会安全，甚至担心丧失"社会主权"。

"安全化"这一概念的意义体现在以下三个方面：一是提醒人们关注某个处于危险中的事物；二是提供解决安全问题的重要途径，通过人为控制安全化的过程来防止安全问题的生成；三是提出解决安全问题的一个最终目标。[①] 从国家的立场出发，移民具有安全含义的观念可追溯至冷战结束后。冷战时期，移民问题属于经济问题和社会政策问题，还没有涉及国家领土、主权层面的政治安全。冷战结束后，移民的政治性特征才逐渐引起国家及学界的重视，其被理解为一个安全问题，认为是导致国家不稳定的潜在因素之一。欧洲和北美国家首先承认人口流动特别是难民潮是不安全导致的一个结果，同时也是目标国、来源国及冲突地区不稳定的根源之一，移民问题从低位政治（low politics）领域向高位政治（high politics）领域转变。综合安全和人的安全观念的凸显使移民成为冷战结束后安全威胁的一个来源，跨越地理政治和文化空间的移民流动既是全球化的一个自然结果，也是对秩序、安全和认同的一个潜在威胁，移民上升到政治议程的顶端，成为国家的一个重要政治议题。[②] 移民作为一个危及国家安全的社会建构也对整个移民讨论产生了深远的影响，确保边界的安全成为国家优先考虑的事项。在某种程度上，地区安全和全球化的一个共有特征是人口流动，而大规模的人口流动是非传统安全因素的重要内容之一。

随着国际人口流动在全球政治、安全问题中扮演的角色越来越重要，学界也更多地从国家安全的高度来看待移民产生的多重效应，"运动中的个体"成为非传统安全中的一个重要组成部分。二战后，数十年来的南—北移民对国家认同和社会凝聚力造成的影响已成为一个有说服力的例证。进入21世纪后，国际移民对国家安全的威胁愈加突出，美国"9·11"恐怖主义袭击事件更强化了移民作为一个安全议题的地位，认为其与毒品和武

---

① 张勇：《环境安全论》，中国环境科学出版社，2005，第29页。

② Ronaldo Munck, "Globalization, Governance and Migration: An Introduction," *Third World Quarterly*, Vol. 29, No. 7 (2008): 1231 – 1232.

器扩散一样对国家安全构成威胁。移民讨论建立在控制和安全的基础理念之上，与国家主权密切相关而与发展议题无关，导致了移民和边界安全主题的政治化。①

2. 移民导致的安全威胁

大规模移民时代的开始与全球化密切相关。作为跨国性革命的一部分，国际移民将打破以民族国家主权为基础的旧秩序，移民事务的政治化重新定义了国内政策、双边及地区间的关系，其在各国安全政策中的分量也在逐渐加重。② 移民的出现在国家层面上重组了民族国家与个人之间的关系，改变了民族国家国际生活的范式，目标国直接面对包括人权、正义及国家安全等在内的一系列问题，外来移民在民族、宗教和文化上的差异容易造成一体化焦虑、文化融合的困惑以及对民族冲突的担忧。

移民在目标国引发了多层面的摩擦，短期内带来了一系列社会问题，如文化冲突和犯罪等，但从长远来看则有利于增强社会的活力。一些学者强调，不同民族、种族、宗教信仰、语言和文化的移民的大量流动已经并且还将继续改变如民族、国家、主权、认同、国籍、公民权、多元文化和共同体等主要概念的内涵，并进而可能影响因全球化而改变的各种社会关系。③

目标国的移民是处于某一特定结构层次的群体，不仅增加了该国人口的绝对数量，造成人口负担和公共支出的压力，还改变了该国的人口年龄、性别结构以及不同文化层次、宗教信仰、民族和种族在总人口中的比例，逐渐形成的移民社区也成为目标国社会中一个自成体系的社会结构，使后来的新移民很难融入当地社会中。普遍的忧虑导致了安全的公民与不安全的移民，

---

① Christophe Bertossi and Ashley Milkop, "The Regulation of Migration: A Global Challenge," *Politique étrangère*, Vol. 73 (Special Issue: World Policy Conference 2008): 198.

② 〔法〕卡特琳娜·维托尔·德文登：《国家边界的开放》，罗定蓉译，社会科学文献出版社，2010，第14页。

③ Ahmet Icduygu, "Citizenship at the Crossroads: Immigration and the Nation - State," in Eleonore Kofman and Gillian Youngs, eds., *Globalization: Theory and Practice* (London: Pinter, 1996): 150.

或者不安全的公民与具有威胁的移民之间的区分。人口跨国流动将不同族群、不同文化背景的人群聚集到同一场域，移民族群往往相对集中于某个经济领域，并因相似的生活习性形成聚居，这更加凸显了其在目标国社会中的差异性。不少西方学者出于自身国家利益的考虑，不同程度地将国际移民问题置于"文明冲突"的政治分析框架之内。① 目标国社会广泛存在的"反移民"论调主要出于三方面的考虑：一是担心移民会抢走本国公民的饭碗，二是担心移民成为国家安全的"炸弹"，三是担心移民的增多会改变人口结构、稀释民族特性。② 移民的弊端在于由非法移民引起的社会稳定、国家安全及国家间关系等方面的问题，对国家安全的影响包括对领土完整、政治独立与和平的传统安全威胁及对文化认同、社会稳定及凝聚力的非传统安全威胁。

非法移民被视为多种潜在威胁的来源，包括走私被禁商品、跨国洗钱等，各种犯罪行为的渗入，导致社会关系紧张甚至发生暴力冲突，其中最突出的是对国家安全的威胁，因跨越了民族国家和法律这两条界限。③ 有学者提出"双源性"非传统安全威胁（duogenous non-traditional security threats）的概念，指的是同时起源于国内和国外、主要在陆地边疆和海疆问题中存在的非传统安全问题，例如非法移民、跨国犯罪、海洋资源开发问题以及共同流域内水资源和生态环境问题等，需要国家同时从内政与外交两个方面加以应对。④

非法移民与国家安全之间的关系是复杂的，主要表现为非法入境违反、破坏了合法的入境移民体系，构成了行政侵权，挑战着民族国家的政治权威，也破坏了其他方面的法制和公众对移民和避难政策有效性的信任，认为政府失去了对边界的控制能力，放弃了国家的义务，并因此催生了排外

---

① 周敏、张国雄主编《国际移民与社会发展》，中山大学出版社，2012，第24页。
② 叮咚、胡美玲：《移民政策如何变脸?》，《人民日报》（海外版）2010年11月30日，第6版。
③ 潘兴明、陈弘主编《转型时代的移民问题》，上海人民出版社，2010，第181页。
④ 余潇枫、魏志江主编《中国非传统安全研究报告（2014~2015）》，社会科学文献出版社，2015，第19~20页。

主义情绪。① 对国家主权构成威胁的假定基础是非法移民参与非法犯罪活动，这不仅挑战了国家控制边界的权威，还将其与国家安全和有组织犯罪紧密联系，如人口走私和贩卖等犯罪行为，特别是"9·11"事件后国际移民与恐怖主义之间的某种假定联系，为现代社会的隐忧提供了一个明显和切实的解释。② 非法移民和避难可能为潜在的恐怖分子提供渠道，这一假定普遍存在，在现实中一些非法移民和避难寻求者确实是罪犯，但这些指控不能完全用于非法移民整体。即使移民是合法并遵守法律的，但由于其倾斜了居民和新来者之间的人口结构，打破了语言文化、宗教团体和族群之间的平衡，导致对空间、服务和经济机会的潜在争夺，他们依然被认为是社会冲突的潜在根源，是社会稳定的威胁。

非法移民对目标国的影响更大、更深刻。对目标国社会而言，"移民"一词常常与不可控的非法移民、社会混乱及有组织的人口走私、贩卖等问题相联系，③ 由此对民众造成心理影响。目标国社会对非法移民的担忧包括抢占劳动力市场、增加犯罪行为及对政府控制边界能力的侵蚀，政府因此也受到无力制止非法移民的指责。

非法移民产生的影响可归结为两个层面：一是对象层面，即非法移民对地区或国际社会的整体影响及对来源国、中转国和目标国的全面影响；二是内容层面，即非法移民在经济、社会和政治等领域造成的影响。④ 对东盟域内非法移民影响的分析将从以上两个层面交叉进行，内容层面涉及经济、社会安全、政治及人权领域，对象层面包括非法移民对国家、地区国际关系和移民个体、群体的影响。

---

① IOM, *World Migration Report 2010: The Future of Migration: Building Capacities for Change*, pp. 29 – 30, http://publications. iom. int/bookstore/index. php? main_page = product_info&cPath = 37&products_id = 653&language = en.

② Khalid Koser, *International Migration: A Very Short Introduction* (New York: Oxford University Press Inc. , 2007), p. 60.

③ Franck Düvell, "Paths into Irregularity: The Legal and Political Construction of Irregular Migration," *European Journal of Migration and Law*, Volume 13 (2011): 276.

④ 王显峰：《当代中国非法移民研究》，博士学位论文，暨南大学，2004，第31页。

第二节 东盟域内非法移民的经济影响

非法移民数据的缺失，导致无法估算这一群体对来源国和目标国的实际经济贡献，也使得大多数对非法移民的讨论建立在感性而非确凿事实分析的基础之上，由此产生了两极化的观点：一种观点认为非法移民满足了目标国劳动力市场的需求，对该国的经济发展做出了贡献；另一种观点则谴责非法移民拉低了工资，抢夺了当地人的工作机会并供养了黑色经济。[①]

一 积极影响

随着国际社会关注移民与发展之间的关系，迁移的收益成为一个主流议题。即使是非法移民，也支持了跨界经济行为和全球互动。从经济视角来看，非法移民与合法移民一样有促进经济发展的功能，其在为目标国提供廉价和灵活劳动力的同时，来源国也因此缓解了国内的就业压力并受惠于移民的汇款。移民从低收入国家向高收入国家流动，有助于提升整个地区的生产力和收入，促进就业。合法、非法的移民都促进了目标国的本土工人向上流动，对当地的失业率基本不会造成影响。

东盟没有一个成员国拥有出境或入境的非法移民的确切数据，一则非法移民的出入境不在政府监管和数据收集范围内；二则目标国的非法移民主要集中在非正规经济部门，很难进行统计。从汇款来看，2012 年，东盟域内的移民工人占了全球移民的 10%，为整个地区创造了近 400 亿美元的汇款。[②] 2016 年，从马来西亚进入印尼的汇款最高达 21.48 亿美元，其次是从马来西亚进入菲律宾的汇款，为 18.63 亿美元，最少的是从文莱进入菲律宾的汇款，为 0.17 亿美元（见表 4 - 2）。这些数据并不足以反映成员国间

---

① Max Tunon and Nilim Baruah, "Public Attitudes Towards Migrant Workers in Asia," *Migration and Development*, Vol. 1, No. 1 (2012): 149.

② "Migrant Workers in Asean: The Hidden and Neglected Workforce," May 26, 2015, http://www.establishmentpost.com/migrant – workers – asean – hidden – neglected – workforce/.

双边汇款的真实规模，一方面在于合法移民也会借助非法渠道汇款或回国时随身携带现金，另一方面是非法移民因不会选择正规的汇款渠道，导致数据难以收集。

表 4 - 2 2016 年东盟成员国间的双边汇款

单位：百万美元

移民目标国	移民来源国	汇款数额
文莱	泰国	157
文莱	菲律宾	17
泰国	缅甸	367
泰国	柬埔寨	221
泰国	老挝	79
马来西亚	印尼	2148
马来西亚	菲律宾	1863
马来西亚	泰国	546
马来西亚	越南	112
新加坡	马来西亚	1019
新加坡	印尼	379
新加坡	菲律宾	82
柬埔寨	越南	115

资料来源：WB, *Bilateral Remittance Matrix 2016*, http://www.worldbank.org/en/topic/labormarkets/ brief/migration - and - remittances。

汇款通常投资于物质资本和人力资本，有助于提升家庭应对风险的能力，这一效应同样适用于社区和国家。移民通过汇款有助于降低家庭的贫困程度，有一个国内移民的家庭，其贫困率将下降 3% ~ 5%；有一个国际移民的家庭，贫困率下降更多，为 5% ~ 7%。[①] 根据柬埔寨 2007 年社会经

---

① Vathana Roth & Luca Tiberti, "Economic Effects of Migration on the Left - Behind in Cambodia," *The Journal of Development Studies* (2016)：3.

济调查，1995～2004 年贫困率的下降至少有 20% 得益于移民，国内移民汇款和国际移民汇款对家庭贫困率下降的贡献分别是 4.7% 和 7.4%。[①] 2006～2007 年，在泰国的柬埔寨移民人均汇款 650 美元（约 2 万泰铢）。[②] 出国务工的柬埔寨人估计有 65 万～70 万人，2017 年前 10 个月流入的汇款达 3.89 亿美元（见表 4 - 3）。

表 4 - 3　2017 年前 10 个月流入东盟成员国的汇款

单位：百万美元

目标国	汇款数额
菲律宾	32795
越南	13781
印度尼西亚	8663
泰国	6561
马来西亚	1483
缅甸	714
柬埔寨	389
老挝	123

资料来源："Migration and Remittance," http://www.worldbank.org/en/topic/labormarkets/brief/migration - and - remittances。

移民对目标国经济的宏观影响主要表现为满足市场对劳动力和技能的需求，促进 GDP 增长。在东盟的移民目标国中，新加坡、马来西亚和泰国的移民政策包含了经济和社会方面的考量，既有寻求产业升级、技术变革的长期目标，也有满足某些部门对劳动力需求的短期目标，允许非技术/低技术移民（合法的及非法的）从事建筑、餐馆、家务以及护理等相关工作，从而降低这些行业的劳动力成本。非技术/低技术移民（特别是非法的）也因廉价的劳动力成本维持了目标国一些传统劳动密集型产业在国家经济结

[①] Vathana Roth & Luca Tiberti, "Economic Effects of Migration on the Left - Behind in Cambodia," *The Journal of Development Studies* (2016): 11.

[②] Sumalee Chaisuparakul, "Life and Community of Cambodian Migrant Workers in Thai Society," *Journal of Population and Social Studies*, Volume 23, Number 1 (2015): 5.

构中的份额。泰国的渔业和鱼产品加工业在经济中占有重要份额，海产品占所有食品出口的 40%，泰国也是全球最大的虾出口国之一，对非法移民产生了结构性的依赖。[①] 2012 年 3 月，曼谷大学社会民意研究中心以 "外籍劳工对泰国的经济影响" 为主题，在全国 32 所院校对 68 名知名经济学者进行调研。结果显示，73.5% 的学者认为外籍劳工对泰国的经济发展有着重要作用。[②] 根据泰国财政部设定的宏观经济模型，移民使该国的就业率增加了 4.88%，对 GDP 的贡献率为 0.75%，对改善贸易平衡的贡献率达 5.53%。[③] 大多数的研究成果认为，外来移民对泰国 GDP 的贡献率是 1%，这实际上是被低估的，因为无法获得容纳了大批非法移民的非正规经济部门的真实数据。[④]

非法移民为目标国的劳动密集型产业部门提供了廉价劳动力，这些国家的消费者也因此获得了更廉价的商品和服务，社会收益因而扩展到国民和合法移民。非法移民还增加了额外的就业，扩展了劳动力市场的非正规部门，对不灵活的劳动力市场政策具有一定的矫正作用。[⑤]

二　负面影响

移民导致的长期影响在经济学中是个有争议的问题，同时也是公众反移民的一个根源。大多数研究表明，移民与当地人之间的典型对抗发生在劳动力市场中。公众对移民在劳动力市场中的影响的评价是消极的和负面的，认为移民

---

① 《泰取缔非法捕鱼或导致渔业暂瘫痪》，联合早报网，http://www.zaobao.com/news/sea/story20150702 - 498080，最后访问日期：2017 年 10 月 23 日。

② 《泰国经济学家担心东盟经济共同体启动影响本国劳动力市场》，泰国《世界日报》2012 年 3 月 31 日。

③ *Asia - Pacific Migration Report 2015: Migrants' Contributions to Development*，Asia - Pacific RCM Thematic Working Group on International Migration，ST/ESCAP/2738, p. 70, http://www.unescap.org/sites/default/files/SDD% 20AP% 20Migration% 20Report% 20report% 20v6 - 1 - E. pdf.

④ Jayant Menon, "Narrowing the Development Divide in ASEAN: the Role of Policy," *Asian - Pacific Economic Literature*, Volume 27, Issue 2 (2013): 35.

⑤ Gordon H. Hanson, "Illegal Migration from Mexico to United States," *NBER Working Paper 12141*, March 2006, p. 5, http://www.nber.org/papers/w12141.pdf.

导致了当地劳动力市场的不公平竞争，恶化了本国工人在劳动力市场中的处境。在多个案例中，移民与当地公民在劳动力市场中的竞争关系是决定公众对待移民态度的主要依据之一。[①] 目标国民众基于在本国非法打工的外国人在社会中存在的普遍程度，对这一群体表现出负面情绪，特别在经济下滑和失业率上升时期表现得更加明显，他们认为非法移民导致了对稀缺工作的竞争并压低了工资。政府执法不严和依靠非法劳工导致经济泛滥等强化了民众反移民的情绪，产生了移民恐慌症。大部分公民希望减少现有的移民规模，遣返非法移民，[②] 这些情绪还波及已存在的移民、难民和少数族群。

非法移民在促进经济发展的同时，也产生了一定的破坏作用，如扰乱目标国正规的劳动力市场，对工资水平、工作条件、生产力和国家的综合经济结构产生负面影响。马来西亚彭亨州的金马仑高原因大量合法和非法移民外劳的存在导致土地遭到大规模的非法开发，由此引发了 2014 年 11 月的严重山洪。2012 年前外劳经营的园地只有 10 个，至 2014 年山洪暴发时已达 80 个，其中大部分属于非法开发和经营，移民只需为每英亩土地支付 1 万令吉，作为交给一小部分政府官员的"保护费"即可。[③] 2016 年 6 月，马来西亚菜业联合总会反映外劳在菜市场违法摆卖蔬果的情况日益严重，如吉隆坡批发市场 50%、柔佛州新山班兰市场 20%的摊贩属非法外劳经营，冲击了当地贩商的合法生意。[④] 非法移民额外的竞争，可能导致劳动密集型部门的工资水平下降，工作条件恶化，对经济现代化和经济部门的重构形成

---

① Solomom W. Polachek, Carmel Chiswick and Hillel Rapoport, eds, *The Economics of Immigration and Social Diversity* (JAI Press Inc, 2006), p. 4.

② 〔美〕约瑟夫·夏米（Joseph Chamie）：《选择：增加移民还是减少公民?》，耶鲁全球在线，http://www.yaleglobalfd.fudan.edu.cn/content/% E9% 80% 89% E6% 8B% A9% EF% BC% 9A% E5% A2% 9E% E5% 8A% A0% E7% A7% BB% E6% B0% 91% E8% BF% 98% E6% 98% AF% E5% 87% 8F% E5% B0% 91% E5% 85% AC% E6% B0% 91% EF% BC% 9F，最后访问日期：2017 年 10 月 24 日。

③ 《山洪暴露严重土地管理问题　马将严打金马仑非法开发活动》，联合早报网，http://www.zaobao.com/sea/politic/story20141111-410520，最后访问日期：2017 年 10 月 24 日。

④ 《马国贩商呼吁政府取缔外劳抢滩卖菜》，联合早报网，http://www.zaobao.com/news/sea/story20160614-628672，最后访问日期：2017 年 10 月 24 日。

一定的阻碍，因廉价劳动力的存在使低生产力的企业得以继续维持运作而没有改革的压力和动力。[①] 大批非法移民的存在还可能抹杀移民收益，因其可能夺走目标国下层民众的原有资源，使经济转向一种低技术的劳动密集型经济。[②]

劳动力市场中存在的非法移民损害了目标国的国家形象。以泰国为例，该国的人口贩卖问题一直很严重，但长期以来政府没有认真加以对待，导致在《人口贩卖报告》中的评级较低，使其可能面临美国政府实施的制裁，包括暂停各项援助及支持、反对世界银行和国际货币基金组织向泰国提供贷款等，且人口贩卖的丑闻也影响到一些跨国企业对泰国的投资决定。泰国渔业容纳了大量非法劳动力（包括被贩卖的人口），欧盟委员会于2015年4月向该国出示"黄卡"，要求其对渔业中存在的奴工制度进行整改，以确保其渔业监管符合国际标准。[③]

非法移民对目标国的社会福利也是一个挑战，迁移是开放的和循环的，而福利体系却是封闭的，两者之间的逻辑相互矛盾。[④] 非法移民对目标国的社会福利有两个效应：剥削效应（exploitation effect）及资本耗尽效应（capital – using – up effect）。剥削效应对目标国是积极的，非法移民更低的工资使当地居民可获得一些用于消费或储蓄的收入，但如果非法移民完全取代了当地劳动力，可能降低当地居民的长期人均消费，资本耗尽效应就占了主导。[⑤] 非法移民对目标国造成的社会成本和财政负担同样是个难题。马来西

---

① Steffen Angenendt, "Irregular Migration as An International Problem: Risks and Options," *SWP Research Paper*, July 2008, p. 16, http://www. swp – berlin. org/fileadmin/contents/products/research_papers/2008_RP04_adt_ks. pdf.

② 潘兴明、陈弘主编《转型时代的移民问题》，上海人民出版社，2010，第8页。

③ 《泰取缔非法捕鱼或导致渔业暂瘫痪》，联合早报网，http://www. zaobao. com/news/sea/story20150702 –498080，最后访问日期：2017年10月23日。

④ Antoine Pécoud and Paul de Guchteneire, "International Migration, Border Controls and Human Rights: Assessing the Relevance of A Right to Mobility," *Journal of Borderlands Studies*, Volume 21, No. 1（2006）: 77.

⑤ Hon Man Moy and Chong K. Yip, "The Simple Analytics of Optimal Growth with Illegal Migrants: A Clarification," *Journal of Economic Dynamics & Control*, 30（2006）: 2470.

亚政府周期性遣返非法外劳是出于减轻负担的考虑，因为遭扣留的非法外劳每人每天的膳食费约为 4.5 令吉，每月平均 135 令吉，而本国贫困人口每月的援助仅为 90 令吉。[①] 2014 年 1 月，该国 15 个拘留中心等待被遣返的非法移民超过 30 万人，以每人每天约 75 令吉的食宿及医疗成本计算，政府需要支付每天 2250 万令吉、每月 6.75 亿令吉的费用。[②] 马来西亚政府在遣返非法移民方面还没有标准的作业机制，有护照等身份证明文件的可即刻遣返，无证明文件的则需要等待缓慢的鉴定程序，辨认、拘留、起诉和遣返非法移民都需要耗费大量的经济和行政成本，由此成为政府的一项沉重的财政负担。而驱逐非法移民又会对经济和劳动力市场造成破坏作用，尤其是对那些依赖非法移民的行业。2013 年 9 月，马来西亚政府在全国开展了有史以来最大规模的扫荡非法外劳行动，结果严重冲击了建筑业、种植业及餐饮业，日常运作受到影响。

对于来源国来说，剩余劳动力的外迁（合法的和非法的）缓解了国内社会的紧张关系，移民汇款改善了生计条件，却也导致对汇款的依赖，减缓甚至阻碍了必要的经济和社会改革。来源地社区依然维持迟缓的发展状态和原有的社会经济结构，没有发生实质性的变化。[③]

第三节　东盟域内非法移民的社会安全影响

从安全视角看待移民，是将移民尤其是非法移民"妖魔化"，因其产生了多重的社会安全威胁。

一　对目标国社会安全的影响

非法移民对国家安全的威胁，不只是其可能与恐怖主义和暴力之间存

[①] 《印尼军机到马国载非法外劳回国》，联合早报网，http://www.zaobao.com/sea/politic/story20141224-427539，最后访问日期：2017 年 10 月 23 日。

[②] 《30 万非法外劳待遣返　马国月耗 2.6 亿供养》，联合早报网，http://www.zaobao.com/news/sea/story20140106-296186，最后访问日期：2017 年 10 月 23 日。

[③] Stephen Castles, "Development and Migration or Migration and Development: What Comes First?" *Asian and Pacific Migration Journal*, Vol. 18, No. 4 (2009): 452.

在关系，当它与腐败和有组织犯罪联系在一起时，也会对社会安全构成威胁。所谓的"社会安全"主要指非法移民与社会犯罪率之间的关系，两者间的关系源于人们的一种错误认知。① 现有的移民理论没有为移民的犯罪模式提供清晰的预测，调查移民和犯罪之间的关系依然是个经验问题。②

东盟移民的成分复杂，多样性和重要性在不断强化，对国家和地区同样也具有了安全含义。区域内移民导致了综合的社会安全问题，包括犯罪率升高、传染性疾病（尤其是 HIV/AIDS）泛滥、人口贩卖猖狂、色情业普遍、贩毒、工资标准降低、非法伐木和偷运、无国籍儿童增多等问题。目标国公众担忧的是大规模外来移民会扰乱当地的生活惯性、稀释社会凝聚力和认同感、传播疾病、工作岗位及宗教信仰等受到冲击、犯罪率上升等，各种危机感随之而来。公众长期与外来移民处于敌视和摩擦的状态，普通的社会事件就可能引发严重的社会冲突。③

2011 年，国际劳工组织调查了亚洲移民目标国的民众对移民的看法，在马来西亚、新加坡、泰国和韩国分别选取 1000 名特定年龄和性别的受访者，在新加坡和马来西亚还规定了族群范围。调查结果显示，在移民与犯罪率问题上，泰国和马来西亚有 80% 的受访者认为移民导致犯罪率升高，新加坡持这一观点的受访者比例为 52%。马来西亚和新加坡尽管存在多元文化群体，但两国仍有 75% 和 58% 的受访者认为移民威胁到国家的文化和传统；在泰国，这一比例为 50%。马来西亚民众认为，大规模非法移民的存在导致了社会的不安全，对国家的社会结构产生了破坏作用。④ 如 2002 年纺织厂外国工人发生暴乱事件，2005 年移民局一份没有出版的报告将非法移民视为仅次于吸毒的"二号公敌"（Public Enemy No. 2）。

---

① 陈积敏：《试论非法移民对美国国家安全的影响》，《江南社会学院学报》2012 年第 2 期。

② Luca Nunziata, "Immigration and Crime: Evidence from Victimization Data," *Journal of Population Economics*, Volume 28, Issue 3（2015）: 698.

③ 陈天林：《经济全球化发展进程中的一个困境——跨国移民引发的社会冲突的根源剖析》，《中共中央党校学报》2012 年第 5 期。

④ Max Tunon and Nilim Baruah, "Public Attitudes towards Migrant Workers in Asia," *Migration and Development*, Vol. 1, No. 1（2012）: 154.

事实上，移民与目标国犯罪率的增加没有必然联系。如新加坡公布的一份警方统计表明，2007 年该国 10 万移民中有 227 人被捕，而同期 10 万新加坡公民中有 435 人因犯罪被捕。在泰国达府，1998~2001 年的不同犯罪率表明，移民与当地人相比，犯罪的可能性更低。[①] 马来西亚民众刻板地认为外劳经常犯罪，但是该国高达 90% 的案件是本国人所为。[②]

二　对地区公共卫生安全的影响

东盟地区经济的发展似乎不能脱离 "3M"，即男性（man）、流动（mobility）和金钱（money），三者与高风险的环境和行为导致了 HIV/AIDS 在成员国间的传播。因男性更有可能在迁移赚钱后消费酒精、毒品和进行性交易，流动、移民和交通基础设施的改善是导致 HIV/AIDS 传播的重要因素。[③] 与非流动人口相比，流动人口面临着更多的健康风险，如信息相对缺乏、知识水平有限等，在迁移过程中更容易接触病毒并传播，是易感染疾病的脆弱群体。

湄公河地区已发展成为亚洲 HIV/AIDS 的一个传染中心，这是东盟地区经济一体化和人口跨界流动的一个副产物，对该地区的国家而言是个长期存在的严峻问题。根据美国国际发展署（USAID）2003 年的统计，东南亚地区的第一例 HIV 于 1984 年在一名泰国男性身上发现，此后，HIV 在泰国女性性工作者和吸毒者中多发；20 世纪 90 年代初期蔓延到邻国，老挝和越南在 1990 年报告了首批 HIV 病例；柬埔寨发现于 1991 年，1 名男性因献血被感染。[④] 2001 年底，亚太地区有 660 万艾滋病病毒感染者和艾滋病病人

---

① Othman. Z. , "Unjustified Fears?" *Today* (2008)：1－2.

② 《孟媒体：马已签备忘录　引进百万孟外劳》，联合早报网，http://www. zaobao. com/news/sea/story20160219－583027，最后访问日期：2017 年 10 月 23 日。

③ ADB, *HIV and the Greater Mekong Subregion：Strategic Directions and Opportunities* (Manila：Philippines, 2007), p. 1.

④ Srawooth Paitoonpong and Yongyuth Chalamwong, *Managing International Labor Migration in ASEAN：A Case of Thailand* [Thailand Development Research Institute (TDRI), Bangkok, 2012], pp. 20－21.

（people living with HIV/AIDS，简称 PLWHA），其中有近 97.14 万人来自东盟国家，其中，泰国的人数最多，达 67 万人（见表 4-4）。HIV 在成员国 15~24 岁年轻人口中的传染率较高。2006~2015 年，由于实施了预防、宣传和护理措施，传染率呈现相对稳定的下降趋势（见表 4-5），但在 2016 年，菲律宾和越南的新感染人数有所增多（见表 4-6）。

表 4-4 2001 年东盟部分国家艾滋病病毒感染者及艾滋病病人数量

单位：万人

国家	人口总数	PLWHA 估计值
柬埔寨	1341.1	17
老挝	540.3	0.14
泰国	6358.4	67
越南	7917.5	13
总计	16157.3	97.14

资料来源：UNAIDS，2002。

表 4-5 2006~2015 年东盟国家 15~24 岁人口 HIV 感染率

单位：%

国家	2006 年	2007 年	2008 年	2009 年	2010 年	2011 年	2012 年	2013 年	2015 年
文莱	—	—	—	—	—	<0.1	—	—	—
柬埔寨	1.1	1.0	1.0	0.8	0.9	0.7	0.8	0.7	1.1
印尼	0.2	0.2	0.3	0.2	0.4	0.3	0.4	0.5	0.2
老挝	0.1	0.2	0.1	0.2	0.1	0.3	0.3	0.1	0.1
马来西亚	0.4	0.5	0.4	0.5	0.4	0.4	0.4	0.4	0.4
缅甸	0.8	0.7	0.8	0.6	0.7	0.6	0.6	0.6	0.8
菲律宾	—	<0.1	—	<0.1	—	<0.1	<0.1	—	0.1
新加坡	—	0.2	—	0.1	—	—	—	—	—
泰国	1.4	1.4	1.3	1.3	1.2	1.2	1.1	1.1	1.1
越南	0.4	0.5	0.4	0.4	0.4	0.5	0.4	0.4	0.4

资料来源：ASEAN Statistical Yearbook 2016/2017。

表 4 – 6　2001 年、2012 年和 2016 年东盟国家 HIV 新感染人数

单位：人

国家	2001 年	2012 年	2016 年
缅甸	25000	7100	11000
柬埔寨	6000	1400	< 1000
菲律宾	< 1000	1800	10000
泰国	24000	8800	6400
越南	31000	3000	11000
马来西亚	6200	7400	5700
印尼	29000	76000	48000
老挝	1400	—	< 1000

资料来源：UNAIDS HIV estimates 2012；GARPR 2013；UNAIDS HIV and AIDS Estimates 2016。

第四节　东盟域内非法移民的政治影响

移民对目标国产生的政治影响大致可划分为三类：对国家机构控制的影响，通常伴有军事征服和大规模定居；对社会组织结构的影响，特别是大规模的劳动力流动；外交政策的遗产和倾向，取决于其与目标国和来源国的关系及与移民和难民流动的关系。[1] 前两类政治影响是对目标国的，第三类则是对国家间关系的。

一　对目标国的政治影响

移民问题一开始就被归入社会学的研究范畴，无论是从社会制度还是从社会过程来看确实如此，但从移民问题产生的原因、后果及处理方式来看，它又不仅仅是一个社会问题，更是一个政治问题。[2]

---

[1]　Astri Suhrke, "Migration, State and Civil Society in Southeast Asia," Programe of Human Rights Studies, *Working Paper M* 4（1992）：2.

[2]　Terri Givens and Adam Luedtke, "The Politics of European Union Immigration Policy：Institutions, Salience, and Harmonization," *The Policy Studies Journal*, Vol 32, Issue 1（2004）：145.

外来移民的存在引起了目标国持续的担忧,因其挑战着国家主权、国家安全和国家认同。如何采取管理移民流动的有效措施并制定能保证新移民与当地融合的方案始终是讨论的核心议题。① 移民身份是一种社会建构,对社会安全造成威胁的不是移民本身,而是具有政治意义的文化差异所导致的冲突;移民也不是被市场力量支配的一个纯粹经济因素,而是形成文化、政治的一个关键因素。如果有移民危机,"那只是意识形态和政治上的危机"。在目标国,移民问题在决策者和公众中具有敏感性,这来源于移民对经济、社会、文化和政治方面的潜在影响,公众的讨论推动了移民问题的政治化。在选举期间,移民议题在政党竞争中的影响力更大,② 反移民的公共意见和政策动员在有关移民的讨论中成为一个稳定的特征。③ 文化和认同在理解移民作为一个经济现象中具有关键的作用。三个群体(移民、来源地的留守人口、目标地人口)的互动影响是直接的,其结果或者是同化或者是隔离;目标地人口对移民的反应、移民与来源地及目标地人口的关系、目标地的经济状况等因素导致了同化与隔离之间的冲突。

移民与反移民的矛盾长期存在并不断强化,在现实层面上,经常是政府和民众相互作用、相互影响的结果。普通民众主要受思维上的传统观念和经济上的竞争挤压影响而从利益和文化的层面反对外来移民,依赖民族文化、种族以及意识形态决定自己的立场,把移民看作某种与自身信念不同、价值观背离的不确定因素。④ 以新加坡为例,随着民众收入增长的减缓、竞争加剧及人口的老龄化,该国反移民的情绪日渐高涨,移民问题俨然成为一个敏感的社会和政治问题。因人口结构失衡需要引进移民,是"没有办法的办法"。一些新加坡人对外国劳工持续不断的进入表示不满,

---

① 罗洪波编著《移民与全球化》,社会科学文献出版社,2006,第5页。
② Stephen Castles, "The New Global Politics and the Emerging Forced Migration Regime," paper presented to seminer, institute for the study of European transformations and London European city of immigration group seminer series, 8 April 2003, London, p. 5.
③ Kevin Buckler, Marc L. Swatt, Patti Salinas, "Public Views of Illegal Migration Policy and Control Strategies: A Test of The Core Hypotheses," *Journal of Criminal Justice* 37 (2009): 317.
④ 郭秋梅:《国际移民组织与全球移民治理》,暨南大学出版社,2013,第65~66页。

认为其导致了对资源的竞争、固有的社会文化冲突（表现在空间、认同、凝聚力等方面）和政治分歧（公民反对移民，政府则倾向于促进移民）。对移民的不满可能成为新加坡社会分歧的新断层线，在此之前，种族和宗教被广泛认为是该国社会的断层线。[①] 迫于国内民众对移民的担忧和不安，2009 年 8 月，新加坡政府宣布减少引进外国劳动力，这是自 20 世纪 80 年代以来的第一次。

2013 年 1 月，新加坡国家人口秘书处发布了人口白皮书——《可持续的人口，朝气蓬勃的新加坡》（*A Sustainable Population for A Dynamic Singapore*），指出该国当前的人口生育率仅为 1.2，远低于 2.1 的人口替代率，如果不继续引进新移民，将面临公民人口迅速老化及劳动人口锐减的困境。政府采取的措施包括促进婚育、提高生育率（提升至 1.5 并最终达到 2.1）；每年继续适度引进 1.5 万~2.5 万名新移民，预计 2030 年人口将增加至 690 万人；为确保潜在的选民数量，每年将批准 3 万名外籍人士成为永久居民。[②] 白皮书公布后，4000 多名民众举行抗议示威活动，担心本国人被排除在管理和专业技术工作之外，反对政府通过引进移民来提升国家的低出生率。政府与民众的分歧早在 2011 年 5 月的大选辩论中就已显现，公众普遍表达了对移民政策的不满，认为很多被外来移民占据的较高收入工作应该留给本国公民，而反对党为吸引民众支持声称要将控制移民入境作为一个强有力的武器。李显龙总理承认"外国工人问题是复杂的，政府不能满足所有要求，也没有完美的解决方式，我们需要控制外国工人，否则将导致严重后果"[③]。移民问题会继续引发社会、经济上的不安全感，民众担忧认同感、公民权及归属感问题，政府的立场由之前强调移民管制转向管制与

---

① 陈庆文：《英国脱欧的启示》，联合早报网，http://www.zaobao.com/forum/views/opinion/story20160711 - 639844，最后访问日期：2017 年 10 月 23 日。

② 陶杰：《新加坡规划人口比例促可持续发展》，中国日报网，http://www.chinadaily.com.cn/hqgj/jryw/2013 - 01 - 30/content_8169847.html，最后访问日期：2017 年 10 月 23 日。

③ "Southeast Asia: ASEAN 2015," *Migration Dialogue*, Volume 20, Number 4（2013），http://migration.ucdavis.edu/mn/more.php? id = 3868_0_3_0.

融合并重或者更重视融合。①

在移民问题上，马来西亚政府早在 20 世纪 90 年代就遭遇了来自国内不同集团的压力。强大的雇主游说集团向政府施压，要求采取更加自由的移民政策以满足对廉价劳动力的需求；反对势力则认为大量移民是对国家社会凝聚力的破坏并将打乱民族和政治的平衡。1999 年，马来西亚农业生产者协会、建筑行业和一些地方政府要求引进更多移民，工会大会（Malaysian Trade Unions Congress）则反对引进移民，认为移民对当地人的工作和工资有负面影响；华人政党担忧印尼移民的大量进入将打破族群的平衡；而统治党巫统（UMNO）及反对党泛马来西亚伊斯兰党（PAS）都支持印尼人入境，将其作为马来人和伊斯兰利益的潜在推动力。

非法移民导致的问题比合法移民更加复杂。从国家的角度来看，不是简单地违背了法律，而是削弱了国家控制边界的能力，其政治意义远远超过了数字规模本身。这就不可避免地会触及一些敏感问题而具有了清晰的政治维度。对所有目标国而言，非法移民是个敏感的政治与政策问题，政府不愿为他们的入境建立合法渠道，如果政府打击非法移民的成效不显著，则可能引起民众对国家统一、政府政策体系、执行能力及效率的质疑和不信任。马来西亚倾向于接受文化背景相似的印尼人入境工作，但随着入境数量的不断增长，非法印尼人的大规模存在导致了一系列社会问题并破坏了社会结构，一些地区的非法移民甚至超过了本地人。其中以沙巴州最为突出，该州多年来一直受非法移民问题的困扰，成为"沙巴的一切问题之母"。大量非法移民的涌入引起了沙巴州人口的异常增长及人口结构的变化。1970 年该州的人口为 65.1 万人，1980 年增至 93 万人，2000 年达到 246.8 万人（20 年暴增了 150 多万人），2010 年人口已达到 320 万人，其中 88.9 万人为非公民，占 27.78%，成为当地最大的群体之一。1970～2000 年，沙巴州的人口增长率为

---

① 陈庆文：《英国脱欧的启示》，联合早报网，http://www.zaobao.com/forum/views/opinion/story20160711 - 639844，最后访问日期：2017 年 10 月 23 日。

301%，同期，沙捞越州只有106%。① 沙巴州的非法移民问题是马来西亚经济和政治紧张关系的一个明显例证，当地的种植业、建筑业和服务业非常依赖移民工人，但各族群间的平衡问题又导致了对移民的负面看法。在非法移民问题上，政府最为担忧的是，不知已有多少移民通过不法渠道获得了本国的身份证或公民权甚至登记为选民。前首相马哈蒂尔（1981～2003年任职）曾遭到反对党的指控，认为当时他所属的国民阵线通过给予非法移民公民权来争取沙巴州的选票。2012年8月，为了调查沙巴州人口暴增及非法移民获得该国身份证的问题，马来西亚政府专门成立了委员会。2014年12月，该委员会提交的报告显示，1963年至2013年8月31日，沙巴州共有68703名非法移民获得了公民权。报告认为解决非法移民问题需要政府强大的政治意愿，并提出三个建议：收回所有非法发给沙巴移民的身份证，发放"沙巴身份证"给当地，成立沙巴外籍人士常务秘书处。②

二　对地区国际关系及东盟团结的影响

非法移民问题具有鲜明的双重性，即国内性与国际性。其对来源国和目标国产生了不同程度的影响，又由于其本身固有的国际性，非法移民不再局限于某一个国家或地区，而成为全球化进程中的一个次级体系。移民与国家间存在一种关联度较强的互动关系。长久以来形成的迁移通道使来源国与目标国之间的双边关系尤为重要，不可避免地对国家间关系产生影响，可以是良性的，也可以是恶性循环的；移民有时是外交政策的一个工具，有时是国家内部和国家间争斗的起因，因而各国在不同时期对移民采取限制或宽松的政策。③ 迈伦·伟纳（Myron Weiner）从现实主义理论角度出发将移民因素引入国际关系，认为国际移民与国际关系之间相互影响，

---

① 《大马成立沙巴皇委会　首相：半年完成调查非法移民》，中国新闻网，http://www.chinanews.com/hr/2012/08-12/4101467.shtml，最后访问日期：2017年10月23日。

② 《沙巴非法移民报告：登记局涉违法派发身份证》，联合早报网，http://www.zaobao.com/news/sea/story20141204-420153，最后访问日期：2017年10月23日。

③ Astri Suhrke, "Migration, State and Civil Society in Southeast Asia," Programe of Human Rights Studies, *Working Paper M* 4 (1992): 13.

而且在某种程度上，移民可能作为目标国一种独立的现实政治力量直接对国际关系构成影响。尤西·沙恩（Yossi Shain）与阿哈隆·巴斯（Aharon Banth）将建构主义理论与国际移民结合，探讨了移民对外交政策和国家间关系发挥影响的条件与方式。

从政治角度来看，影响国家处理移民问题的重要因素取决于双边关系的本质以及享有共同地理边界的国家间多边关系，如果国家间在经济、政治和安全方面的关系比较紧密，则移民问题产生的负面效应就小。非法移民的存在使来源国和目标国的关系复杂化，出于各自的利益考虑，双方在这一问题上的认知通常是不一致甚至是针锋相对的。目标国一方认为来源国纵容或没有采取足够的措施制止人口非法出境，来源国一方则指责目标国侵犯了移民权利，形成了前者反对而后者搪塞的僵局；在一定条件下还可能导致两者关系的紧张甚至恶化，如在目标国大规模遣返非法移民时期，非法移民就是影响国际关系的一个不容忽视的因素。东盟成员国具有不同的安全观念，源于各国在历史上的不同遭遇及各自的国内政治形势及对外部威胁的不同看法，国家间双边和多边关系的本质在某种程度上对地区内部移民的安全观产生了影响；非法移民问题的存在反之成为影响双边或多边关系的一个变量，同时也是影响地区国际关系的一个重要因素。

东盟域内非法移民流动对国际关系产生负面影响的一个显著例子是，马来西亚与印度尼西亚两国之间因移民问题而冲突不断。马来西亚对移民的不安开始于20世纪80年代，随着印尼非法移民在马来西亚境内的逐渐增加，移民议题开始触及两国关系，成为双边冲突的一个根源。自20世纪90年代后期以来，印尼非法移民在工作场所和拘留中心的多次暴乱事件迫使马来西亚对印尼移民的态度开始转向消极并限制其入境，这种趋势在1997～1998年亚洲金融危机时得以强化。马来西亚政府宣布了大规模遣返非法移民的计划，声称数量有200万人之多；① 印尼方面对此给予了回应，指责这

① Stephen Hoadley, "Irregular Migration as A Security Issue," in Stephen Hoadley and Jurgen Ruland, eds., *Asian security Reassessed* [Singapore: Institute of Southeast Asian Studies (ISEAS), 2006], p. 258.

种做法破坏了两国间的特殊关系。双边关系由此陷入僵局，非法移民问题趋向政治化，成为影响马—印尼关系的非传统安全因素，此后的每一次非法移民遣返行为都导致了两国关系的紧张。[①] 进入 21 世纪以后，在民族主义的推动下出现了对移民问题的新政治讨论，将移民视为国家的安全威胁，是本国社会"不想要"的犯罪因子。2002 年初，印尼工人在森美兰州汝来（Nilai）的一家纺织工厂和赛城（Cyberjaya）建筑工地的暴动使马来西亚政府采取了针对移民，特别是针对非法移民的严厉措施，宣布"印尼劳工的最后雇佣"（Indonesians last）政策，计划每月遣返 1 万名印尼移民。同年 8 月，《1963 年移民法（修正案）》生效，对非法移民及雇主的惩罚更加严厉，包括对移民罚款 1 万令吉、实施监禁和鞭刑。马来西亚政府遣返非法移民的政策事先未与印尼政府进行沟通，这一单边行动立刻激起了印尼移民、印尼政府和媒体的强烈不满，印尼国内发生了声讨马来西亚的示威游行，一些民众还冲击了马来西亚驻印尼大使馆。2002 年的打击行动将移民议题提到双边议程的高度，并成为双边关系的一个结构特征。印尼不仅限制劳动力出口马来西亚，还将移民议题与安巴拉特（Ambalat）海域边界的争端联系起来。马—印尼事件表明，经济依赖的增加不足以确保在移民问题上的冲突不会发生或轻易解决。[②]

马来西亚政府谴责印尼非法移民导致了犯罪和安全威胁，惯用的措施就是驱逐、遣返；印尼政府在此问题则始终无所作为。两国在非法移民问题上仍没找到成功的解决办法，这一问题依然是影响两国关系健康发展的一个重要变量。由于语言和文化接近，马来西亚成为印尼女佣的最大目标国，鉴于女佣在马来西亚频繁遭遇雇主虐待，印尼政府于 2009 年 6 月制定并签署了女佣备忘录，禁止女佣到马来西亚务工。有关部门在对女佣出口目标国进行全面评估，特别是评估其针对劳工保护政策和落实规范权益的条件后，印尼政府于 2011 年 5 月与马来西亚签署了备忘录并解除了女佣冻结令。

---

① 林梅：《马来西亚的印尼劳工问题》，《当代亚太》2006 年第 10 期。

② Helen E. S. Nesadurai, "Labor and Conflict in Southeast Asia," No. 8, 16 December 2011, http://asi. anu. edu. au/papers/Labor_Conflict_Southeast_Asia. php.

在非法移民问题上，马来西亚除了与印尼交恶外，还与泰国、菲律宾存在类似问题。如为了阻止泰国非法移民入境，马来西亚政府于1997年初在泰—马边境（在边界沿线的玻璃市州每年约抓捕3000名从泰国入境的非法移民）修建了一道2.44米高、21公里长的水泥墙，[①] 从柏当勿刹的华尔街直到安达曼海。泰国对马来西亚筑墙一事表示强烈反对，并在墙体修建期间派出数十架直升机巡逻。

作为东盟域内非法移民的另一个主要目标国，泰国与来源国的关系也深受影响。泰—缅关系自20世纪80年代后期以来一直处于波动状态，某种程度上体现在泰国对缅甸非法移民的态度方面。泰—柬双边关系也同样受非法移民问题的影响。2014年6月，泰国军事政变后成立的"维护国家和平与秩序委员会"（NCPO）宣布对境内的非法移民进行大规模扫荡，禁止国内工厂、企业雇佣非法移民，规定非法移民在8月11日前全部离境。清理行动首先引发了柬埔寨移民的"逃难潮"，造成20世纪70年代以来东南亚大规模人口流动事件之一。2014年6月8~25日，至少有24.6万柬埔寨人回国，[②] 其间还发生了死亡事件，柬政府认为泰国应该为此负责。

自2012年以来，缅甸若开邦发生的一连串冲突导致大批罗兴亚人外逃，绝大部分涌向泰国和马来西亚。两国为了阻止更多罗兴亚人入境，加强了陆地及海上的管控，由此造成人道主义危机。2016年10月，缅甸与孟加拉国交界地区的一个警察哨所遭到攻击，缅军随后镇压了若开邦的罗兴亚人，造成至少86人死亡、3万人逃离。印尼、马来西亚和泰国的穆斯林社群纷纷声援罗兴亚人，谴责缅甸政府的迫害行为。马来西亚总理纳吉布使用"genocide"一词描述缅军的此次行动，缅甸则指责纳吉布"未经证实和没有事实依据的指控"，随后召回驻马来西亚大使。12月19日，缅甸主持召

---

① 曹云华：《论东盟的内部关系——东盟区域一体化的发展及主要成员国间的关系》，《东南亚研究》2006年第5期。

② Lauren Crothers, "Migrant Children Tell of Detention in Thailand," *The Cambodia Daily*, 2014, September 3th, http://www.cambodiadaily.com/news/migrant – children – tell – of – detentionin – thailand – 67445.

开东盟十国外长紧急会议,首次主动谈论罗兴亚人问题。罗兴亚人引发的新一轮地区移民危机超越了缅甸内政和国家安全范围,所产生的外溢风险上升为地区安全和稳定的一个主要威胁。而东盟在此次危机中的不作为,暴露了该组织心脏的断层线,也造成了成员国间难以解决的隔阂。[①]

第五节 非法迁移对移民的影响

移民社会的属性不同于非移民社会:首先是个人关系的断层和重构,移民因迁移产生了个人关系的断层,面临第二次社会化;其次是群体关系的断层和重构;最后是社会制度的变化,社会制度是最高层次的社会关系。移民社会的特殊性表现在自身向现代化转型过程中面临的社会分层和社会流动等问题,如移民社会保障、移民子女的教育等。[②] 对非法移民通常存在两种截然不同的观点:一种认为个别移民因违法而成为罪犯,另一种认为非法移民具有明显的双重特征,既是违法者也是受害者。[③] 非法移民一方面是非法迁移行为的主体,另一方面也因非法迁移的行为而使自身安全受到伤害,遭受不公正的对待甚至种族主义移民制度的侵害,所以对非法移民影响的分析应包括移民个体和群体。

一 非法身份决定了移民的弱势地位

批判性理论家倾向于把非法移民的产生与政治意愿相联系,导致在移民制度的底端存在一个被排除了个体的无差别种类,且被否定了成员资格。非法移民实际上是非常复杂的社会分层的一部分,在不同的社会阶层、不同的社会条件下有不同的定义,既是一种身份也是一种处境,体现的是与

---

① 蒋天:《海上"人口走私"凸显东南亚非法移民困局》,《中国青年报》2015 年 6 月 15 日,第 4 版。

② 嵇雷:《非自愿移民社会学研究》,湖北人民出版社,2014,第 8 页。

③ 陈积敏:《全球化时代美国非法移民治理研究》,博士学位论文,外交学院,2008,第 34 页。

国家行为的互动。① 数十年来，美国、英国、澳大利亚、德国、法国和意大利等国从刑法的角度考量移民，这一政策趋势被称为移民的定罪化（crimi-nalization of immigration）；社会行为科学、公共健康及医疗研究，一致认为移民是弱势群体，而非法移民还存在高度的法律风险。② 在非法移民进程中，包括移民、人贩、中介、雇主、来源国和目标国政府、目标国民众等在内的参与者之间的互动形成了移民博弈的规则，③ 在这一规则中，非法移民无疑是最弱势的一方，遭受剥削和不公正的对待。

人们迁移是希望改善生活状况，或是为了更好的收入或是获得安全。盖洛普（Gallup）咨询公司针对迁移对移民生活质量的影响进行了一项调查，总结了五个方面的内容。一是移民通常使家庭经济收入显著提升，从发展中国家迁往发达国家的移民表现较为明显。二是移民的就业率高于本地人口，但比本地人口面临更大的失业风险；年轻移民的失业率高于本地年轻人，更有可能不充分就业，这在发达国家更加显著。三是移民的安全感比本地人要低，这在发展中国家更突出，移民容易成为遭受侵害的对象，尤其是新移民群体；而来自发达国家的移民及来自发展中国家的经济和技术移民在目标国的安全感和归属感相对较高，他们通常选择在中产和富裕阶层的社区开始新生活。四是移民对未来持有更乐观的态度，新移民更乐于接受和拥护目标国的国家体制和制度。五是健康方面，进入发达国家的移民对个人健康状况和目标国医疗条件的满意度与本地人口相似；而进入发展中国家的移民的满意度却明显低于本地人，因享受不到足够的医疗服务，他们更容易遭受健康问题的困扰。④ 当然这一调查结果主要针对合法移

① Martina Cvajner and Giuseppe Sciortino, "Theorizing Irregular Migration: The Control of Spatial Mobility in Differentiated Societies," *European Journal of Social Theory*, Vol. 13, No. 3 (2010): 395.

② Ana Aliverti, "The Wrongs of Unlawful Immigration," *Crim Law and Philosophy* (2015): 2.

③ Demetrios G. Papademetriou, *The Governance of International Migration*, *Defining the Potential for Reform in the Next Decade*, Transatlantic Council Statement, 2011 Migration Policy Institute, p. 4.

④ 转引自王耀辉、刘国福、苗绿主编《中国国际移民报告（2015）》，社会科学文献出版社，2015，第88页。

民，与非法移民的情况有所差别。

公众对移民的态度在政策形成中起着重要作用，并因此影响移民的地位和福利。目标国存在的以移民所属族群为对象的制度性歧视主要表现为以下两种情形：一是明确以移民所属种族、族群为对象制定带有歧视性的法律和政策，包括移民法、国籍法等与移民直接相关的法律法规及与移民切身利益相关的公共政策；二是虽不直接以移民所属族群为对象，但实际执行过程中会间接影响到移民族群的利益。[①] 以移民族群为对象的制度性歧视，是一种被合法化的、牢固嵌入社会规范体系的歧视，它的存在是为了建立一套试图限制某个特定群体或伤害该群体成员的规则。[②] 媒体对移民的报道和描述通常是煽动性的、负面的、敏感的，这些信息很多与事实不符或具有误导倾向。收入的提高并不意味着移民期望的完全实现，移民在性别、阶级、种族、民族、宗教以及国籍等方面遭受的歧视，人们所熟悉的文化氛围、母语环境、生活方式、亲友关系等因素的丧失都有可能抵消移民所带来的经济收益。很多对性别、移民和人的安全的研究确定了弱势地位和不安全之间的关系。[③]

国家主权决定移民身份。移民在目标国边界内的法律地位有限，在国际法上，外迁是一项人权而入境不是，两者间是不对称的。受到承认的法律地位并不能保证移民的人权受到保护，但法律地位是决定临时移民在目标国经历的几个要素之一。大多数移民在目标国属于非公民（noncitizens），由此决定了其在社会、经济、法律和政治生活中处于边缘化的地位。从人的安全视角来检视移民政策，移民的不安全处境部分是由政策体制所导致甚至恶化的，包括管理和控制移民流动的政策和对移民有特定影响的非移民政策。一般情况下，移民（尤其是临时移民）在跨国过程中的身份相对

---

① 田源：《移民与国家安全——威胁的衍生及其条件研究》，世界知识出版社，2010，第133页。

② 〔美〕马丁·N. 麦格：《族群社会学：美国及全球视角下的种族和族群关系》，祖力亚提·司马义译，华夏出版社，2007，第71页。

③ Gale Summerfield, "Transnational Migration, Gender and Human Security," *Development*, Volume 50, Issue 4（2007）：15.

特殊，在目标国不是公民而是短期的外来者，来源国对公民的保护角色暂时缺位，本国的法律和保护鞭长莫及，在漏洞百出的跨国司法领域内常遭受剥削、奴役等大量违反人权的虐待。移民的不幸经历常与虐待、劳动力剥削和债务相伴随，其弱势地位的更深层次原因是在目标国的外来者身份。[①] 移民作为非公民的负面结果表现在两个方面：作为边界政策的延伸，移民在日常生活中遭受目标国、雇主和当地社区更多的监督，临时合法移民要遵守严格的条件，限制与当地公民的交往，定期进行常规的健康体检；作为非公民结构性弱势的结果之一，临时移民经常遭受各种形式的剥削和虐待。从保护移民权利的角度来看，移民不仅是入境者，还是目标国社会结构中的新来者，非法移民因移民法律和政策而产生，是由国家塑造的无权阶层。[②]

使移民处于不利境地的首要因素是其在目标国中的非法地位，而多种因素的结合导致了移民成为一种结构性弱势（structural vulnerability）的存在，[③] 包括个人和群体的弱势。对非法移民本身而言，其地位意味着增加了人权侵害、歧视、边缘化和排外的可能性。非法移民处于危险的境地，没有入境的合法地位，也不是居住国的公民，与该国没有特定的关系，处于目标国国内法的监控之下；在很多情况下无法获得目标国法律、经济和社会方面的保护，基本被排除在管理体制之外。移民作为非公民，与目标国建立了最低限度的关系，仅能得到与工作有关的权利和保护，非法移民则不能享受这些权利。非法移民是没有任何权利的廉价劳动力，这导致这一群体被边缘化及整个移民领域的犯罪率增加。这种迁移自由表现为一种虚假自由。[④] 移民的非法地位可能存在很多年或终身相伴，其至还被出生在目

① 潘兴明、陈弘主编《转型时代的移民问题》，上海人民出版社，2010，第23页。
② 潘兴明、陈弘主编《转型时代的移民问题》，上海人民出版社，2010，第179~80页。
③ Rochelle Ball and Nicola Piper, "Trading Labour – trading Rights: The Regional Dynamics over Rights Recognition of Migrant Workers in the Asia – Pacific—The Case of the Philippines and Japan," in Kevin Hewison and Ken Young, eds., *Transnational Migration and Work in Asia* (London: Routledge, 2005), p. 219.
④ 〔俄〕戈尔巴乔夫基金会编《全球化的边界——当代发展的难题》，赵顺国等译，中央编译出版社，2008，第233页。

标国的子女继承，导致长久的、范围更广的人权侵害。

二　人权议题在东盟地区议程中的优先性低

移民权利本质上是目标国移民政策的一个核心部分，涉及允许移民进入的数量、种类及能获得的福利等，移民安全的实现和保障有赖于在目标国的合法地位和所能获得的权利。理论上，移民代表跨国的群体，其利益在国家范围内很难得到充分的对待，地区层面是关注移民需要和权利的适合主体。东盟目标国的移民政策不是建立在相关国际移民权利标准的基础上，对移民权利的保护也没有给予足够的重视，成员国一贯将移民问题作为敏感议题，如马来西亚坚持认为东盟国家在移民政策问题上应该保持完全的主权，导致东盟官方框架内移民权利的进展缓慢。[1] 成员国关注边界控制、管理移民流动，不愿意签署国际文件，表明东盟在对待移民权利的问题上存在普遍人权观与地区价值观之间的冲突，移民权利在地区议程中不是个优先考虑的问题。在经济发展中，东盟缺乏对全部移民的承认，地区层面对移民的保护不完备将是一个长期存在的问题。[2] 东盟面临着许多人权挑战，对移民权利保护的不足还在于东盟人权机制的落后，在移民权利保护方面还没有一个明确的人权条约，也没有区域范围内的人权保护机制，国家间和地区层面均没有社会保障协定。该地区的差异性特别是政治制度，大体上解释了地区人权机制缺失的原因。[3]

与移民相关的现有国际公约主要来自联合国和国际劳工组织，如 1948 年《结社自由和保护组织权利公约》（第 87 号）、1949 年《雇佣移民公约》（第 97 号）、1949 年《组织和集体谈判权利公约》（第 98 号）、1951 年《关于难民地位的公约》、1967 年《难民地位公约议定书》、1975 年《移民工人公约

---

[1] Stefan Rother and Nicola Piper, "Alternative Regionalism from Below: Democratizing ASEAN's Migration Governance," International Migration, Vol. 53, No. 3 (2015): 42.

[2] Jenina Joy Chavez, "Social Policy in ASEAN: The Prospects for Integrating Migrant Labour," Global Social Policy (2007): 369.

[3] Ralf Emmers, "ASEAN and the Securitization of Transnational Crime in Southeast Asia," The Pacific Review, Vol. 16, No. 3 (2003): 419.

（补充条款）》（第 143 号）、1990 年《保护所有移徙工人及其家庭成员权利国际公约》、2000 年《关于打击陆路、海、空人口偷渡的议定书》和《关于防止、取缔和惩处人员贩卖特别是妇女和儿童的贩卖行为议定书》等，这些国际公约为保护移民权利设定了最低标准，国家一旦批准就有义务实施文件中所规定的条款。联合国和国际劳工组织的相关文件为移民创立了一个"以权利为基础的途径"（rights – based approach），主旨是保护移民，但实施情况难以令人满意。以《保护所有移徙工人及其家庭成员权利国际公约》为例，截至 2011 年 4 月，有 45 个国家批准、14 个国家签署了该公约，未包括工业化国家。从政治层面来看，国家层面不愿意批准移民公约的障碍来自现实和政治方面的考量，公约的相关内容的确对国家主权构成了一定挑战，一些目标国担心给予非法移民权利将限制本国控制人口非法流动的能力，因而不愿受国际协定的约束；而移民程度低的国家对批准公约没有特别的需要。与常理相悖的是，越民主的国家越不可能批准人权公约；一个国家外来移民越多，其批准公约的可能性越小。① 相关国家和地区缺乏劳动力权益保护法规和机制导致工人权利受到严重侵犯，一些国家名义上提供一些法律保护，但是缺乏执行的意愿和实际措施。东盟保护移民的一些政策、框架和人权制度依然很弱，对移民综合的政策和法律依赖于国家政府的意愿。

东盟有两个主要的移民权利网络，即亚洲移民论坛（Migrant Forum in Asia，MFA）②、亚洲艾滋病和流动人口行为研究协调网络（Coordination of Action Research on AIDS and Mobility in Asia，CARAM Asia），以东南亚为基

---

① Tak Kei Wong, "Immigration Control in the Age of Migration," *Electronic Theses and Dissertations*, University of California, August 2011, p. 20, http://www. escholarship. org/uc/item/0tx382jd # page – 5.

② 亚洲移民论坛（MFA）1990 年在香港成立，主张移民权利属于人权，主要围绕五个战略议程：反对和解决违反移民人权的行为和问题；教育和组织移民挑战全球化；为移民创造可替代的持续经济模式、进程和实践；扩展和强化与其他团体的联盟和团结；建立和强化公众运动，促进有助于移民进程的政治环境。亚洲移民论坛逐渐发展成为一个泛亚地区网络，包括非政府组织、移民工人的协会和行会及个体支持者，在东亚（日本、韩国和蒙古国等）、东南亚（缅甸、柬埔寨、印尼、马来西亚、菲律宾、新加坡和泰国）、南亚（孟加拉国、印度、尼泊尔、斯里兰卡）和西亚（以色列）共有 17 个国家和地区的 47 个成员组织。

地，但是影响已经超越了该地区，其活动已扩展到了全球层面。东盟于2006年组建了移民工人特别工作组（Task Force on ASEAN Migrant Workers，TFAMW），涉及工会、人权组织、移民权利非政府组织及移民工人协会。工作组成立后举办了几次国家和地区的协商会议，2009年5月正式向东盟秘书长提交"促进和保护移民工人权利的东盟框架机制"（ASEAN Framework Instrument on the Promotion and Protection of the Rights of Migrant Workers）报告。2007年通过的《东盟保护和促进移民工人权利宣言》是东盟地区保护移民权利和福利、建立约束性机制的重要一步，但是该宣言仅适用于合法移民，排除了非法移民，且没有确定实施的时间框架，条款对成员国不具有法律约束力，也不要求各国政府修改劳动法，因而存在很大漏洞。2009年，东盟政府间人权委员会成立（ASEAN Intergovernmental Commission on Human Rights，AICHR），以东盟宪章为基础，旨在促进和保护包括移民在内的所有东盟民众的人权。该组织的成立表明，东盟已经开始重视成员国在人权问题上的不足，但是组织结构相对松散，还有批评认为其没有明确的授权实施保护义务。2012年，10个成员国签署了《东盟人权宣言》（ASEAN Human Rights Declaration），这是东盟第一份综合性的人权文件，但是不具有法律约束力，其中的一些条款低于国际标准，也没有特定的条款保护难民权利。

　　东盟成员国对相关移民公约的批准程度很低，在各国的国内立法中也没有相应改革，根源在于来源国和目标国缺乏长期的移民战略。对移民权利的保护涉及一些宏观层面和微观层面的问题，导致一些国家缺乏政治意愿。来源国担心批准公约可能影响本国劳动力在全球市场中的竞争力，目标国则担心批准后可能出现不可控的后果，因公约中规定的一些条款是它们希望回避的，也不认为批准和实施这些条约就能消除非法移民问题。《保护所有移民工人及其家庭成员权利国际公约》的批准国只有3个（菲律宾1995年5月批准、柬埔寨2004年9月批准、印尼2012年5月批准），在地区内部移民流动中均属于来源国。因受到成员国经济和政治现实的影响，很多与非法移民相关的政策措施不是以权利为基础，部分原因在于成员国缺乏政治意愿。成员国中，只有印尼、马来西亚、菲律宾和泰国四国建立了国家人权机制（印尼、马来西亚和泰国还设有人权委员会），其余六国则没有。

大多数东盟来源国有专门管理移民的法律框架和实施机构，但对国外公民的保护及促进其福利依然是一大难题。对移民管理的政策通常区别为两类——高技术工人和非技术/低技术工，前者受欢迎可合法入境并有可能定居，甚至获得公民资格；后者以临时移民对待，所享有的权利有限，甚至没有。在东盟，大多数非技术/低技术移民在非正规部门工作，不受劳动法保护，约60%的移民没有社会保障，[①] 剥削行为广泛存在。对移民工人权利保护的不足源于国家没有签署或批准大多数与移民相关的公约，故而无须遵守和执行其中规定的标准。移民遭受剥削和不公正对待主要源于两个重叠的因素：迁移的地位（如非法移民）及就业的性质（非正规工作或经济部门）。即使在正规部门工作的移民也处于同样的境地，如在马来西亚，合法移民不能享受工伤及残疾的赔偿。[②]

三 非法移民的处境与遭遇

本质上，移民是风险的承担者（risk taker），而非法迁移对移民而言，意味着在整个过程中面临更多的风险和不确定因素，包括非法迁移渠道的不安全，可能遭受贩卖、剥削和虐待，工作生活条件恶劣，缺乏基本人权和基本的社会服务供应等。非法移民在目标国的形象是负面的，个别移民的不良行为被媒体无限夸大，当地人视他们为偷渡者、外来的工作抢夺者，还被指控为犯罪、传播疾病和不道德行为的始作俑者，成为诸多社会问题的替罪羊，这是公众对非法移民的普遍印象。移民的非法地位使其成为各国打击和防范的对象，在目标国无任何法律保护，他们所应享有的国际法

---

① Andy Hall, "Migrant Workers and Social Protection in ASEAN: Moving Towards A Regional Standard?" *Journal of Population and Social Studies*, Volume 21 Number 1 (2012): 13.

② Cheng Boon Ong and Céline Peyron Bista, *The State of Social Protection in ASEAN at the Dawn of Integration*, ILO Regional Office for Asia and the Pacific, Bangkok, 2015, p. 52.

保护同样是空白。法律地位决定了移民在目标国易受伤害的程度，其中首要的因素是身份合法或非法，非法状态使移民的处境更加艰难。① 很多移民不清楚自己的权利，不能享受目标国的法律保护，他们的薪水低于法定标准，无力反抗警察和官员的压榨，由于语言障碍也不知道如何申诉。

东盟目标国希望维持对非技术/低技术工的严格入境控制，政府不愿意这一类移民及其家属定居或者获得公民身份。临时工人和外来人被排除在目标国的法律保护之外，非法移民被视为罪犯，被直接否认了基本人权，同样不受法律保护。② 在2011年国际劳工组织实施的调查中，马来西亚、新加坡和泰国有80%的受访者认为不应给予非法移民任何权利，建议政府采取更加严格的措施限制移民入境。③ 非法移民面临的风险存在于迁移过程中的不同阶段，在途中可能遭遇贩卖、不安全的迁移途径可能导致死亡，无论是经过陆地还是海上的非法移民都同样有生命危险。2015年5月2日，泰国警方在南部与马来西亚交界的山林中发现了一个被遗弃的非法移民聚集点，有26具尸体和2名男性幸存者；5月5日，警方又发现了另外5处被遗弃的聚集点。这些聚集点一般位于隐蔽的山林中，由于缺乏食物和药品，许多非法移民因饥饿、营养不良和疾病而丧命。④ 2015年5月25日至6月8日，马来西亚警方连续在旺吉辇的旺布玛山和柏拉高原发现多个乱葬岗，共挖出106具尸骸，警方认为有很大一部分是来自缅甸的罗兴亚人。⑤ 海上非法移民因为天气原因、船只障碍、被人贩抛弃或被目标国拒绝靠岸等，可能在海上漂流数周甚至数月，面临饥饿、疾病和死亡的风险。

① Gary P. Freeman and Alan E. Kessler, "Political Economy and Migration Policy," *Journal of Ethnic and Migration Studies*, Vol. 34, No. 4 (2008): 668.
② 移徙工人委员会：《常见问题》，http://www.un.org/zh/aboutun/structure/ohchr/cmw/faq.shtml。
③ Max Tunon and Nilim Baruah, "Public Attitudes towards Migrant Workers in Asia," *Migration and Development*, Vol. 1, No. 1 (2012): 152.
④ 蒋天：《海上"人口走私"凸显东南亚非法移民困局》，《中国青年报》2015年6月15日，第4版。
⑤ 《马泰边境又发现　疑葬偷渡客骸骨乱葬岗》，联合早报网，http://www.zaobao.com/news/sea/story20150824-518059，最后访问日期：2017年10月23日。

非法移民到达目标国后面临的最大问题是常会遭到剥削和虐待。劳动力剥削已成为东盟的一个地区性问题，大规模的非法移民及随之而来的剥削现象似乎构成了一种直接因果关系。错误的观念认为合法地位能解决所有问题。东盟域内移民存在的很多问题直接与签证或工作准证的类型相关，持有效签证或工作准证的移民比非法移民有相对较好的地位，但同样遭受目标国的不公正对待。来源国与目标国之间存在的一些保护移民工人的法律和协议也不能保证移民特别是非法移民免受人权侵害。[①] 新加坡对移民实施严格的管理和控制，要求非技术/低技术移民每 6 个月进行一次体检，禁止其与新加坡居民或公民结婚，女性移民一旦怀孕即被遣返。该国就业法规定了最低薪水、工人所允许的休假天数等，但不包括家务工人，雇主在法律上也没有义务支付最低薪水或做出休假承诺。在泰国，合法的非技术/低技术移民固定于某一个雇主，导致很多严重违反人权的事例发生，如被雇主剥削包括无报酬、低报酬或延期支付薪酬，被迫无偿超时工作，工作条件恶劣等。

非法移民的处境比合法移民更加恶劣。由于地位的非法性，其随时面临被逮捕和被驱逐的危险，马来西亚和新加坡还对非法移民处以鞭刑，在工作中遭受的剥削和虐待更为普遍和严重。根据澳大利亚人权组织——自由行走基金会（Walk Free Foundation，WFF）发布的《2014 年全球奴役指数》（*The Global Slavery Index 2014*），东盟有两个成员国（泰国和马来西亚）存在较为严重的奴役情况。泰国约有 475300 人遭受奴役，大多数集中在制衣业、渔业和色情行业，在 167 个国家中排第 44 位；马来西亚国内的奴工约有 142600 人，排第 56 位。[②] 泰国渔业和海鲜加工业的工人大多数是非法移民，这两个行业中充斥着非法作业、雇用奴工及被贩卖的人口等，剥削现象严重。其中，从事渔业的工人约有 65 万人，奴工数量估计多达 4000

---

① "Asean Increase Effort to Ease Migration Issues," April 11, 2011, http://thesoutheastasiaweek-ly. com/? p = 745.

② *The Global Slarvey Index 2014*, p. 18, http://d3mj66ag90b5fy. cloudfront. net/wp - content/up-loads/2014/11/Global_Slavery_Index_2014_final_lowres. pdf.

人，他们大多数来自缅甸、柬埔寨和老挝，每天被迫工作 22 个小时，没有报酬，随时受到折磨甚至被虐杀。[①] 2013 年，国际移民组织的一项调查结果显示，在泰国从事农业和渔业的缅甸移民工资最低，泰国政府多次表示提高最低工资，但非法移民无法享受这一保障。英国环境正义基金会（Environmental Justice Foundation，EJF）针对泰国渔业的奴役问题进行了为期三年的调查，2015 年 11 月发布调查报告，确定泰国境内的人口贩运与非法渔业活动形成了一套完整的运作系统，遭受剥削的劳工大多来自缅甸与柬埔寨。雀巢公司发布的一项报告也指出泰国的海鲜供应链中存在奴工现象。[②] 2014 年，马来西亚因违反劳工权利被国际工会联合会（International Trade Union Confederation）宣布为最糟糕的工作地之一。

[①] 《泰取缔非法捕鱼或导致渔业暂瘫痪》，联合早报网，http://www.zaobao.com/news/sea/story20150702 - 498080，最后访问日期：2017 年 10 月 23 日。

[②] 《泰政府：剥削劳工及非法捕捞等指控未影响渔产外销》，联合早报网，http://www.zaobao.com/news/sea/story20151225 - 563455，最后访问日期：2017 年 10 月 23 日。

第五章　国际移民的治理现状

非法移民是一种无序的跨国人口流动，影响着国际秩序与国家安全。从全球范围来看，对非法移民采取多重治理：通过外部治理将非法移民阻止于境外；通过内部治理，从法律上解决境内的非法移民；通过超国家治理，推动合法移民，消除非法移民的根源；通过次国家治理，弥补中央政府治理能力的不足。国际社会面临打击、处罚非法移民和保护非法移民之间的矛盾。[①] 国际移民已成为一个全球性的议题，与气候变化、跨国犯罪、传染性疾病及恐怖主义等一样，靠国家的单边行为难以解决，从而产生了对全球治理（global governance）的需求，逐渐形成了一个自下而上的治理体系。

第一节　国家治理的普遍选择：限制性移民政策

在国家层面上，对非法移民问题的应对或者继续坚持限制性移民政策、加强边界控制，或者开放国家边界、实现迁移自由。前者在大多数移民目标国已成为一种政策实践，但事实证明，效果并不显著；而后者还停留在理论层面，对移民开放边界有理论基础但很难付诸实施。

一　限制性移民政策的失败

（一）跨国逻辑与国家主权逻辑的冲突

国家制定移民政策通常有两个目标：一是通过引进移民满足劳动力市场的需求；二是打击非法移民，并将其作为维护移民政策宗旨的重要手段。

---

① 刘国福：《试论国际社会对非常规移民的治理》，《学习论坛》2016 年第 1 期。

这是出于加强社会管理、维护社会稳定和国家安全的考虑，但是大多数情况下，这两个目标很难同时实现，某种程度上也表明了政策的失败。边界作为一个有争议的概念和领域，并非终止于疆域，用于管理非法移民的是物理政治边界。社会学家质疑移民政策的失效，认为不合理的限制性政策措施破坏了移民的有序流动，移民政策与经济、社会、政治因素之间存在"鸿沟"，[①] 使非法移民难以制止；反映了移民的现实与治理模式之间存在明显的不适应状态，其失败的根源在于政策忽略或没能抓住人口迁移的根本原因。[②] 从传统观念来看，非法移民问题的存在是移民政策失败的结果，也表明国家保护边界的能力有限。[③] 限制性政策不能根除非法移民，移民政策的政治化导致了非法移民和非法就业，其已成为现代资本主义的基本结构部分。[④]

当前，大多数移民目标国都以限制性移民政策为主，主要目标是保护本国的安全和稳定，担忧大规模外来移民对劳动力市场及对社会基础设施和服务的负影响，希望控制移民的规模。采取的措施包括：加强边界控制，减少非法入境，打击有组织的移民走私，驱逐非法移民；检查劳动场所，减少非法雇佣，制裁雇主；援助来源国的发展以减少移民压力；实施遣返和回归计划，使非法移民合法化等。大多数国家将控制边界作为应对非法移民的一个基本方式，首要的选择是强化外部边界控制。自 20 世纪 90 年代以来，大多数移民目标国投入资金改善边界基础设施，促进与邻国边界机构的合作，努力将边界控制尽可能延伸到来源国和中转国。然而令人失望的是，严格的边界控制并没有减弱非法移民的势头，反而使非法移民的特

---

① Brian Cushing and Jacques Poot, "Crossing Boundaries and Borders: Regional Science Advances in Migration Modelling," *Regional Science*, Volume 83 (2004): 331.

② 潘兴明、陈弘主编《转型时代的移民问题》，上海人民出版社，2010，第 15 页。

③ 〔美〕贾格迪什·巴格瓦蒂（Jagdish Bhagwati）：《难以截断的外来劳工潮》，耶鲁全球在线，http://yaleglobal.yale.edu/cn/content/% E9％9A％ BE％ E4％ BB％ A5％ E6％ 88％ AA％ E6％96％ AD％ E7％9A％84％ E5％ A4％ 96％ E6％ 9D％ A5％ E5％ 8A％ B3％ E5％ B7％ A5％ E6％BD％ AE，最后访问日期：2017 年 10 月 24 日。

④ Ronaldo Munck, "Globalization, Governance and Migration: An introduction," *Third World Quarterly*, Vol. 29, No. 7 (2008): 1243.

征和非法迁移的模式呈现多样化,[1] 促进了移民走私和人口贩卖网络的发展。在恶性循环中,合法迁移变得更加困难,成本也更加昂贵,非法跨界不断创新技巧并引诱着犯罪组织的介入,使得非法移民更难制止,由此导致更多的边界控制,形成一个怪圈。非法移民是限制性移民政策的原因和结果。[2]

国际移民作为一种跨越国界的人类行为,本质上是一种国际性进程,其影响也远远超出了国家边界,但移民政策的制定却是在国家层面,很大程度上属于国家或单边政策的治理范畴。[3] 移民政策建立在国家的逻辑基础上,与援助、贸易、发展的主流政策相分离。移民控制的国家逻辑与全球化时代移民的跨国逻辑之间相互矛盾,[4] 国家不可能通过政策完全控制移民流动。原因在于移民现已结构性嵌入大多数国家的经济和社会中,移民流动一旦开始,其通过建立的跨国移民网络便具有了强大的动力而难以制止,限制性移民政策难以实现既定的目标。1974 年,欧洲几乎所有的移民目标国开始单方面向移民关闭大门,实行时而自由主义型、时而唯意志式、时而收紧性的移民政策,由此催生了无视国界的移民网络,形成了超越国家政策的跨国联系。[5]

全球化进程更加凸显了发展的不平等性,迫使人们自愿或被迫迁移。一方是出境的意愿和需要,一方是严格的边界控制,两者之间的关系越来越紧张。全球化还具有一个内在的悖论,即市场始终要求开放。资本主义的发展和扩张也要求人力资本的自由流动,但在资本、商品和服务实现自由流动的同时,人口的自由流动被排除在外,国家保护边界以阻止不想要

① Alice Bloch & Milena Chimienti, "Irregular Migration in A Globalizing World," *Ethnic and Racial Studies*, Vol. 34, No. 8 (2011): 1274.

② Stephen Castles, "Why Migration Policies Fail?" *Ethnic and Racial Studies*, Vol. 27, No. 2 (2004): 222.

③ 潘兴明、陈弘主编《转型时代的移民问题》,上海人民出版社,2010,第 15 页。

④ Stephen Castles, "The Factors that Make and Unmake Migration Policies," *International Migration Review*, Volume 38, Issue 3 (2004): 852.

⑤ 〔法〕卡特琳娜·维托尔·德文登:《国家边界的开放》,罗定蓉译,社会科学文献出版社,2010,第 10 页。

的移民。① 很多国家往往采取前后矛盾或折中的政策，原因之一就是国家对移民控制的逻辑与全球化时代移民的跨国逻辑相冲突，即国家控制移民的努力仍然遵循民族国家的逻辑，而推动人口迁移的动力却在遵循跨国的逻辑。② 市场总是在不断扩展，不断需要新的劳动力，边界控制的逻辑受到市场力量的挑战，由此产生了"国家和市场"之间的张力。③ 政府对移民问题的考虑首先是基于主权、自立和单边原则，跨国移民的本质要求国际合作并共同分担责任，现实却是大多数国家不愿意屈从于国际移民时代的合作原则，从而导致在移民问题上的国际合作进展缓慢。国家移民政策还不断受到边界安全、国际协议、民间社会运动以及全球治理新规则的影响和左右。

政治因素是理解移民政策的关键。国际上普遍认为移民是个需要防范的安全威胁，对恐怖主义的忧虑更是强化了这一认识，使边界控制的压力增大，国家主权、国家安全或反恐措施都需要加强边界控制和强化限制性移民政策。在此背景下，非法移民表现为边界易渗透，这就又要求更多控制。国家乐于参与到贸易领域的双边、地区和国际协议中，却很少参与相关的移民制度框架，决策者的意愿集中于国家安全和政治目标中，移民政策的核心特征是对移民后果持负面看法并坚持安全和控制的策略。④ 对国家而言，民族、历史和文化边界是其存在和发展的基础，如何制定政治及领土性的框架以维护文化与民族的同质性是政府必须思考的问题。移民政策建立在各国移民历史的基础上，全球化导致国家权力逐渐削弱，但移民政策依然是支持国家主权并具有重大意识形态和政治重要性的领域。在当前

---

① Roland Bleiker, "The Politics of Illegalised Migration," *Australian Journal of Political Science*, Vol. 47, No. 2 (2012): 314.

② Stephen Castles, "The Factors that Make and Unmake Migration Policies," *International Migration Review*, Volume 38, Issue 3 (2004): 871.

③ 〔瑞士〕安托万·佩库、〔荷兰〕保罗·德古赫特奈尔编《无国界移民：论人口的自由流动》，武云译，译林出版社，2011，第6页。

④ 〔瑞士〕安托万·佩库、〔荷兰〕保罗·德古赫特奈尔编《无国界移民：论人口的自由流动》，武云译，译林出版社，2011，第261页。

的资本主义世界体系中，主权国家是阻碍国际移民自由流动的根本力量，因主权国家存在的前提是劳动力市场的分割和对自由移民的限制，由此形成了资本主义全球化过程中要素流动的不对称现象。移民跨界流动与以民族国家为本位的世界政治体系之间的矛盾和冲突，使得跨国移民在具有政治属性的国家和经济属性的市场之间不断地游走与徘徊。① 限制性移民政策的博弈存在风险，国家既要通过边界控制确保安全、获得公众的信任和支持，又要在相互依赖的国际秩序中参与国际移民治理，从而证明自身的合法性；移民在国内和国际诉求中是个交叉且难以逾越的坐标，为了同时满足这两个诉求，国家将政策视角从边界控制转向"期望的移民"。②

（二）移民进程参与各方的诉求差异

理解移民进程需分析发生在国家边界内政策形成的方式。移民政策是综合考虑经济、社会、政治甚至是外交政策之后形成的，事实上除社会内部推力外，移民政策模式的选择和调整受到人口结构转变及全球化等宏观因素的影响。③ 和许多政策领域一样，移民政策制定过程中也存在参与行为体（雇主、目标国、来源国、移民中介和移民等）的利益冲突，政策本身存在的弱点在于其制定、发展、演变都立足于特定集团的利益诉求，而不是客观事实和证据，偏离了移民的本质和效果。目标国希望引进对本国经济发展有益的移民，输出国希望公民的外迁能为国家带来经济效益，移民个体希望通过跨国迁移改善个人及家庭处境，移民中介则希望通过为潜在客户提供服务获取经济利益。各方的经济利益诉求是共通的，但在实际案例中参与者的利益并不总是一致，从而导致国际移民市场上的多方经济博弈。④ 来源国人口迁移的动机与目标国的移民政策目标之间的冲突导致了非

① 罗爱玲：《国际移民的经济与政治影响：以欧洲穆斯林移民为例》，博士学位论文，上海社会科学院，2013，"内容摘要"。
② Christophe Bertossi and Ashley Milkop, "The Regulation of Migration: A Global Challenge," *Politique étrangère*, Vol. 73（Special Issue: World Policy Conference 2008）: 196.
③ 黄叶青、彭华民：《迁移与排斥：德国移民政策模式探析》，《欧洲研究》2010 年第 5 期。
④ 李明欢：《国际移民政策研究》，厦门大学出版社，2011，第 158 页。

法移民，这是来源国和目标国环境综合作用的结果。[①] 由于各自的议程与相关谈判的诉求不同，目标国在移民问题上始终有讨价还价的权利。[②] 此外，移民政策的形成需要将移民风险、弱势地位及不安全的观点考虑在内，但是长期以来，移民在政策形成中并无发言权。

移民的成本和收益最终取决于目标国的社会建构。假定国家制定移民政策的基础是试图使移民的经济和安全利益最大化，在调和经济和安全利益基础上不受制度框架的约束能自行决定移民政策，吸收"想要"的移民同时制止"不想要"的移民。[③] 但事实并非如此，移民政策在制定过程中涉及复杂的多重利益，而这些利益往往存在冲突，意味着政策可能背离制定者的意图，通常导致达不到既定目标或产生意想不到的结果。美国移民问题专家约瑟夫·夏米（Joseph Chamie）认为，政府和民众对移民的看法存在惊人的差距，绝大多数政府倾向于支持移民、吸引技术移民，民众却始终对外来移民心存顾虑，担心移民会造成本国的失业率上升和文化退化。看待问题的不同视角导致了分歧，全球范围内只有不到20%的政府认为移民数量过多，但有近70%的公民认为应当对移民进行限制。2007年，皮尤研究中心（Pew Center）对47个国家的公众进行了一项调查，结果发现，44个国家的大多数人认为应当更加严格地限制并控制外国人入境。[④] 国家在

[①] Aniceto Orbeta, Jr. and Kathrina Gonzales, "Managing International Labor Migration in ASEAN: Themes from A Six – Country Study," *PIDS Disscussion Paper Series*, No. 2013 – 26, March 2013, p. 13, http://www.eaber. org/sites/default/files/documents/Managing% 20International% 20Labor% 20Migration% 20in% 20ASEAN – % 20Themes% 20from% 20a% 20Six – Country% 20Study. pdf.

[②] Gordon H. Hanson, "The Governance of Migration Policy," *Journal of Human Development and Capabilities*, Vol. 11, No. 2 (2010): 199.

[③] Alexander Betts, "Introduction: Global Migration Governance," in Alexander Betts, ed., *Global Migration Governance* (Oxford University Press, 2011), p. 20.

[④] 〔美〕约瑟夫·夏米:《当心这项差距:民众和政府对移民的看法存在分歧》，耶鲁全球在线，http://yaleglobal. yale. edu/cn/content/% e5% bd% 93% e5% bf% 83% e8% bf% 99% e9% a1% b9% e5% b7% ae% e8% b7% 9d% ef% bc% 9a% e6% b0% 91% e4% bc% 97% e5% 92% 8c% e6% 94% bf% e5% ba% 9c% e5% af% b9% e7% a7% bb% e6% b0% 91% e7% 9a% 84% e7% 9c% 8b% e6% b3% 95% e5% ad% 98% e5% 9c% a8% e5% 88% 86% e6% ad% a7，最后访问日期:2017年10月24日。

制定政策时面临国内的多方压力，民众要求控制外来移民，雇主利益集团想要获得廉价和顺从的劳动力，人权支持者和相关组织关注非法移民的人权保护问题，多重利益方的介入导致移民政策时松时紧、模棱两可。其根源在于移民进程是长期和稳定的，而政策周期是短期的，通常受到国家选举周期的影响。[①] 主张控制移民的媒体及相关的学术研究有两个共同的假设：绝大多数公众支持对入境移民的更严格控制，公众的担忧又推动了移民政策朝向限制性方向。[②] 国家在制定移民政策时不得不考虑国内民族主义和反移民情绪与雇主对外国廉价劳动力的需求，但很难采取平衡的方式，在处理移民问题时面临两难的抉择：如果将移民视为一种安全威胁而严格加以限制，可能损失移民带来的好处；如果允许移民自由进入，又担心持续增加的外来人口会破坏社会的和谐和政治的稳定，导致政治传统和文化身份的丧失，[③] 在国家价值观和政策目标之间很难实现平衡。很多目标国在是否严格对待非法移民的问题上处于两难境地：雇主欢迎灵活、低成本的劳动力，而本国劳动力和纳税人则不满移民在有限的工作职位和社区资源中造成竞争。[④]

二 政府执行移民政策能力的不足

非法移民的存在证明了移民政策的无效，是对限制性移民政策体制的控诉。换言之，如果非法移民继续发生，就表明政策没有起作用，可理解为政策本身有缺陷、执行的成本高，非法移民在经济结构中的功能强大，

---

① Stephen Castles, "Why Migration Policies Fail?" *Ethnic and Racial Studies*, Vol. 27, No. 2 (2004): 223.

② Chris Gilligan, "The Public and the Politics of Immigration Controls," *Journal of Ethnic and Migration Studies*, Vol. 41, No. 9 (2015): 1374.

③ 田源：《移民与国家安全——威胁的衍生及其条件研究》，世界知识出版社，2010，第6页。

④ 〔美〕约瑟夫·夏米：《处理非法移民时没有逻辑的实践》，耶鲁全球在线，http://yaleglobal.yale.edu/cn/content/%E5%A4%84%E7%90%86%E9%9D%9E%E6%B3%95E7%A7%BB%E6%B0%91%E6%97%B6%E6%B2%A1%E6%9C%89%E9%80%BBE8%BE%91%E7%9A%84%E5%AE%9E%E8%B7%B5，最后访问日期：2017 年 10 月 24日。

公众不愿意惩罚移民或者移民宏观结构力量强大等。[①] 政策的制定及实施效果受到三个变量的影响：一是行政、立法和司法部门之间的协调合作程度，二是跨国政治经济的变化，三是政党和党派的政治诉求。[②] 各国政府在制定移民政策时，始终交织着两组矛盾：接受与拒绝、容纳与排斥。这两组矛盾并存，反映了在移民问题上存在趋利避害的价值观，其固有的难以协调性在很大程度上也制约了各国移民政策的实施和改进。[③] 限制性移民政策本身存在悖论，一方面，政府希望加强管制的想法有增无减，另一方面，政府管制移民的能力却在不断减弱。国家强化边界控制并将其作为管理移民流动的一个机制，存在巨大的资金、人力和政治成本，包括边界基础设施建设和所需的人力，还包括发放签证和居住证，起诉、监禁和驱逐非法移民，制裁雇主，处理避难者的诉求和安置难民等。目标国实现移民收益最大化的最有效方式是，打击非法移民、取缔移民参与非正规经济并限制向来源国汇款，但这同样存在很大的困难。[④]

　　国家执行政策的能力基本不取决于国家的绝对自主权及国家对社会行为者（如非法移民的雇主）的控制能力，治理移民问题的政策面临四个主要挑战：人口跨界管理，安全议题，国际协议，地区、国际非政府组织及其他国际组织制定的全球治理新准则。[⑤] 整体来看，非法移民治理困难的原因包括以下几个方面：移民执法的投资力度不足；国内各利益集团的阻力过大，制约了移民执法的政治意愿；边境执法效果差；移民执法行为存在随意性和阶段性的弊端；各国的移民体系存在缺陷，不同部门和机构间难

---

① Wayne A. Cornelius and Takeyuki Tsuda, "Controlling Immigration: the Limits of Government Intervention," in Wayne Cornelius, Philip Martin and James Hollifield, eds., *Controlling Immigration: A global Perspective* (Stanford University Press, 2004), p. 9.

② Gary P. Freeman and Alan E. Kessler, "Political Economy and Migration Policy," *Journal of Ethnic and Migration Studies*, Vol. 34, No. 4 (2008): 667.

③ 郝鲁怡:《欧盟国籍移民法律制度研究》，人民出版社，2011，第 53 页。

④ Gary P. Freeman and Alan E. Kessler, "Political Economy and Migration Policy," p. 665.

⑤ "Mobility, Labour Migration and Border Controls in Asia," edited by Amarjit Kaur and Ian Metcalfe, *International Labour Review*, Volume 145, Issue 12 (2006): 150.

以形成有效合力。①

第二节　最一劳永逸的治理假设：开放国家边界

全球非法移民的模式自 20 世纪 70 年代以来基本没有发生变化，根源、形式和解决这一问题的政策在时间和空间上依然具有相似点。② 21 世纪的非法移民是没有边界的犯罪，更准确地说，是移民不得不采取迂回甚至更具创造性的方式跨越严格和危险的国家边界的非法行为。针对这一问题，目前还没有找到有效的解决办法。移民政策的目标可能导致两个极端——无边界、无移民，即开放边界与关闭边界。这两种观点与进步性或保守性的政治议程直接相关，③ 关闭边界已证明对非法移民无效，开放边界却也不现实。

一　开放边界的理论基础

学界在总结数十年来多个国家实施限制性移民政策效果的基础上，逐渐形成一种共识：移民是不受控制的，国家采取截、堵的边界控制政策难以消除非法移民。由于限制性移民政策的失败，决策者转而开始寻求对非法移民问题的"巧解"（smart solutions）。经济学家认为实现人口的自由流动可缩小甚至消除国家之间的资源差距，希望通过对来源国的发展援助和贸易自由化来促进当地的社会和经济发展，由此根除人口迁移的动力，使潜在的移民选择留在母国，从而减少外来移民并根除非法移民。但是没有

---

① 陈积敏：《全球化时代美国非法移民治理研究》，博士学位论文，外交学院，2011，第 198 页。

② Alice Bloch and Milena Chimienti, "Irregular Migration in A Globalizing World," *Ethnic and Racial Studies*, Vol. 34, No. 8 (2011): 1272.

③ Philip Martin, "Managing International Labor Migration in the 21th Century," *South Eastern Europe Journal of Economics*, Volume 1 (2003): 11.

经验证据表明援助和贸易政策会对减少非法移民产生多大的效果。[1] 有学者提出非法移民是社会、政治和法律共同建构的产物，认为可以从政治和法律层面对其进行解构。[2] 移民的法律地位由目标国的移民立法决定，它定义了谁可以、谁不可以合法入境、居留及工作，如果入境、居住和工作没有法律障碍，那么非法移民就不再是个问题，开放国家边界便可化解非法移民这一难题。边界越是开放，移民越不愿长期居留；国境线越是封闭，人们居留的意愿就越强烈，西欧 20 世纪 70 年代以来的劳动力流动已证实了这一结论。由于非法移民是现代国家边界划定的一个结果，开放或取消边界似乎是个一劳永逸的途径，一些学者认为解决移民问题的唯一方法就是开放边界。其理论基础是全球化时代的资本、商品、服务、信息和思想的跨国流动和转移越来越自由化，在此逻辑上，人口流动也应该是自由的。[3] 全球化世界中，各国发展的不平衡及人口构成不可逆转地推动着人口流动，许多学者提出开放边界的主张，试图以此来改变当前移民政策制定与执行中的多重悖论。强调市场化、自由化和私有化的新自由主义经济学反对政府干预，认为市场经济自身的运转是实现对社会资源调配的最佳途径。在国际移民问题上，这一派学者认为市场的力量将自行左右移民流动，人口的自由流动从长远来看有助于平衡来源国和目标国之间的工资和生活水平，从而趋向新的国际经济平等。[4]

　　边界的开放符合全球化的要求，但在移民问题上是个例外。经济全球化支持资本、商品、服务这三种关键要素的自由流通，却排除人口的自由流动，劳动力流动的自由化在双边、地区和全球层面的贸易对话中通常被

---

[1]　Hein de Haas, "Turning the Tide? Why Development Will Not Stop Migration," *Development and Change*, Vol. 38, No. 5 (2007): 820.

[2]　Franck Düvell, "Paths into Irregularity: The Legal and Political Construction of Irregular Migration," *European Journal of Migration and Law*, Volume 13 (2011): 295.

[3]　〔美〕约瑟夫·夏米：《孤注一掷移民的困境》，朱莉芝译，耶鲁全球在线复旦版，2013 年 11 月 14 日，http://www.yaleglobalfd.fudan.edu.cn/content/%E5%AD%A4%E6%B3%A8%E4%B8%80%E6%8E%B7%E7%A7%BB%E6%B0%91%E7%9A%84%E5%9B%B0%E5%A2%83，最后访问日期：2017 年 10 月 24 日。

[4]　李明欢：《国际移民治理的现实困境与善治趋势》，《学术前沿》2014 年第 14 期。

忽略。全球化意味着资本、商品、技术、思想与人员的自由流通，没有人员的自由流通，也就不是全球化。① 从全球趋势来看，越来越多的国家选择对合法移民开放。以 2011 年为例，在能获得数据的 195 个联合国成员中，只有 1/4 的政府不鼓励国民外迁，绝大多数政府（高达 73%）维持当前移民程度的政策，16% 的国家选择减少移民，剩余 11% 的国家实施增加移民的入境政策。意在减少入境移民的政府从 1996 年的 40% 下降到 2011 年的 16%；在发展中世界，意在减少移民的国家从 34% 下降到 18%。1996 ～ 2011 年，意在增加移民的发达国家不断增多，从 2% 增加至 22%，2011 年选择增加移民的 11 个国家都在欧洲。从经济发展的角度考虑，无论是发达国家还是发展中国家，都对高技术移民青睐有加，并制定了优惠政策加以吸引。2011 年，用于引进高技术移民的政策数量在发达国家和发展中国家均增长了两倍。②

二 边界开放的现实障碍

国家边界的人为划分在很大程度上破坏了边境地区的人民生活及与此相关的各类问题的内部有机联系，进而产生了包括移民在内的一系列跨境安全问题。二战后，全球经济的多样性发展导致很多国际关系学者声称国家边界遭到侵蚀，但边界存在或消失的争论还不足以解释国际领域的复杂变化，更为准确的中立观点表述为边界是存在的也是可渗透的，正在消失但依然是可识别的。③ 边界是主权国家的根本标志之一，在全球化背景下，边界安全仍是国家生存、主权统一及领土完整的核心部分，主权国家不会轻易改变以国家安全为核心的现实主义思维，也不会轻易放松对边界的管

---

① 张国庆：《移民问题，全球化的"刺客"》，《环球时报》2006 年 8 月 16 日，第 11 版。
② UN, Department of Economic and Social Affairs and Population Division, *Changing Landscape of International Migration Policies*, Population Facts No. 2013/5, September 2013, pp. 2 - 3, http://www.un.org/en/development/desa/population/publications/pdf/popfacts/PopFacts_2013 - 5_new.pdf.
③ Patricia M. Goff, "Invisible Borders: Economic Liberalization and National Identity," *International Studies Quarterly*, Volume 44, Issue 4（2000）: 533.

理。① 国家开放领土边界是为了满足市场经济的需求，但同时也在尽力维护作为政治共同体的边界。一些国家试图通过强化看不见的或观念的边界（文化的特殊性、集体认同以及共同的认知，可加强一个独特的政治共同体）来应对领土边界的渗透。移民正在侵蚀着国家边界的功能，边界控制不能制止非法移民，却获得了政治上的象征效应，即边界似乎处于国家权力的控制之下。② 但在安全考虑背景下，人口跨界迁移逐渐被认为是犯罪行为，边界控制的共识继续保持着深厚的意识形态和种族的弦外之音，对全球化的讨论更多的是关注商品、资本和服务的流动，却避而不谈人口流动。③

联合国教科文组织（UNESCO）在广泛参考大量学术和公共运动文献的不同观点和视角后，于 2003 年发布了一项研究报告，对"迁移无国界"（movement without borders）的观点进行了总结，指出这一设想如果从人权角度看具有道德上的先进性，但同时也具有不可行性。④ 当前情况下取消所有移民控制对来源国和目标国均是有害的，有以下几个方面的考虑：其一，废除边界控制可能导致大量移民进入，从而使一些富裕目标国的吸纳能力崩溃；其二，在当前的安全环境下，控制潜在移民的外来威胁仍是保护国内自由和特权的一个必要的取舍；⑤ 其三，技术移民早已实现了自由流动，富国可掠夺穷国本就不多的人力资本，所以来源国有必要对高技术移民的流动进行管理；其四，雇主欢迎廉价的非法移民，因可压低劳动密集型部门的工资成本，但不能保证工资水平达到平衡，并有可能恶化目标地的收入条件；其五，边界

---

① 张春：《复合地缘政治的兴起与跨境安全治理的转型》，《国际安全研究》2017 年第 1 期。

② Jacqueline Maria Hagan, *Migration Miracle – Faith*, *Hope and Meaning on the Undocumented Journey* (Harvard University Press, 2008), pp. 62 – 63.

③ John Casey, "Open Borders：Absurd Chimera or Inevitable Future Policy?" *International Migration*, Volume 48, Issue 5 (2010)：18.

④ 〔英〕罗斯玛丽·塞尔斯：《解析国际迁移和难民政策：冲突和延续》，黄晨熹等译，格致出版社、上海人民出版社，2011，第 193~194 页。

⑤ John P. Casey, "Open Borders：Absurd Chimera or Inevitable Future Policy?" *International Migration*, Volume 48, Issue 5 (2010)：25.

的开放可能消除难民和经济移民之间的差别，从而使难民的认定程序失效。[①]

全球化时代的国家失去了控制经济的能力，但依然可以控制人口流动，这是国家主权的最后堡垒之一，特别是在非法移民及与跨界迁移有关的国际犯罪问题上。国家在管理移民政策问题上处于两难的境地：市场需要一个开放的边界以获得需要的劳动力，公民要求一定程度的边界关闭以保护民族国家的经济社会和政治文化边界。对移民的绝对控制不可能实现，取消所有控制、无限制开放边界、消除国家的权力也不可取，完全意义上的"无国界国家"（borderless states）目标很难实现，或者说将是个漫长的过程。欧盟的案例表明，即使是最先进的超国家实体在克服国家控制逻辑方面依然任重道远。[②] 申根条约消除了欧盟的内部边界，通过管理共同市场框架内的人口流动及协调成员的招募政策解决了自身的自由悖论，但仍然保持着对外部边界的共同控制。[③] 移民与国际贸易的不同之处在于，贸易可提高所有国家的 GDP，移民仅能够增加目标国的 GDP 和来源国的 GNP，在此意义下，目标国最优的政策应该是开放边界。但在选择移民政策问题上，目标国政府限制移民是因为国内政治反对边界开放，最大反对者是本国劳动力及纳税者。[④]

第三节　全球移民治理

人口跨国流动的管辖超越了一个民族国家的能力范围，尤其在非法移民问题上，其导致的经济、社会、国内政治和外交关系的风险，使自

① UN, Department of Economic and Social Affairs and Population Division, *Changing Landscape of International Migration Policies*, Population Facts No. 2013/5, September 2013, p. 4, http://www.un.org/en/development/desa/population/publications/pdf/popfacts/PopFacts_2013 - 5_new. pdf.

② Stephen Castles, "Why Migration Policies Fail," *Ethnic and Racial Studies*, Vol. 27 No. 2 (2004): 223.

③ Christophe Bertossi and Ashley Milkop, "The Regulation of Migration: A Global Challenge," *Politique étrangère*, Vol. 73 (Special Issue: World Policy Conference 2008): 196.

④ Gordon H. Hanson, "The Governance of Migration Policy," *Journal of Human Development and Capabilities*, Vol. 11, No. 2 (2010): 190.

由主义的单边移民政策面临极大的挑战，也挑战着国家层面的应对能力。通过单边或双边的方式进行控制并不能完全消除移民制度在治理和人权方面的缺陷，表明移民问题应当通过国际合作的途径加以解决。[①] 全球移民治理建立在一系列正式和非正式的制度基础上，并在不同层面展开。

一　全球议题客观上要求全球治理

二战以来，为应对气候变化、环境污染、全球性饥饿、国际贸易、传染性疾病、跨国犯罪、国际金融市场、人权和恐怖主义等诸多跨国议题的出现，全球治理不断发展。所谓全球治理，指的是通过具有约束力的国际规制（regimes）解决全球性的跨国议题，以此维持正常的国际政治经济秩序。[②] 跨国性问题的特性决定了没有一个国家或者一个国家集团能够有效地应对，从而产生了对全球治理的需求。有学者认为，全球化时代人类政治过程的一个重要转型是从统治（government）转向治理，从政府的统治转向没有政府的治理（governance without government），从民族国家的政府统治转向全球治理，全球治理是国家层面的治理在国际层面的延伸。[③] 从国际层面看，全球治理是冷战结束后国际政治领域中最引人注目的问题之一，这一理论建立在政府的作用和国家主权日益削弱、民族国家的疆界日益模糊的前提之上，强调治理的跨国性和全球性，[④] 主要优点是决策的灵活性，能适应全球的形势变动。治理的基本要素是权威的行使，国家治理有政府作为中心的权威机构，国际治理或全球治理因涉及多重的参与行为体而缺乏一个核心机构，全球治理也不等同于全球政府，前者涉及的是行为，后者指的是治理中的结构或行为体。[⑤] 国际治理包含四个挑战，即国家层面政策的

---

① 潘兴明、陈弘主编《转型时代的移民问题》，上海人民出版社，2010，第 17 页。

② 俞可平：《全球治理引论》，《马克思主义与现实》2002 年第 1 期。

③ 俞可平：《全球治理引论》，《马克思主义与现实》2002 年第 1 期。

④ 俞可平：《全球治理引论》，《马克思主义与现实》2002 年第 1 期。

⑤ Tom Obokata, "Global Governance and International Migration: A Case Study of Trafficking of Human Beings," *Refugee Survey Quarterly*, Volume 29, Issue 1 (2010): 123.

连贯性、政策制定与实施的一致性、能力的强化和国家间的进一步合作。[①]
全球性议题需要一个全球机制来解决，强调了国家间的相互依赖和合作的
必要性与重要性，由此产生了种类繁多的国际协议，联合国及其专门机构
成为多边机制的最显著来源。

　　国际移民涉及的范围超出了来源国和目标国的治理权限，需要世界各
国政府的共同应对，移民作为全球化的一个关键组成部分因而成为国际治
理的一个主题，但在全球治理研究中遭到了长期忽视。全球化通过拉大国
家间的收入差距加速了移民流动，但是没有寻求建立清晰的治理规则。移
民领域与气候、金融和贸易领域不同的是其缺乏全球治理的特征，没有一
个自上而下的专门多边制度框架，也缺乏一套正式的国家间协议，但不能
说完全缺乏全球治理，因为出现了一个快速发展的自下而上的治理框架。
移民在跨越国界的领域内运行，国际移民的治理也只有在跨越国家的宏观
框架内才有望进行恰当定位。

　　在移民问题上还没有统一使用"全球治理"一词，更多的是使用"国
际移民管理"（international migration management）和"国际移民治理"（in-
ternational migration governance），前者指的是在国家、地区和全球层面有效
应对移民问题的措施；[②] 后者强调在一定的制度框架下通过运用一定的权力
来实现人口的有序迁移。两者存在紧密联系，国际移民管理着眼于具体的
实施、组织协调，是有序治理的延伸；而国际移民治理则着眼于机制架构、
平台搭建，是有序管理的基础。[③] 全球治理通常强调国际层面公共管理的两
大特征：超越国家的权力让渡、公私机构在管理全球公共事务中形成伙伴
关系。国家创造了多层次的移民治理形式，单边、双边、多边和地区间的
制度正在出现，国家可以有选择地以不同形式与不同伙伴国进行非正式合

---

① "Migration in An Interconnected World: New Directions for Action," report of the global commission international migration, 2005, http://www.gcim.org/en/finalreport.html.

② IOM, World Migration 2003: *Managing Migration – Challenges and Responses for People on the Move* (Geneva: International Organization for Migration, 2003), p. 53.

③ 郭秋梅：《国际移民组织与全球移民治理》，暨南大学出版社，2013，第 14～15 页。

作，但还没有形成一个连贯的多边制度。[①]

国际移民全球委员会认为国际移民领域的治理有多种形式，包括制定移民政策和个别国家的计划、进行国家间的讨论和协议、组织多边论坛和磋商、开展国际组织活动以及制定国际法律和规范等。国际移民具有显在的跨界性和各国移民政策的相互依赖性，尽管缺乏自上而下的多边框架，但出现了一个迅速显现的自下而上的全球移民治理框架。各国正在创设各种特别或临时的多层移民治理方式，一个日益复杂，包含双边的、区域的、区域之间的制度阵列正在诞生，这使得各国能够有选择地参与到与不同伙伴国家之间的各种非正式合作。除了显现中的双边和区域制度外，大量规制其他领域的多边制度对各国应对移民问题也具有非常显著的参考价值。正式的、协调一致的、基于联合国体制的治理框架虽然还不存在，但丰富且有些碎片化的全球移民治理存在于各个层面：首先是正式的多边主义架构，诸如难民体制、国际劳工组织公约及护照使用规范等；其次是嵌入性治理机制，用来规制各国应对人员流动的一些国际协定，如世界贸易组织法律、海洋法、人权法、人道法等；最后是将双边、多边和跨区域合作交织于一体并随着对劳工移民和非法移民的政治关注度上升而发展的、一种可以统归到"跨区域主义"旗下更具排他性而不是包容性的新合作机制。各国持续参与讨论的两个全球移民治理场域，一个是"移民与发展"，出现在联合国内部和移民与发展论坛中；另一个是国际移民组织主导的讨论，聚焦于非法移民，但并未提出统一、协调一致的全球治理愿景。[②]

自 20 世纪 90 年代中后期以来，移民已经成为全球政策议程的组成部分，各主权国家在确定其移民政策方面仍保有极大的自主权，不愿将边界控制或移民选择的权力让渡给国际组织或多边机制。全球移民治理的缺陷

---

① 林曾、宋亚平主编《全面深化改革与社会治理现代化》，社会科学文献出版社，2015，第 198 页。

② 林曾、宋亚平主编《全面深化改革与社会治理现代化》，社会科学文献出版社，2015，第 200 页。

之一是缺乏一种制度权威以监督各国履行国际移民法规定的义务。与联合国难民署监督国际难民法、红十字国际委员会监督国际人道法相比，没有任何国际组织在移民领域拥有类似的权威。

当前全球移民治理的趋势之一，是志趣相投的国家组成排他的、非正式的团体就共同关心的议题举行区域和区域间对话，即地区协商进程（Regional Consultative Processes，RCPs）。这属于非正式网络治理机制，集中于创造各种条件，使主权国家可以有选择地参与相关机制的合作，不直接规定参与方的权利和义务。这一模式在国际移民组织的推广下迅速扩散开来，成为全球移民治理的通行做法，这种非正式网络治理机制越来越被各国视作有效解决方案。地区协商进程在议程设定、共识构建、政策协作、知识生产与交换、规范设定与传播等环节都显示出与权力的重大关联，是一种强化各国间现存权力不平衡的模式，即通过使实力更强的国家或移民输入国根据自己的战略和策略系统地吸纳或排斥预期的伙伴国，巩固现有的不平等，因而不可能促进具有包容性的全球移民治理。全球移民治理处于非正式网络治理与正式的多边主义夹缝中，非正式的跨区域治理机制无法满足发展中国家和移民的权利要求，纯粹的多边主义途径也不够灵活，难以顾及所有国家的特殊要求。有学者提出可替代性的第三条道路，即协调一致的诸边主义（coherent plurilateralism），兼具网络治理的灵活性和效率与联合国体系提供的相对公平、权利和包容性。为此，需要跨越所有现存制度进行更大程度的协作，对跨越治理水平和移民领域的协调一致性予以积极认可。这种诸边主义趋势（即不同模式和不同治理水平共存）将继续确定全球移民治理发展的大方向。①

二 全球移民治理的发展与内容

（一）全球移民治理的发展历程

移民是深深根植于国际社会的一个复杂现象，作为一种负面动力推动

---

① 林曾、宋亚平主编《全面深化改革与社会治理现代化》，社会科学文献出版社，2015，第203页。

着国际合作的发展。全球移民治理发端于一战之后，有两个层面的起源。一是政策层面，始于1992年联合国成立的全球治理委员会。其为应对一些全球的新威胁和新挑战如环境、贸易、跨国犯罪、资金流动等而开展的国际合作设定了议程，全球治理随即成为政策层面和国际组织的一个主流词语。二是学术层面，始于国际关系研究试图理解国际制度在世界政治中的作用。制度理论（regime theory）作为国际关系的一个分支，探索理解规范、规则、原则和决策程序在影响国家行为特别是议题领域中的作用。① 自20世纪90年代后期以来，制度理论的解释逐渐失去了吸引力，开始关注更广泛的全球治理。

自20世纪90年代以来，全球移民治理进展显著（见表5-1），从发展进程和举措方面可分为两个阶段：20世纪90年代开始为第一阶段，2005年以后为第二阶段。② 2001～2016年，全球移民治理机制的发展表现为联合国的多边机制和非正式机制（全球对话和协商进程）不断发展，通过多边规范机制规范对移民的管理、建立国家间的信任和共识、确保移民问题包含在决策及其他相关全球议程中、强调移民的积极效应、保护移民权利并促进其福利。

1993年，奥地利和瑞士带头组建了国际移民政策发展中心（ICMPD）。这是一个政府间组织，目的是为成员提供移民管理的专业知识。1994年在开罗召开的第三次"国际人口与发展"大会上，一些来源国呼吁全球政府间会议开展讨论以寻求更好的方式对移民进行保护，因目标国对这一要求没有回应，大会没有举行。2001年8月底至9月初，在南非德班举行了主题为"反对种族主义、种族歧视、仇外心理和相关不容忍行为"的世界会议，来自168个国家和地区的约1.4万名代表参与讨论，会议通过了《德班宣言和行动纲领》，鼓励各国开展宣传活动，承认移民为目标国社会做出的积极贡献，确保公众获得有关移民和移民问题的准确信息。2001年，瑞士

---

① Alexander Betts, "Introduction: Global Migration Governance," in Alexander Betts, ed., *Global Migration Governance* (Oxford University Press, 2011), p. 4.

② 林曾、宋亚平主编《全面深化改革与社会治理现代化》，社会科学文献出版社，2015，第198页。

政府发起"伯尔尼倡议"（Berne Initiatives），在全球层面上建立了关于移民管理的国家间对话和合作，旨在通过政府间移民事务磋商机制，制定国际移民合作的指导原则。2003 年 12 月，联合国成立了国际移民全球委员会（GCIM），标志着国际移民议题上升到全球政治层面。该委员会由来自世界各地区的 15 名专家组成，基本职能是分析各国的移民政策并向联合国提出在全球范围内更好地解决移民问题的建议。2005 年，该委员会提交了一份《行动原则和建议》报告，要求国家、各社会行为体及公众参与到移民议程中。

2005 年 10 月 31 日至 11 月 2 日，国际劳工组织三方专家会议通过了《关于劳工移民的多边框架》（*The ILO's Multilateral Framework on Labour Migration*），呼吁各国政府、雇主、工人组织和其他行为体促进社会包容并减少对移民的歧视，在劳动力移民确定权利基础的方式上迈出了重要的一步。2006 年 3 月，劳工组织理事会在第 295 次会议上决定出版并散发《关于劳工移民的多边框架》。

2006 年 9 月，联合国首次召开移民与发展高级别对话会（UN High - level Dialogue on International Migration and Development），120 多个国家的政府部长级高级外交官参会，目的是促使各国在移民问题的讨论中进一步认识移民和发展之间的关系，特别是移民与减贫之间的关系，探求更好的移民合作模式以促进移民对发展的最佳效应。高级别对话会是个重要的里程碑，促成了 2007 年在布鲁塞尔召开第一次政府间移民与发展全球论坛（Global Forum on Migration and Development，GMFD），鼓励政府采取行动促进移民的良性发展。2013 年 10 月举办的第二次移民与发展高级别对话会强调了移民作为发展行为体的作用，呼吁国家采取措施确保移民安全、合法及有序迁移。

2012 年 10 月，挪威和瑞士政府发起"南森倡议"（Nansen Initiative），致力于为因自然灾害而流离失所的人口提供帮助，开启了气候变化影响下跨境迁移保护议程的磋商。成员包括澳大利亚、孟加拉国、哥斯达黎加、德国、肯尼亚、墨西哥和菲律宾，并邀请联合国难民署参加，已在大洋洲、南亚和东南亚的五个次区域举行磋商。该机制为受灾害影响的人口提供广泛的保护措施，包括发放人道主义签证、在特殊情况下给予难民地位、开拓合法迁移渠道及发放工作准证等。2015 年 10 月，成员通过了《在灾害及气候变化背景下保护跨界移民议程》（*Agenda for the Protection of Cross - Border Displaced Persons in the Context of Disasters and Climate Change*）。

2015 年 9 月，联合国大会通过了可持续发展目标（Sustainable Development Goals，SDGs）。设定了 17 个目标，将"促进有序、安全、正常和负责的移民和人口流动"列为重要内容之一，将移民作为主流发展政策中的一个核心议题，强调了移民的重要性，指出实施有计划的及管理良好的政策可以实现移民收益。可持续发展目标从治理和权利的视角关注移民并为将来的行为提供了一个战略指导框架，是服务于发展的一个有效和多层面的引擎。

2016 年 9 月，联合国首次召开"难民和移民问题"峰会，通过了《难民和移民问题纽约宣言》（*New York Declaration for Refugees and Migrants*），为难民和移民做出了一系列承诺。包括设立难民问题全球响应框架，规定接纳难民等措施，宣称将在 2018 年启动政府间谈判进程，最终目标是通过一项安全、有序和合法移民的全球契约。关于难民和移民的全球协议为强化准则、原则、规则和决策进程提供了一个机会，允许更有效的国际合作应对这个时代的确定性议题。

表 5 - 1　全球移民治理的发展历程

时间	事件
1919 年	国际劳工组织成立
1951 年	国际移民组织和联合国难民署成立
1985 年	首次举办地区协商进程（Regional Consultative Process，RCP）
1990 年	联合国通过《保护所有移徙工人及其家庭成员权利国际公约》（*International Convention on the Protection of the Rights of All Migrant Workers and Members of Their Families*，U. N. G. A Res. 45/158）
1994 年	在开罗召开第三次联合国"国际人口与发展"大会
2001 年	发起"伯尔尼倡议"（Berne Initiatives）
2002 年	《道尔报告》（*Doyle Report*）
2003～2005 年	国际移民全球委员会的实践活动
2006 年	首次召开移民与发展的高级别对话

续表

时间	事件
2007 年	首次召开移民与发展全球论坛
2009 年	国际天主教移民委员会（ICMC）发起对话
2012 年	发起"南森倡议"（Nansen Initiative）
2015 年	联合国大会通过可持续发展目标（SDGs）
2016 年	联合国"难民和移民问题"高端峰会

资料来源：根据 Alexander Betts，"Global Migration Governance – the Emergence of a New Debate,"（November 2010）及近年来的资料整理。

在全球移民治理中，国际组织发挥着主导作用。在联合国框架内，承担部分移民管理职能的是国际劳工组织（ILO）。其主要负责保护劳工权利，在劳动力跨国迁移方面有数十年的经验，发起过数个旨在保护移民权益的公约，以权利为基础为劳动力移民提供非约束性援助和指导，开展关于劳动力移民的国际合作，有效管理、扩展合法迁移渠道，根据联合国的人权公约保护移民，但无法在移民管理问题上起决策作用。联合国框架外的国际组织主要是成立于 1951 年的国际移民组织（IOM）。其主要职能是确保全球移民有序流动、协助有关国家处理移民问题，根据 2016 年 9 月《联合国同国际移民组织间关系协定》，国际移民组织正式加入联合国系统。国际移民组织和国际劳工组织都是国际移民集团（Global Migration Group，GMG）成员，该机构成立于 2006 年，现有 22 个国际组织加盟，[①] 每年举行两次全体会议，针对移民政策领域出现的新问题进行讨论。此外，还有一些与移民问题相关的地区活动，如 2007 年开始的移民与发展全球论坛（GFMD），

---

① 包括国际组织联合国粮农组织（FAO）、国际农业发展基金（IFAD）、国际劳工组织（ILO）、国际移民组织（IOM）、联合国人权事务高级专员办事处（OHCHR）、联合国环境规划署（UNEP）、联合国地区委员会、联合国儿童基金会（UNICEF）、联合国贸易和发展会议（UNCTAD）、联合国经济和社会事务部（UNDESA）、联合国发展计划署（UNDP）、联合国教科文组织（UNESCO）、联合国促进两性平等和妇女赋权实体（UN Women）、联合国难民署（UNHCR）、联合国工业发展组织（UNIDO）、联合国训练研究所（UNITAR）、联合国毒品和犯罪问题办公室（UNODC）、联合国人口基金（UNFPA）、联合国大学（UNU）、世界银行（WB）、世界粮食计划署（WFP）、世界卫生组织（WHO）。

是唯一一个将各国政府代表和民间社团成员组织起来的论坛，但只是个单纯的沟通机制，无意促使各方采取共同行动。

（二）全球移民治理的主要内容

全球移民治理缺乏一个正式的多边管理机构，移民是国际移民组织、国际劳工组织和联合国难民署的主要关注领域。其他组织和机构，如联合国人权事务高级专员办事处（the Office of the High Commissioner for Human Rights）、联合国人口基金（United Nations Population Fund，关注人口与生育相关议题）、联合国艾滋病规划署（Joint United Nations Programme on HIV and AIDS，UNAIDS，关注移民流动中的艾滋病传播和防控）、联合国训练研究所（United Nations Institute for Training and Research，为联合国派驻外交官和各国官员提供移民领域的培训）、世界银行（关注循环移民、汇款和经济发展之间的联系）等，也都或多或少涉及移民领域。诸多行为体参与移民领域使机构间的协调变得复杂，由此产生了不同机构间的对话，如2007年全球移民小组（Global Migration Group）为跨联合国体系提供了机构间的对话空间。国家和非国家行为体通常不寻求创立新的准则，而是希望强化与移民相关的现存机制。双边、跨地区和地区间的合作可描述为跨地区治理，是一些正式或非正式制度联系了不同的地理地区、特定政策领域构成或约束了国家及非国家行为体的行为。在非法移民领域，不同机构间非正式的伙伴关系如国际移民组织和联合国难民署出现于特定地理区域。

全球移民治理被划分为三类不同的体制：难民、国际旅行及劳动力移民。[1] 在移民领域，只有避难和难民保护具有正式的体制，劳动力移民无正式体制，国际旅行则介于两者之间。国际关系建立了全球公共产品理论（global public goods theory），认为全球公共产品包括国家间收益和成本的非排他性、行为体间收益的非对抗性。在移民治理问题上，除难民治理外，其余领域不属于全球公共产品（见表5-2）。低技术移民和非法移民治理代

---

① Alexander Betts, "Introduction: Global Migration Governance," in Alexander Betts, ed., *Global Migration Governance* (Oxford University Press, 2001), p. 11.

表的是俱乐部产品，其中，非法移民的治理通常限定于特定的地区范围内（地区、地区间和跨地区），是俱乐部内成员之间的合作，治理的收益是非对抗性的；高技术劳动力移民的治理属于私人产品，其成本和收益具有高度的排外性，对来源国、目标国和移民而言，收益均是对抗性的，原因在于高技术劳动力的提供有限，合作的主导模式可能通过单边主义和双边主义，而多边主义的作用不大。

表 5 - 2　全球移民治理的产品属性

移民治理类型	主要治理层面	产品类型
难民	多边	公共产品（public goods）
非法移民/低技术移民	地区	俱乐部产品（club good）
高技术移民	单边/双边	私人产品（private good）

资料来源：Alexander Betts，"Global Migration Governance – the Emergence of A New Debate，"Global Economic Governance Programme，*Briefing Paper*，November 2010，p. 3，http://www. globaleconomicgovernance. org/project – migration。

全球移民治理涉及三个维度：国际法框架、地区框架和不具有约束力的倡议。[1] 国际法是全球治理的重要内容和主要内容；刑法是对非法移民处境最具影响力的法律框架，不同于人权法和劳动法，刑法不要求国家保护非公民；与保护移民有关的两个国际法还包括国际劳工法和国际刑法，两者已结合到很多国家的国内法当中。很多涉及移民的机制并没有打上移民的标签，如国际人权法、国际人道主义法、世界贸易组织法、海洋法、劳动法等都是全球移民治理的重要成分。各国出于对国家主权的保护以及国家安全的考虑，在国际法层面未能确立合作协调的机制，换言之，在国际层面上缺少管理人口跨国流动的全球性统一法律体系。[2]

在保护移民工人权利方面，国际劳工组织制定了三个具有法律约束力

---

[1]　Yuko Hamada，"Global Governance and International Migration：A Bridge Too Far?"*Limits of Good Governance in Developing Countries*（Gadjah Mada University Press，2011），p. 527.

[2]　郝鲁怡：《欧盟国际移民法律制度研究》，人民出版社，2011，第 3 页。

的公约，即 1949 年《移民就业公约》（*Convention Concerning Migration for Employment*，编号 97，1952 年生效）、1975 年补充条款《关于恶劣情况下的移徙和促进移徙工人机会和待遇平等的公约》（*Convention Concerning Migrations in Abusive Conditions and the Promotion of Equality of Opportunity and Treatment of Migrant Workers*，编号 143，1978 年 10 月生效）及 2011 年《家庭工人体面劳动公约》（*Convention Concerning Decent Work for Domestic Workers*，编号 189）。1949 年的《移民就业公约》和 1975 年的补充条款构成了国际移民管理框架的标准要素，关注来源国和输出国之间劳动力的交换，呼吁国家在移民问题上进行合作。其中《移民就业公约》第 6 条第 1 项要求成员确保移民工人在报酬、社会安全和就业税收方面享受国民同等待遇（no less favourable）；1975 年的补充条款认为移民是解决国家间人力资源不平衡的一种途径，移民工人作为劳动力单元应该受到保护。1990 年联合国大会通过了《保护所有移徙工人及其家庭成员权利国际公约》，2003 年，20个国家批准后生效，这是国际法中保护劳工权利最为广泛的标准性法律条约。公约不仅将移民看作工人、劳动力或经济实体，也将其看作享有各项权利的实体，强调保护移民人权并消除所有歧视；最重要的是，公约涉及非法移民的基本人权内容，签署国有义务采取措施打击非法移民。至 2011年 4 月，《保护所有移徙工人及其家庭成员权利国际公约》获得了 45 个国家批准、14 个国家签署，全部为移民来源国。联合国主导下制定的控制非法移民的国际条约包括三部分，即 1957 年的《关于偷渡者的国际公约》、2000 年的《联合国打击跨国有组织犯罪公约》及《偷运移民议定书》。至2013 年 12 月 1 日，有 3/4 的成员批准了保护难民及打击走私和人口拐卖的机制，而批准保护移民工人权利机制的成员还不到 1/4。[①]

　　尽管国际移民问题是当前全球化最显著的一个跨界议题，但是还没有一个连贯的、多边的正式全球治理框架。缺乏连贯的和综合的多边治理框

---

① UN, Department of Economic and Social Affairs and Population Division, *International Migration Report 2013*, ST/ESA/SER. A/346, New York, December 2013, p. 22, http://www.un.org/en/development/desa/population/publications/pdf/migration/migrationreport2013/Full_Document_final.pdf#zoom=100.

架意味着相对强大的国家成为移民治理的基础，移民议题依然属于主权国家的领域，属于国家在自我利益上的行为。来源国和目标国的基本权力是不对称的，目标国能够决定"想要"和"不想要"的移民，成为移民治理的创立者（makers），来源国只是被动的接受者（takers）。① 在此背景下，移民国家的政治权力与其角色密切相关，目标国可以根据自身利益决定移民政策，来源国通常不能影响目标国的政策选择。移民治理的有效性依赖于合作的本质和范围。当某个难题超越国家边界，两个或更多国家不能合作处理时，通常寻求创立国际制度，制度的类型范围又取决于难题能被更小或更大国家集团解决的程度。② 当限定于来源国时，目标国的有效成果来源于双边合作；当限定于一小群国家时，有效性依赖于地区参与合作的这一小群国家。随着移民规模的扩大，诸多利益集团和支持者参与其中，从而增加了治理的复杂性，行为体扩大到地区、国家或非国家代表。在移民问题逐渐成为一个全球治理议题的同时，国家在当前和未来仍是执行治理措施的主导角色，全球治理结构并没有在国际移民背景下超越国家主权。国家治理决定了一个移民管理机制的规模、范围，通过设定国际标准及原则，全球治理可以强化国家治理。全球治理由主权国家完成，移民治理也主要遵循国家中心和自上而下的原则，国家拥有各自的议程，全球治理结构能对国家政策带来积极的影响，全球治理和国家治理之间协同性的增加是强化国家治理的关键，但政府不愿意将移民管理权威让渡给任何超国家权威。③ 移民成为一个治理难题，很难取得全球治理的一致性，移民治理的努力与移民现象本身的步调并不协调。

　　全球移民治理具有五个功能：规范监督、论坛与对话、提供服务、政

---

① Alexander Betts, "Introduction: Global Migration Governance," in Alexander Betts, ed. , *Global Migration Governance* (Oxford University Press, 2001), p. 22.

② Alexander Betts, "Global Migration Governance – the Emergence of A New Debate," Global Economic Governance Programme, *Briefing Paper*, November 2010, p. 2, http://www. globaleconomicgovernance. org/project – migration.

③ Kathleen Newland, "The Governance of International Migration: Mechanisms, Processes, and Institutions," *Global Governance*, Volume 16, Issue 3 (2010): 334.

策引导及提高认知能力。① 发达国家对移民政策的讨论在不断加强，双边、多边和地区合作的出现促进了国际移民政策的制定，但是不具有约束力，也没有导致国家层面较好的实施行为。跨国治理网络在行动手段和政治策略上具有天然的非强制性，跨国治理网络行动的成功与否主要依赖两个因素：一是问题的特征，即问题本身是非曲直的道德标准是否明显；二是跨国治理能力的强弱，即跨国治理主体的数量和质量，这是组织目标实施的可依赖的政治和物质资源。② 与其他很多领域不同的是，全球移民治理缺乏一个清晰的愿景和明确的领导，一些移民治理的选择对利益各方是双赢的，一些不可避免是相互抵消的，大多数关于移民治理的决定不可避免地涉及权利、安全和经济这三个目标之间的优先性。全球治理在理论和实践上都存在瑕疵，其自上而下的途径，即由超国家组织在移民政策方面为各国制定具有约束力的原则尚难以取得成功。③

（三）全球移民治理的具体层次

全球移民治理是个复杂的图景，建立在一系列不同的正式和非正式的制度基础上，并在不同层面展开。全球移民治理包括三个层面：一是多边主义，起源于两次世界大战期间，也存在于地区层面如欧盟；二是嵌入式（embeddedness），除了正式的多边主义，其他对移民问题有所观照的政策领域；三是非正式网络。④ 在正式和非正式网络中，全球移民治理包含了单边、双边、地区和地区间的不同层面，并存在互动关系。除了双边和地区制度，很多针对其他政策领域的多边制度对移民问题也有不同程度的观照，如贸易、健康和人权的全球治理间接对移民产生了管制，无形中推进了移民全球治理的进程，形成一个复杂、碎化、重叠、平行和嵌入式的治理

① Alexander Betts, "Global Migration Governance – the Emergence of A New Debate," *Global Economic Governance Programme*, Briefing Paper, November 2010, p. 3.

② 王金良：《跨国关系与跨国权威》，法律出版社，2012，第189页。

③ 潘兴明、陈弘主编《转型时代的移民问题》，上海人民出版社，2010，第22页。

④ Alexander Betts, "Introduction: Global Migration Governance," in Alexander Betts, ed. , *Global Migration Governance* (Oxford University Press, 2011), p. 18.

图景。①

　　不同治理层面的合作和伙伴关系涉及不同程度的正规性、制度化和结果。单边行为主要是国家处理特定的问题，尤其是认为国际合作侵犯国家主权的时候；双边协议，是开始更广泛的国际合作模式的第一步，但是属于一种来源国和目标国之间不对称的权力关系，即目标国有更大更多的主动权；地区进程创建了全球治理的第一层，能在地区层面发挥作用，其建立在地理上临近的国家之间的共同目标基础上，能够反映国家的共同需求和期望；多边层面呼吁移民的全球治理，国家同意一些基本的目标如更安全的边界，包括减少迁移途中的死亡、剥削和虐待，制止非法移民，打击有组织犯罪等，但对于如何实现这些目标没有集体行动的共识。非正式网络或机制（如地区协商进程、移民与发展全球论坛）不直接产生实质性的政策结果，这些协商和对话有时被批评为"清谈馆"（talking shop），但其在建立合作精神方面是不可或缺的，前提是建立行为体之间的信任、收集好的行为数据和信息，使国家以增量的甚至是有组织的方式形成共识。②

　　全球移民治理带来的不仅仅是范式的变化，同时也是政策取向上的巨大变化，即从移民的甄别选留到强调移民的权利保护，但由于严重依赖"全球正义网络"（global justice networks）及全球治理制度，其有内在的缺陷。③ 全球化时代的移民治理仍落后于管理国际资本和商品流动的体制，缺乏强大的准则基础，未来的挑战是通过协商和努力采取更多的共同行动，制定和实施互惠的政策，逐步降低体制中的碎片化程度。④ 不是所有移民都发生在积极的背景之下，在可预见的将来，促进移民更加安全、更好管理是全球的优先事项。

---

① Alexander Betts, "Introduction: Global Migration Governance," in Alexander Betts, ed., *Global Migration Governance* (Oxford University Press, 2011), p. 3.

② Demetrios G. Papademetriou, *The Governance of International Migration*, *Defining the Potential for Reform in the Next Decade*, Transatlantic Council Statement, 2011 Migration Policy Institue, p. 10.

③ 宋德星：《论国际移民问题的主流理论、观念分歧及政策焦点》，《国际问题展望》2017 年第 5 期。

④ IOM, *World Migration Report 2018* (Geneva: Switzerland), p. 146.

在非法移民的全球治理方面，中国学者认为形成了一个多层结构：首先是国家治理，包括刚性治理（即移民执法和加强边境的控制）和柔性治理（主要采取合法化政策）；其次是区域治理，如欧盟在移民领域发挥着组织、统筹、协调的功能，但成员对欧盟移民政策的认同度制约了治理效应；最后是国际治理，国际组织作为治理主体，在非法移民治理当中发挥了更加显著的作用。①

---

① 常红、杨牧、程晓霞：《陈积敏：可从五方面考虑应对国际非法移民治理困境》，人民网，http://world.people.com.cn/n1/2016/1126/c1002-28897822.html，最后访问日期：2017 年 10 月 24 日。

第六章　东盟域内非法移民的
　　　　治理与评估

非法移民毫无疑问是国际社会面临的复杂、敏感和难以对付的难题之一,这一现象已超越了国家层面并挑战着国家制度和治理能力,数十年来相关的国家和地区都在寻求减少或根除非法移民的方法。东盟域内非法移民的治理在地区层面上缺乏一个共同机制,主要通过国家的单边措施及来源国与目标国之间的双边机制,但形成了一个多层面(multi‐level)的治理体系。

第一节　国家层面的单边治理及评估

移民在全球政策层面已经获得了高度关注,但是没有综合的法律框架治理跨界人口流动。移民基本上属于国家政策的议题范畴,对很多国家而言,实施移民政策的最终目标是将移民置于管理之下,具体指标包括每年入境的移民数量是否与劳动力市场的需求相匹配、是否与本国民众对移民的接纳程度相匹配。[①] 东盟成员国的移民(包括国际国内移民、合法非法移民、被迫自愿移民)政策大致可分为三类:第一类是国家移民政策与边界制度(national migration policies and border regimes),即管理/控制入境及外出移民的政策和法律,与国际移民、跨国界、跨区域的移民控制和管理密切相关;第二类是移民权利与对待移民的方式(migrants' rights and the treat-ment of migrants),决定了移民在目标国所能享有的权利和待遇,包括来源

---

① IOM, *World Migration Report 2018* (Geneva: Switzerland), p. 325.

国和目标国提供的社会服务、社会排斥和边缘化、公民资格及家庭团聚等议题；第三类是移民与发展（migration and development），即在更大的发展议题背景下考虑移民政策，既包括超国家层面的发展体制和政策优先性，也包括国家和地方的政策讨论，如农村发展、国内人口流动、发展及定居计划、移民汇款在减贫及国家发展中的作用、为回归移民提供服务、外出移民的发展及管理、人才流失与获得、海外移民对家庭留守人员特别是对儿童的积极和消极影响，并倾向于形成研究议程。① 三类移民政策是相互重叠的，在实践中最突出的是第一类，即国家移民政策与边界制度，不仅在东盟，从全球范围来看亦是如此。在移民特别是非法移民的问题上，许多政府、政党及社会组织存在近乎同样的共识，一致强调国家主权，主张对入境移民实施更为有效的管理，严格执行移民法，驱逐非法移民，严惩雇主，实行限制性移民政策。一般认为，非法移民是目标国的特有问题，在减少非法移民数量方面有着巨大的利益诉求，非法移民治理首先表现为目标国的国内治理，这是目标国面临的一个主要挑战。东盟主要移民目标国新加坡、马来西亚和泰国，在移民政策和移民治理方面具有共性，也存在差异性，对非法移民治理的效果也不相同。

一　新加坡：严格的法律政策及实施

东盟域内非法移民产生的背景除了来源国和目标国收入有差距等因素外，还需要考虑目标国制裁移民的严厉程度和非法移民被拘留和被驱逐的可能性，② 这一点在新加坡表现得最为突出。在东盟所有成员国中，新加坡对移民的管理相对成功，是亚洲第一批意识到需要移民并制定政策管理移民的国家之一，是该地区实施积极移民政策的典型，拥有正式且完整的法

---

① Maureen Hickey, Pitra Narendra and Katie Rainwater, "A Review of Internal and Regional Migration Policy in Southeast Asia," Research Institute National University of Singapore, *Working Paper 8*, September 2013, pp. 7 - 8, http://r4d. dfid. gov. uk/pdf/outputs/MigratingOutOfPov/WP8. pdf.

② Horst Entorf, "Rational Migration Policy Should Tolerate Non - zero Illegal Migration Flows: Lessons from Modelling the Market for Illegal Migration," *International Migration*, Vol. 40, No. 1 (2002): 32.

律和政策机制，并将其发展成为一种独特的模式。

移民在新加坡的人口、社会和经济发展中起着关键的作用，该国经历了快速的人口结构变化及国内劳动力技能的提升，移民政策与人口政策紧密结合，成为维持国家经济健康发展的一个关键要素。其移民政策的目的是促进该国更长期的产业升级和技术变革，维持短期的竞争力，包含对低技术移民征税、对高技术移民给予优惠政策的差别。在人口出生率低的背景下，在可预见的将来，积极吸引技术移民入境依然是新加坡优先考虑的事项。自 20 世纪 70 年代后期以来，新加坡通过进口劳动力满足国内的需求，起初只是一个临时性措施，后来却成为该国经济发展的一个长久性特征，并制定了临时外劳计划（Temporary Foreign Worker Program，TFWP）和工作准证制度，其有三个显著特点，即离岸招募移民、限制移民在境内的自由流动及驱逐非法移民。[①] 该国对移民的招募注重国籍、种族、地理来源、性别、技能和职业等，并将其融合到国家经济需求和族群平衡的政策中，目的是使移民的贡献最大化，同时使自身社会成本最小化并减少移民对社会服务、法律保护、家庭团聚及永久定居的相关诉求。[②]

自 20 世纪 90 年代以来，新加坡移民政策制定的基准就在于引进技术人才促进国家知识经济的发展，其将移民区分为三类：外国工人、外来人才及留学生。[③] 外来工人指的是从事低收入工作的非技术/低技术工人，对这一类移民，政府采用的是"旋转门"（revolving door）政策，不鼓励大规模的引进和雇佣，目的是确保他们的临时就业，并杜绝定居的可能性。为了

① UN Women：Asia Pacific Regional Office，*Managing Labour Migration in ASEAN*：*Concerns for Women Migrant Workers*，Asia Pacific Regional Office，2013，p. 27，http：//imumi. org/attachments/26_1. pdf.

② Graziano Battistella，"Unauthorised Migrants as Global Workers in ASEAN，" Scalabrini Migration Center，Philippines Paper presented at the IUSSP Regional Population Conference on / Southeast Asia. Population in Changing Asian Context held at Chulalongkorn University，Bangkok，Thailand，June 2012.

③ Cheah Wui Ling，"Migrant Workers as Citizens within the ASEAN Landscape：International Law and the Singapore Experiment，" *Chinese Journal of International Law*，Vol. 8，No. 1（2009）：218.

减少对非技术/低技术移民的依赖，2012 年，新加坡将每个部门外来工人的比例减少了 5%，如制造业从 65% 减少到 60%，服务业部门从 50% 减少到 45%。① 对外来人才或技术移民，政府则是有意识地引进，提供高薪和住房等福利待遇，鼓励其长期停留，规定工作两年后可享受税收优惠。政府每年批准约 3 万名外籍专业人士成为永久居民或公民。对留学生，政府提供丰厚的奖学金，作为潜在的技术劳动力来源，留学生在学业完成后可成为该国劳动力的一部分。新加坡人力资源部为外国工人发放三种准证，工作证（work permit）、就业准证（employment pass）及"S"准证。工作证发放给月薪不到 2500 新元的非技术和低技术工人，他们主要从事建筑业、制造业、海产业、家务帮工及低技术服务产业；就业准证发放给月薪 2500 新元以上、有专业资格和特殊技能的外国人，他们主要从事金融业、房地产业和高技术产业，对其不限制国籍且允许带家属；"S"准证制度于 2004 年 7 月创立，是为了满足国内对中等技术工人的需求，要求其受过中等及以上教育，最低月薪为 1800 新元。

　　新加坡制定了完备的移民政策并严格执行，移民政策符合经济发展的需要并得到了有效和透明的法律实施。② 对外国工人的管理主要是通过《移民法》和《外国工人雇佣法案》（*Employment of Foreign Workers Act*）两项法案。《外国工人雇佣法》在 2007 年 5 月修订后改名为《外国人力雇佣法案》（*Employment of Foreign Manpower Act*），并加大了对非法移民和无良雇主的惩罚力度。如雇主逃避劳工税、剥削工人福利等行为，由原来的 24~48 个月的劳工税罚款或 1 年监禁提高到处以最高 15000 新元罚款或 1 年监禁或二者并罚；针对外国人的不法就业行为，如对制造假文件、为获得工作准证而虚假声明工资待遇、非法买卖、转换工作准证或持有伪造工作准证等违法

① Government of Singapore, *Singapore Budget 2012*, p. 1, http://www.singaporebudget.gov.sg/budget_2012/key_initiatives/business1.html.

② Maruja M. B. Asis, "Borders, Globalization and Irregular Migration in Southeast Asia," in Aris Ananta and Evi Nurvidya Arifin, eds., *International Migration in Southeast Asia* (Institute of Southeast Asian Studies, Singapore, 2004), p. 210.

行为的处罚标准，由原来的最高 4000 新元罚款或 1 年监禁提高至 15000 新元罚款或 1 年监禁或二者并罚。《外国人力雇佣法案》还对新的违法行为的惩处进行了补充，如在申请工作准证过程中对雇主或外籍工人提供虚假信息的最高可处以 5000 新元罚款或 6 个月的监禁，或二者并罚。① 该国实施移民政策的两个工具是外劳顶限（dependency ceiling，DC）和外劳征税（foreign worker levy，FWL），前者规定了一个雇主所能雇佣的外国工人数量范围，后者要求雇主每月为外劳上税。

新加坡还是东盟唯一成功治理了非法移民问题的成员国，避免了非法移民问题的困扰。移民与关卡局公布的年度数据显示，非法移民和逾期居留人数从 2015 年的 1901 人减少至 2016 年的 1278 人，是 2011 年以来的最低水平。② 该国非法移民数量极为有限的原因，除了政府打击、防范态度一贯积极和严厉之外，还在于该国的国土面积小易于进行边界控制、非正规经济部门规模较小而对非法移民的容纳能力有限。

为了加强对非法移民的防范，新加坡不断收紧边界控制，在靠近马来西亚的海岸修建了围栏。移民与关卡局通过加强边境的安保措施、使用生物认证科技等方法制止非法入境或逾期居留。2005 年在所有关卡配置了生物特征资料库（BDIC），通过指纹认证便可核对出入境者的身份和背景，2012 年初资料库又增加了脸部特征识别功能，可与资料库黑名单的照片进行核对。同时，加强对沿海较偏僻地区的重点监视，阻止非法移民从海上登陆。③

---

① 《新加坡〈外国工人雇佣法案〉主要修订内容》，中国商务部对外投资和经济合作司网站，http://hzs. mofcom. gov. cn/aarticle/zcfb/d/200709/20070905091916. html，最后访问日期：2017 年 10 月 24 日。

② 黄小芳：《非法移民与走私案去年大减 但走私手法层出不穷引关注》，联合早报网，http://www. zaobao. com/news/singapore/story20170217 - 725568，最后访问日期：2017 年 10 月 24 日。

③ 《报告显示新加坡窝藏或聘用非法移民者人数大增》，环球网，http://world. huanqiu. com/exclusive/2013 - 08/4270801. html，最后访问日期：2017 年 10 月 24 日。

二　泰国和马来西亚：钟摆式政策

东盟移民目标国除新加坡之外，其余国家针对移民的政策基本属于短期的和应对性的。马来西亚和泰国作为东盟受非法移民影响最大的两个国家，对非法移民应对的共有措施是加强边界控制、驱逐非法移民和使非法移民合法化，如两国在 1992~2005 年共实施了 10 次大赦，涉及 500 多万非法移民。[①]

（一）泰国

泰国长期以来没有制定针对移民的计划和政策，1988 年政府开始重视非法移民问题，20 世纪 90 年代以后逐渐改变放任自由的移民政策，尤其是为了应对来自湄公河次区域的大批非法移民。采取的措施主要有两项：一是使非法移民合法化，通过对非法移民进行登记和国籍认定（Nationality Verification，NV）；二是与来源国建立双边合作机制，通过签署谅解备忘录（MOUs）来招募移民。

自 20 世纪 80 年代以来，来自柬埔寨、缅甸和老挝的非法移民成为泰国经济的一个结构性特征，泰国政府意识到本国经济对廉价非法劳工的依赖，对此"睁一只眼闭一只眼"，周期性地采取合法化措施。自 20 世纪 90 年代初期以来，几乎每年都实行大赦，短期内使大量非法移民处于半合法的地位。[②] 1988 年，政府首次允许泰缅边界 10 个府的雇主对非法移民进行登记。登记后的移民可获得在泰国合法工作的准证，为期两年，并允许一些地区的劳动密集型产业雇佣来自缅甸、柬埔寨和老挝的已登记非法移民。1993 年，登记制度推广至 22 个沿海府的渔业及鱼类加工业，1996 年扩展至 39

---

①　Jenina Joy Chavez, "Social Policy in ASEAN: The Prospects for Integrating Migrant Labour," *Global Social Policy*, Vol. 7, No. 3 (2007): 370.

②　MMN, *The Precarious Status of Migrants in Thailand: Reflections on the Exodus of Cambodian Migrants and Lessons Learnt*, December 2014, p. 10, http://www. mekongmigration. org/? page_id = 2923.

个府、8 个行业，1998 年的登记工作覆盖了 54 个府、47 个行业。① 非法移民需要在其居住地进行登记，需要雇主的担保并在指定医院或诊所进行体检。2004 年，实施了最开放的登记制度，登记移民总量达 1284920 人（70% 来自缅甸，柬埔寨和老挝移民各占 15%），但也只有 831257 人申请到工作准证。② 2016 年，723360 名缅甸移民进行登记，柬埔寨移民的登记数量达 385829 名。③

尽管政府努力促进登记进程，但依然有很多未登记的移民，原因包括缺乏登记信息，登记成本高昂，雇主因不愿意支付工作准证的费用拒绝参与，登记的移民依然不能保证获得应有的工作条件、薪水及基本人权等方面的保障。起初，移民不允许更换雇主、迁移到工作以外的地方，这些限制导致了各种形式的剥削。2008 年以后，持有工作准证的移民允许更换雇主，前提条件是雇主同意支付新的工作准证费用。

泰国于 2003 年为老挝、缅甸和柬埔寨的移民制定了国籍认定程序，要求已在泰国的非法移民必须向母国政府提供个人资料以换取临时护照或身份证明文件，完成认定后可获得在泰国工作两年的合法机会。至 2009 年 11 月，共有 125156 名非法移民完成了国籍认定。④ 2017 年 5 月，在泰国的柬埔寨工人有 84599 人完成了国籍认定，缅甸移民有 711987 人。⑤ 近年来合法化程序的成本逐渐增加，包括移民获取所需文件花费的时间和旅途成本，成为移民的一个经济负担，因而很多移民专家并不鼓励非法移民参加认定。

---

① Richard H. Adams, Jr. Ahmad Ahsan, *Managing International Migration For Development in East Asia* (The World Bank, June 2014), p. 266.

② Richard H. Adams, Jr. Ahmad Ahsan, *Managing International Migration For Development in East Asia* (The World Bank, June 2014), p. 267.

③ Office of Foreign Workers Administration, Department of Employment, Ministry of Labour, Thailand, https://www. doe. go. th/prd/assets/upload/files/alien_th/792945dd0ecdeebc225a6addeaf2f0f5. pdf.

④ Charamporn Holumyong and Sureeporn Punpuing, "A Cost – Benefit Analysis of the Legal Status of Migrant Workers in Thailand," in Richard H. Adams, Jr. Ahmad Ahsan, eds., *Managing International Migration For Development in East Asia* (The World Bank, June 2014), p. 269.

⑤ Office of Foreign Workers Administration, Department of Employment, Ministry of Labour, Thailand, https://www. doe. go. th/prd/assets/upload/files/alien_th/792945dd0ecdeebc225a6addeaf2f0f5. pdf.

2003 年 7 月，泰国国家安全委员会制定了一项管理移民的决议，包括六项措施：允许某些部门有限制地雇佣非法移民；为移民准备记录卡和身份证；只雇用移民而不包括其家人；确保适当的薪水；实施有效的遣返措施；为了减少进入城市地区的移民人数，发展泰国边界地区的经济。① 2008 年，泰国参照新加坡的模式，通过了第一个关于移民的综合立法——《外国人就业法》（*Alien Employment Act*, B. E. 2551），用于管理来自老挝、缅甸和柬埔寨的非技术/低技术移民，发放临时工作准证并允许其在泰国合法工作一段时间，还规定了对非法移民及雇主的惩罚性措施。2012 年 5 月，泰国劳工部成立非法外籍劳工管理委员会（Illegal Alien Workers Management Committee, Kor Bor Ror），涉及 22 个政府部门。该机构的职责是逮捕和驱逐在泰国的非法移民，由于工作效果不突出，该委员会建议采取"更开放的门户政策"（more open door policy）。针对人口贩卖的严峻形势，泰国于 2008 年 6 月开始实施《反人口贩卖法》（*Anti - Trafficking in Persons Act*, B. E. 2551），对人口贩卖进行定罪化，但收效甚微。

2014 年军政府上台后，泰国的移民政策开始转变，大力打击非法移民，导致非法移民大量外逃，同时也严重冲击了国内依赖这些劳动力的部门。政府将打击人口贩卖工作作为国家改革的重要部分，对人口贩卖及滋生人口贩卖的问题实行"零容忍"。巴育总理亲自负责，2015 年用于这一工作的预算提升至 49682 万泰铢（约合 1552 万美元）。为减少渔业中大量非法移民就业及遭受剥削现象，政府颁布了保护海洋渔业劳工的规定，规定渔业工人的最低年龄为 18 岁；建立 24 小时投诉热线"1300"，提供缅甸语、汉语、英语、高棉语和越南语等语种服务。2014 年接到 3400 例投诉，协助执法人员调查了 123 起人口贩卖的相关案件。② 由于泰国在 2014 年《贩卖人

---

① Terrie Walmsley, Angel Aguiar, S. Amer Ahmed, *Labor Migration and Economic Growth in East and South - East Asia*, Policy Research Working Paper 6643, The World Bank East Asia and the Pacific Region Office of the Chief Economist, October 2013, p. 267, https://openknowledge.worldbank.org/bitstream/handle/10986/16858/WPS6643.pdf; sequence = 1.

② 杨云燕：《泰国：对人口贩卖"零容忍"》，新华网，http://www.newchinesenet.com/print/31595，最后访问日期：2017 年 10 月 24 日。

口报告》中的评级较低（第三级），政府于 2015 年 4 月向美国提交了一份长达 78 页的报告，总结了泰国近年来在打击人口贩卖方面取得的成绩，期望在评级中有所改善。① 2017 年，泰国在报告中的评级处于第二级观察员名单中。

2014 年 7 月，泰国政府设立"一站式"服务的外籍劳工注册中心，计划在龙仔厝府建立首个中心，之后扩展到沿海 22 个府，为来自缅甸、老挝和柬埔寨的非法移民发放为期 1 年的临时工作准证。为非法移民发放一种新卡，称"粉卡"（pink cards），允许移民在国籍认定期间临时就业。自 2014 年严厉打击非法移民以来，泰国政府的一系列政策导致了更多的混乱。2017 年 1 月，政府宣布一项新法令，加大对非法移民和雇主的惩罚力度：对非法移民处以 5 年监禁，罚款 2000～10000 泰铢；对雇主处以每个工人 40 万～80 万泰铢的罚款；没收移民个人文件或工作准证的雇主，将被处以 6 个月监禁或者 10 万泰铢罚款。

合法化措施在某种形式上赋予了决策者管理劳动力移民的灵活性，但泰国多年来的坚持并没有促进形成移民合法化的良好氛围，因其对非法移民的政策是不连贯的，并且始终倾向于支持雇主，也没有改变国内劳动力密集型经济部门对廉价移民的依赖。为了寻求解决非法移民问题的新途径，泰国与越南、孟加拉国和尼泊尔签署了引进劳工的协议，因为这些国家与泰国不直接接壤，相比缅甸、柬埔寨和老挝在出入境管理方面更容易加以控制和管理。

（二）马来西亚

马来西亚对非法移民的态度和政策取向在某种程度上介于新加坡和泰国之间。该国移民政策的目的是鼓励引进专业人才以促进经济发展和产业技能提升。不同于新加坡的是，该国的移民政策没有与国家发展战略紧密相连，政策具有很大的灵活性，可以根据市场的变化进行调整，但也由于

---

① 张旌：《美国指泰国为人口贩卖中心　评级降至最低》，新华网，http://news.xinhuanet.com/world/2014－06/23/c_126654473.htm，最后访问日期：2017 年 10 月 24 日。

政策变动频繁招致诸多批评。马来西亚的移民政策建立在文化和宗教亲缘性基础之上，制定了多层的法律制度来管理境内的移民。受到与来源国的双边协议、国内政治和雇主游说力量及移民文化背景的影响，政策的挑战不仅在于经济对外来移民的严重依赖，还在于涉及大量存在的非法移民。[①]

自 20 世纪 70 年代以来，该国的移民政策大致可分为四个阶段：1970～1980 年为自由移民时期；1981～1988 年制定招募移民原则并与来源国签署双边协议；1989～1996 年制定立法阻止非法移民；1997 年以来，针对非法移民不断出台新立法和措施。[②] 至 70 年代末期，随着移民数量的增加，政府试图采取措施加以管理。1984 年开始制定招募原则，目的是鼓励合法招募，减少非法移民；进入 90 年代政府管理移民的态度更加积极，1992 年开始采取措施招募合法移民。此后，该国通过边界控制、双边协议及大赦等在放松和收紧移民控制之间摆动。马来西亚管理外国工人招募的两个法律是《移民法》（1959/1963 年）和《就业法》（1959 年），具体的执行手段是发放工作准证和征税，持有马来西亚劳工部工作准证的移民才能合法工作。移民根据技能等级被分为两类：一是非技术工和半技术工，称为 "migrant workers" 或者 "foreign workers"，月收入在 2000 令吉以下（约 526 美元，2005 年 7 月 21 日开始采取浮动汇率）；二是专业工人（professional workers），通常称为 "expatriates"，月收入为 2000 令吉及以上。2014 年 1 月，推出外劳卡（i - kad），允许非法入境的移民申请并作为临时身份证。对外劳进行征税的目的是提高雇佣成本、减少对移民的依赖。不同部门和技能的年度征税标准不同（见表 6 - 1）。进入 21 世纪，移民议题成为媒体

---

① Vijayakumari Kanapathy, "Managing Cross - Border Labour Mobility in Malaysia: Two Decades of Policy Experiments," PECC - ABAC Conference on "Demographic Change and International Labour Mobility in the Asia Pacific Region: Implications for Business and Cooperation," *Seoul, Korea on March 25 - 26*, 2008, p. 7, http://www. pecc. org/resources/labor/690 - managing - cross - border - labour - mobility - in - malaysia - two - decades - of - policy - experiments/file.

② Michael Leigh, "The Contested Basis of Nationhood: Key Issues When Analysing Labour Flows in Southeast Asia," *International Journal on Multicultural Societies*, Vol. 9, No. 2 (2007): 180.

关注的重点，媒体大肆指责移民数量过多、雇主歧视当地工人、移民增加了犯罪率等。为了减轻民众的忧虑，政府开始改进移民政策。2005 年设立了"工作清理系统"（Job Clearing System，JCS）和"一站式中心"精简移民招募程序，要求所有雇主通过清理系统申请所需劳动力。为打击某些部门的非法移民，政府还提高了移民征税额，如服务业部门提高到 1800 令吉，种植业部门提高到 540 令吉。[①]

表 6-1　2009 年马来西亚半岛、沙巴/沙捞越对外国工人的征税标准

单位：令吉

序号	部门	费用	
		马来西亚半岛	沙巴/沙捞越
1	制造业	1200	960
2	建筑业	1200	960
3	种植业	540	540
4	农业	360	360
5	服务业		
	（a）餐馆	1800	1440
	（b）清洁	1800	1440
	（c）货运	1800	1440
	（d）洗衣	1800	1440
	（e）打包	1800	1440
	（f）理发	1800	1440
	（g）零售与销售	1800	1440
	（h）布商	1800	1440
	（i）废铁	1800	1440
	（j）福利院	600	600
	（k）度假村	1200	960

---

① Richard H. Adams, Jr. Ahmad Ahsan, *Managing International Migration For Development in East Asia* (The World Bank, June 2014), p. 246.

序号	部门	费用	
		马来西亚半岛	沙巴/沙捞越
6	其他（特别批准）	1800	1440
7	家务帮工		
	（a）初次	360	360
	（b）第二次	540	540

资料来源：Department of Immigration, Malaysia.

外劳和非法移民内阁委员会（the Cabinet Committee on Foreign Workers and Illegal Immigrants）是马来西亚处理移民事务的主要机构，每年召开两次会议监督政策的执行，根据经济、社会文化、政治和安全形势进行检讨和修正。加强边界巡逻是马来西亚控制非法入境的主要形式。1996 年沿泰国北部的边界建造了一道 500 公里长的围墙，用于阻止来自泰国的非法移民。2013 年 9 月，拟在吉兰丹州与泰国交界的沿河边境修建一道超过 100 公里的围墙，以便于打击边境地区的人口贩卖、毒品交易和军火走私活动。2002 年 8 月开始对非法移民实施严厉打击，包括强化制裁手段、实行周期性的驱逐，其中对非法移民的驱逐以规模较大而著称，仅在 2005 年就驱逐了 40 多万印尼非法劳工。[①] 尽管驱逐非法移民存在较高的行政成本，拘留中心多年来人满为患，也导致很多违反人权的行为，但马来西亚政府仍坚持这一做法。[②] 1997 年、2002 年，马来西亚政府对 1959/1963 年《移民法》进行了修订，允许驱逐非法移民前可进行无限期的拘留；非法移民（包括寻求庇护者）一旦被捕就可能面临 5 年的监禁、1 万令吉（约 2600 美元）的罚款

[①] 〔美〕约瑟夫·夏米、〔美〕巴瑞·米尔金：《遣返非法移民的呼声四起》，耶鲁全球在线，http://yaleglobal. yale. edu/cn/content/% E9% 81% A3% E8% BF% 94% E9% 9D% 9E% E6% B3% 95% E7% A7% BB% E6% B0% 91% E7% 9A% 84% E5% 91% BC% E5% A3% B0% E5% 9B% 9B% E8% B5% B7，最后访问日期：2017 年 10 月 25 日。

[②] Antoine Pécoud and Paul de Guchteneire, "International Migration, Border Controls and Human Rights: Assessing the Relevance of A Right to Mobility," *Journal of Borderlands Studies*, Vol 21, No. 1 (2006): 72.

及 6 鞭的鞭刑。2007 年的反人口贩卖法（the Anti – Trafficking Act）定义了人口贩卖行为，2008 年 1 月开始执行，并组建了反人口贩卖委员会。

2011 年 8 月，政府开始实施"6P 非法外劳漂白计划"，希望通过登记（registration, pendaftaran）、漂白（legalisation, pemutihan）、特赦（amnesty, pengampunan）、监督（observation, pemantauan）、执法（enforcement, penguatkuasaan）和驱逐（deportation, pengusiran）6 个步骤，全面解决非法外劳泛滥的问题。2014 年 1 月 21 日至 12 月 22 日，马来西亚移民局对全国 107 个外劳聚集区开展了第二波取缔非法外劳"6P"联合行动，共开展 5372 次行动，逮捕 29758 名非法外劳和 508 名雇主。被捕的非法外劳在交付 300 令吉罚款和 100 令吉特别出境通行证费后，能以合法途径返回来源国，亦可免除被捕和被拘留的处罚。① 此前，被驱逐的印尼非法劳工通过柔佛州出境，而 2014 年的驱逐行动得到了印尼军方的配合，出动军机将非法移民运载回国。此次行动获取了非法移民的指纹，以防止其再次入境。

2016 年 2 月，马来西亚政府宣布暂停引进外劳，导致劳动力严重缺乏，引起雇主的强烈不满；移民局于 3 月公布"重新聘用非法外劳"计划，允许境内的非法移民通过重新登记等手续转为合法劳工，"就地取材"以满足当地对人力的需求。该计划要求雇主为每名外劳完成重聘程序，这一程序涉及 11 个收费项目，总额为 3455 ~ 5945 令吉。其中，外劳抵押金因国籍不同而有所差异，最高的是越南和老挝籍劳工，每人抵押金为 1500 令吉，菲律宾和缅甸外劳每人 750 令吉，而印尼、柬埔寨和泰国籍的抵押金最低，仅需 250 令吉。② 重聘计划不同于"6P 漂白计划"，只针对拥有雇主的非法外劳，实施时间从 2016 年 2 月 15 日至 6 月 30 日，实施范围只限于马来西亚半岛，不包括沙巴、沙捞越和纳闽。政府希望通过此次行动使境内 170 万非

---

① 《印尼军机到马国载非法外劳回国》，联合早报网，http://www.zaobao.com/sea/politic/story20141224 – 427539，最后访问日期：2017 年 10 月 25 日。

② 《马来西亚非法外劳重聘计划发布 15 国籍外劳抵押金有别　最高付近 6 千令吉》，中国国际贸易促进委员会驻新加坡代表处，http://www.ccpit.org/Contents/Channel_4012/2016/0323/598967/content_598967.htm，最后访问日期：2017 年 10 月 25 日。

法外劳合法化，进入劳动力市场。至 4 月中旬，只有 5.5 万人重聘成功。[①]
为有效应对缅甸罗兴亚难民问题，2016 年 11 月，联合国难民署联合马来西
亚政府推出一项实验性计划，允许 300 名罗兴亚难民在该国的种植业和制造
业合法工作，但难民在等待安置期间不可以参与经济活动。评论认为这是
一项双赢措施，难民可实现自力更生，减少马来西亚政府的财政负担；政
府通过让难民合法工作，既满足了劳动力市场需求，也可更好地管控这一
群体。[②]

　　总体而言，马来西亚的移民政策是失败的。尽管有透明的工作准证和
征税制度，但劳动力移民面临更复杂的政策现实，始终处于不断变化、正
反感情并存及执行措施不力的局势中。[③] 政府关心的首先是经济利益、国内
的种族平衡及与其他东盟成员国的关系，移民权利、移民与当地社会的融
合并不在政府的议程当中；[④] 政策不是预先的计划，而是作为一个临时必要
的措施，只是试图解决长期存在的非法移民难题；且对非法移民存在一定
程度的连续容忍，故很难根除。

三　国家单边治理评估

　　亚洲国家移民政策的发展通常基于特定群体的利益并误解了移民的本
质和效应。[⑤] 移民政策通常建立在移民法、国家安全政策以及经济竞争力政
策之上，而移民法大多数已过时，并将移民当作一个涉及国家安全的议题

---

① 《马国再力推"聘非法外劳"》，联合早报网，http://www.zaobao.com/news/sea/story20160422 - 608065，最后访问日期：2017 年 10 月 25 日。

② 《担心武装冲突恶化　马印泰穆斯林示威声援缅罗兴亚人》，联合早报网，http://www.zaobao.com/news/sea/story20161126 - 694782，最后访问日期：2017 年 10 月 25 日。

③ Stephen Castles, "New Migrations, Ethnicity and Nationalism in Southeast and East Asia," University of Wollongong, This paper is based on a talk given to the Transnational Communities Programme seminar series at the School of Geography, Oxford University, on 12 June 1998, http://www.transcomm.ox.ac.uk/working%20papers/castles.pdf.

④ Amy Gurowitz, "Migrant Rights and Activism in Malaysia: Opportunities and Constraints," *The Journal of Asian Studies*, Vol. 59, No. 4 (2000): 865.

⑤ Graeme Hugo, "The New International Migration in Asia," Asian Population Studies, Volume 1, Issue 1 (2005): 115.

或者保证某些产业在全球竞争力的战略。目标国打击和制止非法移民面临三个主要困难：首先，要求国家具备有效控制非法移民入境的能力；其次，目标国存在对非法移民的结构性需求；最后，政府打击非法移民的政策效果受制于多方面因素和条件，如制度性质、社会准则、官员行为及国家之外的全球力量等。[1]

20 世纪 80 年代以后，随着东盟移民目标国制定一系列措施来监管和控制移民流动，临时劳动力移民进入东南亚劳动力历史的新阶段，并在该地区的地缘政治中继续发挥作用。[2] 除新加坡外，泰国和马来西亚的移民政策框架整体上较弱，常常是事发后的匆忙应对，而且是混乱和矛盾的。一方面需要满足经济的需要，考虑本国经济对移民劳动力的依赖；另一方面要回应国内民众对移民的忧虑尤其是与安全相关的问题。对前者的回应导致大量非法移民依然在填补某些部门劳动力的短缺，对后者的回应则造成严格的边界控制和对非法移民的不定期驱逐。政府强大的政策干预行为阻塞了一些非法迁移路线，在一段时期内也确实减少了非法跨界的现象。

很难对东南亚地区进行一般性的概括，这是个国家之间存在巨大差异的地区。文化多样性、全球化倾向及日益增长的人口流动导致该地区正在发生巨大变迁，地区内部国家间的移民政策存在诸多相互关联的因素，包括：客工/合同工制度、居住政策、移民汇款体制、为控制非法移民制定的拘留和其他惩罚性政策的实施。[3] 在全球化背景下，东盟移民目标国的政策集中于控制和管理人口的跨界流动。获得授权的移民以劳动合同为依据，合同终止时离开，移民政策关注的对象通常不是高技能移民，而是大规模

① Steffen Angenendt, "Irregular Migration as An International Problem, Risks and Options," SWP Research Paper, July 2008, p. 14, http://www.swp‐berlin.org/fileadmin/contents/products/research_papers/2008_RP04_adt_ks.pdf.
② Amarjit Kaur, "Labour Migration Trends and Policy Challenges in Southeast Asia," Policy and Society, 29 (2010): 385.
③ Amarjit Kaur, "International Labour Migration in Southeast Asia: Governance of Migration and Women Domestic Workers," Intersections: Gender, History and Culture in the Asian Context, Issue 15 (2007): 4, http://intersections.anu.edu.au/issue15/kaur.htm.

存在的非技术/低技术移民。国家间的政策差异性大，很难进行概括。个别
成员国的政策主要是应对性的，不是积极指导或是有计划地促进移民。当
经济状况好、失业率低时，目标国对非法移民的到来"睁一只眼闭一只
眼"，内心是欢迎的，甚至采取措施使之合法化，实际上同非法移民达成了
一种默契，这种网开一面的做法其实是对非法移民的一种变相鼓励。[1] 当经
济低迷、失业率高、社会问题增多、国内反移民的呼声四起时，目标国就
会收紧移民政策，打击非法移民。对非法移民的依赖和周期性打击是国家
处理跨界流动问题的短期和相互矛盾的做法。

在非法移民问题上，除新加坡外，其余东盟目标国还没有形成一个连贯
的计划或明确的政策。加强边界控制 + 驱逐非法移民和惩罚雇主 + 使非法移
民合法化是东盟目标国应对非法移民潮的政策组合，一方面是努力制止，另
一方面又对业已入境的非法移民实行数次"大赦"。这本身就是种相互矛盾的
表象，[2] 没有触及非法移民的根源，即来源国与目标国之间的推拉动力等，
移民政策由此也陷入了道德和政治上的"死胡同"。边界控制或制裁、驱逐
非法移民的手段收效甚微；使非法移民合法化似乎有一定的合理性。合法
化的本意，一是维护国家利益，二是缓和国内劳动力市场的紧缺状况；合
法化的一个重要结果是至少在理论上有助于移民离开地下经济，为他们提
供更好的工作和生活条件，在一定程度上维护其作为被雇佣者的合法权益，
也有助于减少目标国社会的财政负担。围绕合法化的政治讨论始终充满争
议，从目标国的立场来看，将非法移民转为合法存在虽容易对其进行监督
和管理，但这一措施具有两个不可避免的缺陷。首先是非法移民一旦遇到
目标国的"大赦"，命运发生转机，对潜在的非法移民就具有了"社会暗
示"的作用，给了他们合理的心理期待，促使非法移民持续性地涌入。在
某次合法化行动结束后，新的非法移民又取代了前非法移民。其次，合法
化措施不是定期进行，也没有包含所有非法移民，只针对在规定日期前入

---

① 《移民潮：全球同此凉暖》，中国新闻网，http://www.chinanews.com/gj/hsdgc/news/2006/09 - 08/787074.shtml，最后访问日期：2017 年 10 月 25 日。

② 李明欢：《国际移民政策研究》，厦门大学出版社，2011，第 163 页。

境的某些部门或特定国籍的移民，且转为合法移民的时间较短，一般为 1 ~ 2 年，之后再次沦为非法移民。泰国自 1992 年以来进行了数次不连贯的非法移民登记，但很多雇主不愿意为非法移民支付登记费，加之执行过程中的腐败行为等因素使登记效果很难达到预期。既没有使国内已存在的非法移民合法化，也没有制止不断入境的非法移民，合法化措施演变为一种对非法移民及雇主的持续性妥协行为。[1]

对边界的控制和对非法移民的遣返基本上是在目标国单边的基础上进行，只触及非法移民问题的不同方面，所产生的效应也主要是临时和短期的，不具有实质性的长期影响。无论是对边境控制的强化还是对非法入境者的制裁、驱逐或是合法化等，都仅仅是"治标"之术，明显的例证就是非法移民的数量没有得到有效控制，其效果是临时和有限的。目标国游离于短期解决劳动力短缺及非法移民的长期有害影响之间，治理的有效性因缺乏远见和连贯性、执行不力及资源的缺乏而受到影响。[2]

东盟成员国在移民问题上表现出鲜明的异质性，一些属于来源国，一些属于目标国。移民问题扎根于各国的历史与现实中，各国基于不同的立场和利益诉求，且由于政治意识形态、经济发展及人口结构状况的差异很难在移民议题上达成共识和形成统一的应对模式，各国移民政策的差异性、灵活性和不连续性导致难以单边解决非法移民问题。[3] 目标国在非法移民问题上忽松忽紧，是基于国内经济和政治的需要而采取的实用主义态度，政府的每次管理努力都屈从于市场的压力；而来源国不愿耗费资源来制止本国公民的非法出境，原因是不希望失去移民的汇款收入。两者之间的分歧

---

① Suttirak Paitoonpong, "Different Stream, Different Needs, and Impact: Managing International Labor Migration in ASEAN: Thailand (Immigration)," Discussion Papers from Philippine Institute for Development Studies, No. 2011 - 28, p. 28.

② Austin T. Fragomen Jr., "An International Migration and Development Initiative," International Dialogue on Migration (IDM) IDM/sessions/92nd, International Organization for Migration, Geneva, 2012, p. 1, http://www.iom.int/jahia/webdav/site/.../fragomen_statement.pdf.

③ 徐军华：《非法移民的法律控制问题》，华中科技大学出版社，2007，第 209 页。

导致了长期存在的经济相互依赖关系和冲突的利益关系,① 共同点在于来源国和目标国寻求的都是短期利益而非长期利益。

大多数国家的移民政策包含三条主线,即边界控制和执法、国家经济利益和移民保护。这三条主线客观上要求政府不应将复杂和敏感问题的短期应对政治化,政策的发展应考虑国际合作的共同标准、共有的经验和最好的行为。② 无论是在政策立法层面还是在行动措施层面,东盟移民目标国采取的措施都是控制多于疏导,打击大于保护,由此引发了更多的政治、安全、外交和民族等方面的问题,而没有把这一问题融合到国家的外交、发展和安全政策当中来进行考虑。各国基本还没有形成自己合理性的应对措施,政策取向和要旨大多数是应对性的,强调单边移民管制而非通过合作或多边行动进行,主要表现为限制入境、管制和驱逐移民而不是管理移民、受管理的移民体系还没有成为传统,因而难以应对非法移民的挑战,甚至产生了适得其反的效果。③

第二节　国家间的双边治理及评估

非法移民是一种无序的人口跨国流动,打破了各国对出入境管理的有序状态,在国内和国际层面带来了多方面的危害。非法移民涉及的不只是目标国,还包括来源国和中转国,因而对这一跨国行为的治理不能单靠某一个国家的行为,本质上要求不同国家间的合作。国际公约关于移民权利的规定、地区移民论坛和双边协议等是促使国家间合作的一些关键机制。

---

① Vivienne Wee and Amy Sim, "Transnational Networks in Female Labour Migration," in Aris Ananta and Evi Nurvidya Arifin, eds., *International Migration in Southeast Asia* (Institute of Southeast Asian Studies, Singapore, 2004), p. 166.

② International Council on Human Rights Policy, *Irregular Migration*, *Migrant Smuggling and Human Rights: Towards Coherence*, p. 87, http://www.ichrp.org/files/reports/56/122_report_en.pdf.

③ Graeme Hugo, "Best Practice in Temporary Labour Migration for Development: A Perspective from Asia and the Pacific," *International Migration*, Volume 47, Issue 5 (2009): 24.

一 成员国间的双边机制

大多数国家的经历表明单个国家很难成功制止非法移民，故而转向寻求双边机制，通过双边劳动力协议（bilateral labour agreements，BLAs）和谅解备忘录（MOUs）来加以管理。国际劳工组织对双边合作机制进行了研究，确定了全球有 358 个双边协议（65 个在亚洲），86% 的协议包含了切实执行、监督和评估程序，9% 规定了技能认证，3% 包含了社会保障和医疗条款。选定了 15 个谅解备忘录作为案例研究，认为实施的空间和范围有限，很多移民系统（如东盟）还缺乏社会保障制度的便携性。[①] 谅解备忘录是针对临时移民雇佣而精心设计的复杂体制，其作为国家间移民招募和管理的一个法律框架和治理结构，已成为政策体系的一个组成部分，主要目的是确保雇佣移民的程序适当、有效遣返移民、增加对移民的保护、防止非法移民的跨界流动和贩卖等，规定了移民的期限和条件，是寻求解决非法移民问题的一种尝试。谅解备忘录是来源国和目标国在移民问题上的主要双边合作方式，属于离岸招募移民的机制，涉及三方行为体需要承担的义务，即雇主、政府准许的招募机构及移民，[②] 要求来源国和目标国政府共同履行义务，参与并监督移民进程。通过谅解备忘录程序招募的移民称为"MOU移民"，可在目标国合法工作两年，更新工作证后还可工作两年。

马来西亚与来源国的双边合作开始于 1984 年。首先与印尼签署了《曼丹协议》（Medan Pact），主要用于管理进入该国种植园和从事家务工作的印尼移民；2004 年，两国签署新的谅解备忘录，规定了移民招募和遣返的相

---

① *Asia – Pacific Migration Report 2015*：*Migrants' Contributions to Development*，Asia – Pacific RCM Thematic Working Group on International Migration，ST/ESCAP/2738，pp. 124 – 126，http://www. unescap. org/sites/default/files/SDD% 20AP% 20Migration% 20Report% 20report% 20v6 – 1 – E. pdf.

② Ronald Skeldon，"Managing Irregular Migration as A Negative Factor in the Development of Eastern Asia," *ILO Asian Regional Programme on Governance of Labour Migration Working Paper*，No. 18. March 2009，p. 15，http://www. ilo. org/wcmsp5/groups/public/—asia/—ro – bangkok/documents/publication/wcms_105108. pdf.

关事项；2011 年 5 月，两国再次签署谅解备忘录，设定了移民的就业条件。1985 年，马来西亚与菲律宾签署招募家务工人的谅解备忘录。老挝与越南于 1995 年签订谅解备忘录，规定老挝雇主只有在得到政府授权后才可雇佣越南劳工。

泰国直到 2002～2003 年才考虑允许非技术/低技术工人合法入境，并与来源国签署了一系列谅解备忘录。第一次为来自老挝、缅甸和柬埔寨的非技术/低技术移民建立合法渠道，开始关注应对大规模非法移民问题的双边合作。2002 年与老挝（2004 年实施）、2003 年与缅甸（2009 年实施）、2004 年与柬埔寨先后签署了谅解备忘录，确立了移民招募的常规机制。2016 年 2 月，泰、缅签署了新的谅解备忘录，确保移民获得合理的工资和工作条件，阻止劳动剥削和人口贩卖。但招募成效不显著，很难满足雇主的需求。根据泰国劳工部的统计，2002～2010 年，只有 25507 名工人通过谅解备忘录程序进入泰国。[1] 2013 年 7 月，通过谅解备忘录程序进入泰国的移民有 139048 人，其中缅甸移民有 36650 人，而 2013 年登记的非法移民高达 130 万人。[2]

谅解备忘录对管理来自邻国的移民是个有效的措施，但存在很多漏洞。首先是工作准证的期限，最长有效期为 4 年，再次申请要间隔 3 年，且移民等待程序审核、领取工作准证也需要 3 个月。其次是成本高。在谅解备忘录之下进口移民，泰国雇主需提前 2～3 个月申请，要为每个外劳提前向招募机构支付 20000 铢（588 美元）的费用，之后才能从工人的薪水中扣除。这对雇主而言是个沉重的负担，如果要求 100 个工人，就需要提前支付 200 万铢。[3] 谅解备忘录的程序复杂，所需的时间和费用成本高，同时对移民和雇

---

[1]　ILO, *Review of the Effectiveness of the MOUs in Managing Labour Migration between Thailand and Neighbouring Countries*, ILO Regional Office for Asia and the Pacific, Bangkok：ILO, 2015, p. 6.

[2]　Jerrold W. Huguet, *Thailand Migration Report 2014*, United Nations Thematic Working Group on Migration in Thailand Bangkok, Thailand, 2014, p. 6, http：//reliefweb. int/sites/reliefweb. int/files/resources/TMR_2014. pdf.

[3]　Richard H. Adams, Jr. Ahmad Ahsan, *Managing International Migration For Development in East Asia* (The World Bank, June 2014), p. 268.

主的净收益都会造成影响，因而移民更倾向于选择非法渠道、雇主乐于雇佣更廉价的非法移民。在实施过程中，来源国和目标国为了促进合法迁移的渠道，对谅解备忘录的程序进行了一些简化，如缩短时间周期等。2006年至2014年，柬埔寨移民通过该程序进入泰国的数量从445人增加至13802人。[①] 2017年5月，在泰国的柬埔寨移民有160881人拥有谅解备忘录程序发放的工作证，[②] 同类缅甸移民数量为202932人。[③]

二　双边机制的治理评估

在移民治理领域，双边协议和谅解备忘录在发展中国家之间更为普遍，[④] 东盟目标国同样显示出对双边机制的偏好。本质上，双边机制的目的是加强对移民的控制，可以维持稳定和有保障的劳动力来源和市场，不具有约束力，双方政府没有法律义务遵守其中的规定，也无须因移民的抱怨和不满对条款进行修订。双边机制招募移民存在四个困难：第一，招募进程涉及正规和非正规部门，供应链缺少透明性，妨碍了有效的政府管理；第二，政府虽有详细的法律和计划保护移民权利，但在实施过程中面临很多现实困难，如在来源国签订的合同，在目标国的实施可能导致争议和冲突，带来治外法权和外交问题；第三，来源国政府和移民通常存在相互矛盾的利益，一方面国家坚持维护主权和移民的利益，另一方面又担心太多的规定可能威胁到汇款收益；第四，跨国招募的规定是几个政策领域的交

---

① United Nations Office on Drugs and Crime (UNODC), *Trafficking in Persons from Cambodia, Lao PDR and Myanmar to Thailand* (Bangkok, August 2017), p. 20.

② Office of Foreign Workers Administration, Department of Employment, Ministry of Labour, Thailand, https://www.doe.go.th/prd/assets/upload/files/alien_th/792945dd0ecdeebc225a6addeaf2f0f5.pdf.

③ Mekong Migration Network, *Safe from the Start: The Roles of Countries of Origin in Protecting Migrants*, July 2017, p. 37.

④ Dilip Ratha and William Shaw, "Causes of South – South Migration and Its Socioeconomic Effects," October 17, 2007, http://www.migrationpolicy.org/article/causes – south – south – migration – and – its – socioeconomic – effects.

叉，但是没有抓住移民问题的复杂影响，导致双边机制很难发挥预期效应。① 来源国与目标国在移民问题上都有不同的政策立场，导致各国对非法移民的应对表现出政策不一、缺乏配合，并相互指责和推诿，难以在非法移民治理过程中形成合力，严重制约了双边机制的实施效果。现有合作领域大多集中于边境安全防范、相互遣返合作及警务合作等方面，不是直接针对非法移民产生的经济根源，因而很难从根本上杜绝。

双边机制是管理国家间劳动力移民的最普遍方式，但来源国和目标国间的双边机制还未考虑使用集体议价原则去推动移民权利的保护机制。这一双边机制也为东盟的多边合作提供了基础，事实上，一些成员国已经开始尝试通过多边机制来处理非法移民问题。2002 年 2 月，印尼与澳大利亚两国在巴厘岛主持召开了关于人口走私与贩卖、跨国犯罪的国际会议。

第三节　东盟地区层面的移民治理及评估

移民（非法移民）已成为东盟的一个地区性难题，也是东盟治理中的一个重要领域。

一　地区治理与地区移民治理机制的发展

在地区主义的发展过程中，对地区性问题进行治理的要求随之出现。地区治理是治理理论在地区层面的运用，是介于国家治理与全球治理之间的中层概念。如果将治理的要点放在地区层次上，地区治理一般指的是在具有某种政治安排的地区，通过创建公共机构、形成公共权威、制定管理规则来维持地区秩序、满足和增进地区公共利益所开展的活动，是地区内各种行为体共同管理地区事务的不同方式的总和。② 由于地区治理的范围是在地区主义中兴起的、出现于地区一体化进程的特定地理区域内，地区治

---

① Patricia Pittman, "Alternative Approaches to the Governance of Transnational Labor Recruitment," *International Migration Review*（2015）: 3.

② 吴昕春:《论地区一体化过程中的地区治理》,《现代国际关系》2002 年第 6 期。

理涉及的主体因存在长期的互动关系，在历史传统、文化认同、公共利益等方面容易取得共识，更有可能在符合本地区特性的基础上创建实施的途径。[①] 相比全球治理，地区治理具有更加切实的优势，在地区性问题的治理方面有更大的针对性和适应性，国家行为体在治理目标上也比较容易达成一致。

大多数国际移民发生在地区层面，在移民治理框架中，除了欧盟之外，其他地区对国家和全球层面之间的地区注意不多。一些地区组织开始把移民议题纳入合作的讨论当中，在移民治理中，地区逐渐成为一个重要的政治单元。地区移民治理机制分为正式机制和非正式机制两种。正式的地区机制是把区域内的移民治理问题纳入地区机制的讨论议程并试图合作解决，如欧盟、北美自由贸易区（NAFTA）、南方共同市场（MERCOSUR）和亚太经合组织（APEC）等，其中只有欧盟建立了相对完整的共同政策，当然这也经历了一个长期的过程。非正式的地区机制是对区域内国家间的移民问题进行磋商、协调，如 1985 年开始的地区协商进程（RCPs），这是非正式的政府决策者的网络，其不是要发展正式或约束性的协议，而是致力于促进发展最好的行为、采纳共同标准、实现信息分享和提高能力建设，具有灵活性及无约束性特征，实现安全、合法、有序的迁移是主要目标，非法移民是其关注的一个重点。地区协商进程的构成行为体包括某个特定地区的国家、有共同移民利益的一个或多个地区的国家、国际组织或非政府组织，这些国家和组织之间的对话交流有助于促进信息分享、建立信任和合作，代表着传统制度结构之外的由下而上的移民管理措施。由于非正式性和无约束力，地区协商进程对地区政策并不产生显著的影响。[②] 地区协商进程现已扩展到全球范围，存在于地区、地区间和跨地区区域，如中美洲、墨西哥和美国之间的进程，东欧的布达佩斯进程（Budapest Process），澳大

---

① 李东屹：《治理视角之下的东亚区域化——以东盟为案例的分析》，中国政法大学出版社，2014，第 45 页。

② Stefan Rother and Nicola Piper, "Alternative Regionalism from Below: Democratizing ASEAN's Migration Governance," *International Migration*, Vol. 53, No. 3 (2015): 37.

利亚和东南亚国家的巴厘进程（Bali Process），科伦坡进程（Colombo Process），阿布扎比进程（Abu Dhabi Process），地中海"5＋5"进程（Mediterranean "5 plus 5" Process），西非地区移民国际对话（International Dialogue on Migration in West Africa，MIDWA）和东非地区国际移民对话（International Dialogue on Migration in Southern African，MIDSA）等。

地区协商进程的出现和发展与区域经济共同体（Regional Economic Communities，RECs）的发展密切相关。随着商品、服务和资本流动关系的地区一体化，人口流动也开始加速，共同体向自由流动的转型首先表现为在内部实现了人口流动，并导致了共同的外部移民政策，其中以欧盟最为典型，建立了共同的外部边界。在20世纪70年代，欧盟就开启了区域内劳工的自由往来机制，1985年制定、1995年开始实施的《申根协定》（Schengen Agreement）实现了成员之间人员的自由流动，是欧盟一体化移民政策形成前的可行性尝试，也是该组织最具现实意义的边境管理和移民条约。1993年生效的《欧洲联盟条约》（《马斯特里赫特条约》）就将政治避难、签证和移民政策在共同利益层面进行了解释，核心内容之一是引入欧盟公民资格（亦称欧洲公民资格）。1997年的《阿姆斯特丹条约》（Amsterdam Treaty）使申根合作机制正式进入欧洲一体化领域，这被称为移民政策的欧洲一体化，标志着欧盟在移民政策上走向法律结盟；其中一项目标是实施共同的移民和避难政策，要求成员必须自觉遵守统一的一体化移民政策。[①] 2005年9月，欧盟25个成员制定了统一的移民和避难政策。除了地区合作框架，欧盟在跨地区合作中也是最先进的。早在20世纪60年代，欧洲国家就与马格里布国家缔结了几个条约用于控制移民流动，欧盟和非洲制定了所谓的全球性措施（Global Approach），大多数欧盟成员与特定的非洲移民来源国针对循环移民和非法移民建立了双边伙伴关系。

在所有全球地区一体化组织中，只有欧盟创立了公民身份，实现了成员间人员的自由流动。早在20世纪70年代，欧盟就开启了区域内劳工的自

---

① 朱虹:《欧盟移民政策的由来与未来》,《中共中央党校学报》2004年第4期。

由往来机制，《申根协定》实现了成员之间人员的自由流动；其余区域经济共同体促进人员流动或个人流动的协定虽已成为建立共同市场或自由贸易集团规范框架下的组成部分，但总体进展无法与欧盟相提并论，如北美自由贸易协定包含了向缔约国技术移民发放特别签证的规定。东盟在加强国家间移民问题治理上仍处于初级阶段，实现人员的自由流动并不现实。非法移民对区域国家间的关系产生了重大影响，国家意识到处理此类问题时加强国家间合作的必要性，地区协商进程正是加强地区移民治理的主要内容之一，有助于增进共识，提高治理的有效性。①

二　东盟治理与东盟移民治理

（一）东盟治理及治理机制

从治理理论的视角来看，东盟的发展过程其实就是一种治理模式创新的过程；② 而从地区治理的理论来看，东盟治理就是地区内各行为主体通过创设公共机构，在本地区行使规则制定和秩序维护等权威职能，尤其是通过协调采取集体行动，从而实现和增进本地区的共同利益。③ 在一体化进程中，东盟成员国已经意识到"对抗型"民族主义不是实现国家利益的唯一方式，"合作型"的民族主义不仅可以解决民族主义所关注的冲突问题，国家间的良性互动还有助于培育地区认同。东盟的实践表明，地区治理的有效开展可最大限度地缓解和化解成员国间利益和理念的冲突、维护和促进地区的和平与稳定。④

东盟作为东南亚地区唯一的多边地区性组织，在一体化背景下，对地区层面问题的解决发挥着重要作用。东盟治理机制同时也是这一地区组织赖以存在的根基——"东盟方式"（不干涉他国内政、相互尊重和协商一

---

① 　郭秋梅：《国际移民组织与全球移民治理》，暨南大学出版社，2013，第 69 页。
② 　揭晓：《东盟地区治理的基础与动因》，《理论月刊》2010 年第 8 期。
③ 　宋效峰：《社会组织与东盟地区治理转型：参与与回应》，《世界经济与政治论坛》2012 年第 4 期。
④ 　揭晓：《东盟地区治理的基础与动因》，《理论月刊》2010 年第 8 期。

致），其中，不干涉原则深深植根于东南亚地区的政治和历史中，成员国1976年签署的《东盟友好合作条约》就奠定了不干涉成员国内政的原则。"东盟方式"的特点是非正式性，属于软机制主义，在组织上属于松散的和无约束力的，缺乏一个有效的中央权力机构；东盟峰会及东盟部长会议在决定东盟一体化进程中发挥着核心的作用，大多数成员国领导人对建立强大的超国家机制没有兴趣，秘书处的实际权力非常有限，也无执行和监督能力。东盟强调主权平等独立、互不干涉内政，既不追求共同事务上的高度统一，也没有兴趣建立超国家性质的组织机构。为了确保成员国独立发挥作用、表达意志，东盟组织机构更大程度上被构造为集体决策的平台和协商相互关系、利益的场所，更多的是为成员国的合作进程提供一个对话、协商和谈判的平台。

"东盟方式"中最重要的社会文化规范就是对非正式的偏好，其建立在平等、宽容之上的协商和共识基础上。在制度建设方面，东盟框架内订立的条约和国际文件主要表现为对成员国共识的确认和表达，偏重对地区性共同设想的陈述而不是法制性的规定，而且这些条约和文件对各国并不具有强制性的约束力。东盟根深蒂固的文化行为强调非正式性和个人关系凌驾于制度化之上，灵活性高于立法性，国家主权高于超国家制度的权威和合法性。[1] "东盟方式"限制了该组织在具体领域决策中的作用发挥，机制本身的弱制度性使东盟缺乏国际合作的基础，不干涉原则在地区事务的处理中逐渐暴露出缺陷，某些方面成为更积极的地区发展议程的一个主要障碍，[2] 阻止其建立一个超国家框架去应对跨国挑战，导致东盟在一些地区性和全局性的事务上无能为力，削弱了内部的凝聚力和行动能力。因成员国间的经济发展差距和政府执行能力的限制，协调成员国之间法律框架与执

---

[1] Min – hyung Kim, "Integration Theory and ASEAN Integration," Pacific Focus, Vol. XXIX, No. 3 (2014): 392.

[2] Graeme Hugo, "Best Practice in Temporary Labour Migration for Development: A Perspective from Asia and the Pacific," *International Migration*, Volume 47, Issue 5 (2009): 41; 欧阳为、郑捷、夏凡：《财经观察：东盟经济共同体建设面临多重挑战》，新华网，http://news. xinhua-net. com/2013 – 10/08/c_117620310. htm，最后访问日期：2017 年 10 月 25 日。

法守则的基本条件还不具备，许多在东盟会议上达成一致的措施在提交各国审批时仍然面临诸多障碍，一些已签署的协议迟迟不能生效，即使是进入实施阶段的也很难在国家层面得到充分执行。

"东南亚"不是一个历史地区概念，在二战以前从未作为一个单独地区存在过；二战时期，盟军为了全球战略部署的需要将其单独划为一个战区，才使得这一片的国家和地区正式以一个地理概念的面目出现，但其本身没有深刻的历史渊源，缺乏地区合作所需的天然基础。从长期殖民统治下摆脱出来的东南亚国家还保留着民族主权意识，东盟地区一体化具有明显的政府间色彩，不是超国家的。成员国合作模式的一个大问题是理论和实践的脱节，在宣称促进地区合作意愿的同时，却不遵从理论实践，国家利益和地区集体利益不可回避的矛盾冲突成为地区治理的障碍因素。十个成员国在政治体制、价值观和社会文化方面的多样性导致了在一些地区议题上难以协调，成员国按不同标准可划分为不同的团队：根据对人权和民主的态度分为自由主义阵营（泰国和菲律宾）和保守主义阵营（其余成员国）；根据现在及未来发展的不均衡性，分为老成员和新成员的极化或传统的南北分化，或东盟富国和穷国的两层地区体系；根据对干预的不同态度，分为强调建设性干预或灵活性接触的干预派（泰国和菲律宾）和主权派（其余成员国，坚决要求不干涉、安静外交和建设性接触）。东盟传统上强调协调一致的议程设置、决策进程与新出现的分裂相互角力。[①] 一些成员国的威权主义政治有利于国内政治稳定，领导人在国家政治生活中能稳固发挥作用，国家政策具有长期的有效性，但同时也导致各国之间的国际合作表现出明显的注重人际关系、偏好于非正式协商和交流的特征。[②]

一般而言，地区一体化进程是从经济合作扩展到社会文化合作，之后再扩展到政治安全合作；作为地区化的一种观察视角，地区治理的内容也

[①] Amitav Acharya, *Constructing A Security Community in Southeast Asia* (London: Routledge, 2001), p. 207.

[②] 李东屹：《治理视角之下的东亚区域化——以东盟为案例的分析》，中国政法大学出版社，2014，第 93 页。

随之由经济领域向安全、社会文化等领域扩展，但由于区域需求和结构的差异，在不同的等级状态下，地区治理的内容也有所差别。[①] 在目前的东盟治理中，政治安全领域的治理相对成功，相比之下，经济领域的治理还处于地区机制较为简单、发展方式还不成熟的阶段，而在社会文化领域的治理则更为薄弱。东盟自贸区是东盟在经济领域实施区域治理的最重要框架，但是经济领域内的治理长期裹足不前，主要是因为成员国依赖外贸经济，除新加坡之外，其余成员国的出口结构存在极大相似性，主要市场是面向发达国家市场而非东盟市场。[②] 阻碍东盟治理深化的根本原因在于经济融合和政治协调没有实现充分的相互支持，经济融合的最大障碍来自政治层面，而东盟政治团结的发展应该建立在地区经济不断融合的基础之上。[③] 东盟治理的调整方向应该是"东盟方式"的内外扩展，为了促进地区的协商进程，该组织建立了可替换的机制，即 ASEAN－X 和 ASEAN＋X 模式。ASEAN－X 模式是指一部分成员国不赞同，而其余赞同的成员国可以进行协商和合作，超越了简单的双边主义，主要用于次区域层面，如"大湄公河次区域发展计划"及文莱—印尼—马来西亚—菲律宾东部东盟增长区（BIMP－EAGA）；ASEAN＋X 则属于扩展模式，用于东盟与外部伙伴的合作，有时也结合到第一种模式中，表明成员国不需要作为一个集团参与某些合作。[④] 东盟一体化程度不高，"东盟方式"允许成员国以自己觉得比较舒适的方式整合进程，致力于地区治理的整体性，不追求快速的机制化。成员国的安全保障与经济发展主要取决于成员国自身的努力，其发展目标是通过建设政治与安全、经济、社会文化三根支柱，最终建成高度一体化的复合型地

---

① 李东屹：《治理视角之下的东亚区域化——以东盟为案例的分析》，中国政法大学出版社，2014，第45页。

② 〔菲律宾〕鲁道夫·C. 塞韦里诺：《东南亚共同体建设探源——来自东盟前任秘书长的洞见》，王玉主等译，社会科学文献出版社，2012，第178页。

③ Rodolfo Severino, "ASEAN beyond Forty: towards Political and Economic Integration," *Contemporary Southeast Asia*, Volume 29, Number 3 (2007): 416 – 417.

④ Fernando T. Aldaba, "Migration Governance in the ASEAN Economic Community," in Graziano Battistella, ed., *Global and Asian Perspectives on International Migration* (Switzerland, 2014), p. 171.

区共同体，以此来增强东盟的政治团结。

（二）东盟移民治理

1. 东盟对地区移民机制的参与

自 20 世纪 90 年代后期以来，东盟参与了一些地区移民治理机制。1996年，国际移民组织在菲律宾首都马尼拉发起了关于东亚和东南亚非法移民问题的地区研讨会，重点是打击和减少东亚和东南亚的移民走私和人口贩卖，此后称之为"马尼拉进程"，是个非正式的讨论平台。同年开始的"亚太难民、流离失所者及移民问题政府间磋商机制"（The Intergovernmental A-sia—Pacific Consultations On Refugees，Displaced Persons and Migrants，APC）成为亚太国家和地区处理有关难民、流离失所者及移民问题的一个重要机制。2000 年 3 月，"反对贩卖妇女儿童亚洲区域会议"（Asian Regional Initi-ative Against Trafficking in Women and Children，ARIAT）召开，讨论了全球特别是亚洲地区的人口贩卖问题。2003 年召开了有关亚洲劳工移民问题的部长级协商会议——"科伦坡进程"。2013 年 8 月，13 个国家（其中东盟成员国有 6 个：印尼、泰国、菲律宾、缅甸、柬埔寨和马来西亚）签署了关于解决人口非法流动问题的《雅加达宣言》，承诺在预防和应对方面寻求协调一致的联合行动，打击包括避难者在内的非法人口流动。

在东盟参与的地区治理机制中，以《曼谷宣言》和"巴厘进程"最有代表性。1999 年 4 月，在"马尼拉进程"会议上发表的《关于非法移民问题的曼谷宣言》（Bangkok Declaration on Irregular Migration），指出国际移民特别是非法移民问题已经成为亚太地区大多数国家应该关注的涉及经济、社会、人道主义、政治和安全的问题。该宣言为地区合作打击非法移民和人口贩卖确立了一个框架，共有 18 个国家参与。2002 年，在巴厘岛启动了亚太地区关于打击偷渡、贩运人口及相关跨国犯罪问题的"巴厘进程"（Bali Process on People Smuggling, Trafficking in Persons and Related Transna-tional Crime），强调从国家安全的角度打击人口走私和贩卖，通过召开有针对性的讲习班，提升地区打击犯罪的能力，改善地区内部国家及部门间的合作，属于非正式组织，条款无约束力。"巴厘进程"现有 37 成员及 8 个观察员，以亚洲国家为主，还包括伊朗、叙利亚等中东国家，所有东盟成员国是"巴厘进程"的成员，东盟秘书长有时作为观察员参加。2016 年 5 月召开的第六届部长级会议，重点讨论了亚洲的人口贩卖问题。

2. 东盟移民治理中的两个议题

东盟区域内移民的规模、非法移民和移民权利等问题需要地区治理的观点，在移民领域主要涉及两个部分：一是劳动力流动，二是人口贩卖。

（1）劳动力流动

东盟地区层面对劳动力流动议题的关注开始于 1995 年，《东盟服务框架协议》（*ASEAN Framework Agreement in Services*，AFAS）规定成员国间相互承认移民的教育和经历。2004 年签署的《东盟关于一体化优先领域的框架协议》（*ASEAN Framework Agreement for the Integration of Priority Sectors*）使移民与一体化的问题在地区议程中获得了一定的关注度。这是促进地区劳动力流动和一体化的一个重要尝试，确定了服务贸易工人和技术工人的流动两个领域；在移民框架内侧重于能促进经济附加值（economic value added，EVA）的技术工人，不包括非技术/低技术工。2005 年通过了《相互认证协议》（*Mutual Recognition Agreements*，MRAs）来促进移民流动，确立了相关职业技能的认证框架，目的是促进劳动力在成员国间流动、交换信息并促进相互资格承认的合作。2005 ~ 2012 年，东盟共通过 8 种职业的认证协议，分别是工程（2005 年），护士（2006 年），建筑和测量（2007 年），医生、牙医和会计（2009 年），旅游（2012 年）。认证协议有三种不同的框架，对外国工人的开放程度也不同：第一种是开放的，对专业人才的限制最小，如旅游业是唯一一个采纳了完全自动认证过程的行业，来源国发放的资格证书在目标国可自动认证；第二种是部分开放的，受地区层面的限制，移民需要在目标国获得资格证书，涉及会计、建筑和工程；第三种是不开放的，由目标国制定框架和要求，涉及牙医、医生和护士。[①]

---

① Asian Development Bank, *Open Windows, Closed Doors: Mutual Recognition Arrangements on Professional Services in the ASEAN Region*, Mandaluyong City, Philippines, 2016, Executive Summary, vii.

东盟劳工部长会议是东盟关于劳工问题的高级专业合作论坛,旨在就人力资源的发展政策、劳工就业、社会保险、劳动关系、移民工人及地区有关劳工的其他问题展开讨论,劳动力流动历来是其中的一项议程。2000年10月,关于移民事务合作的东盟合同行动计划(ASEAN Plan of Action for Cooperation Immigration Matters)关注劳动力移民特别是技术移民的自由流动。同年召开的第14届劳工部长会议发表联合声明,东盟国家将加强合作,充分开发和利用本地区的人力资源;会后制定了"劳工部长工作计划"以指导东盟劳动力和人力资源工作,将就业、劳动力市场监控、劳动力流动、社会保护以及三方(政府、雇主和劳动力)之间的合作设为优先事项。2004年第18届劳工部长会议提到《河内行动计划》(Hanoi Plan of Action,1999~2004年)下劳工的优先权,包括承认区域内劳动力的流动、技能标准、技术和职业证书等,许诺支持建立东盟有竞争力的劳动力市场,通过相互认证协议提升雇佣能力和促进劳动力流动,强化社会保护体系。《东盟劳工部长工作计划(2010-2015年)》规定了6个主要目标:在一体化大环境下创造就业和发展人力资源,制定人力资源发展和就业市场跟踪计划,改善劳动力的流动管理,提高社会安全和社会保障,加强三方合作,防范和检查工作场所的艾滋病传染。[1] 2016年11月《东盟劳工部长工作计划(2016-2020年)》发布,至2020年,将实现以下目标:提高劳动力的竞争力与生产力,促进技能发展及提升认证能力,促进成员国国内就业并减少失业和解决就业不足问题,增加对农村就业和微型、中小型企业的支持,促进健全的劳资关系体制,强化东盟制度化社会对话机制及三方合作,培育安全及健康的工作场所环境,加强劳动法的实施能力,建立社会保护制度,减少意外事故等。[2]

---

[1] 《东盟和东盟10+3劳工部长会议开幕 提高社会保障水平 扩大发展职业范围》,柬埔寨中文社区网,http://www.7jpz.com/article-15628-1.html,最后访问日期:2017年10月25日。

[2] *ASEAN Labour Ministers' (ALM) Work Programme 2016-2020 and Work Plans of the Subsidiary Bodies*, Jakarta, ASEAN Secretariat, December 2017, p. 2.

就移民权利保护方面，2007 年 1 月举办的第 12 届东盟峰会期间签署了东南亚地区第一份有关移民工人保护的文件——《东盟保护和促进移民工人权利宣言》（ASEAN Declaration on the Protection and Promotion of the Rights of Migrant Workers，以下简称《宣言》），这是东盟承认移民权利的一个里程碑式的文件，有望促进和保障移民工人的福利，包括有公正和公平的就业机会、足够的薪资、体面的工作和生活条件。《宣言》承认移民工人为来源国和目标国做出的社会和经济贡献，提出保护和促进移民权益的基本原则：来源国和目标国应承担应有的责任，制定并执行相关的法律、法规和政策，尊重劳工权益，充分发挥劳工潜力，为移民提供公正和适当的就业保护、合理的报酬、体面的工作和充分的生活条件，双方应共同合作解决劳工相关问题，更加严厉打击人口贩卖。《宣言》通过后，保护移民及其家庭成员的权利成为东盟定义的人权议题之一。为了推进实施，2008 年东盟组建了"关于实施保护和促进移民工人权利宣言的委员会"（ACMW，以下简称"委员会"）和东盟移民工人论坛（ASEAN Forum on Migrant Labour，AFML）。委员会由 10 个成员国的代表组成，2008 年第一次会议制定的工作计划突出四个优先事项：一是保护和促进移民权利，反对剥削和虐待；二是提高成员国的治理能力；三是促进地区合作，打击人口贩卖；四是发展保护和促进移民工人权利的东盟机制。[①] 东盟移民劳工论坛每年召开一次会议，是一个开放的交流平台，参会代表包括成员国代表，来自每个国家的 1 个雇主、1 个工人及 1 个民间代表，地区层面的雇主、工人和民间代表，东盟秘书处、国际劳工组织、国际移民组织及联合国促进两性平等和妇女赋权实体（UN – Women）。2014 年 11 月召开的第 7 次会议，以"迈向 2015 年东盟共同体，改善措施保护和促进移民工人权利"为主题，提出促进移民公正和适当的就业保护、支付工资及获得足够的体面工作和生活条件的目标；制定政策和程序为工人的迁移提供便利，包括招募、海外派遣的准

[①] Ashley William Gois, "Labour Migration in the ASEAN Region," 23. Nov. 2015, https://www.boell.de/de/node/288115.

备、保护海外移民、遣返和再融合。

2011 年 9 月，东盟议会联盟大会（ASEAN Inter – Parliamentary Assembly，AIPA）在金边召开，主题为"议员在保护和促进东盟移民工人权利中的作用"，希望通过成员国间对移民问题的共同应对来促进合法迁移。2014 年 11 月，东盟在马尼拉召开"加强对移民女工的保护和赋权的地区高官会议"，对移民妇女的保护和授权给予了极大关注，包括与移民相关的性别应对政策的能力建设。1993 年，东盟成员国已同意建立适当的地区人权机制，2004 年起草了一个为期六年的"万象行动计划"（Vientianne Action Programme），以推动建立保护和促进移民权利的机制。《东盟宪章》及《东盟社会文化共同体蓝图》阐述了公正和综合的移民政策及对所有移民的充分保护，2009 年东盟建立了一个地区人权机构——东盟政府间人权委员会（ASEAN Intergovernmental Commission on Human Rights，AICHR）。2013 年 10 月，第 23 届东盟峰会通过了《社会保护宣言》（Declaration on Social Protection），承认移民的社会保障权利。2015 年 10 月东盟完成了《东盟所有工人权利协议》（ASEAN Agreement on the Rights of All Workers）。

（2）人口贩卖

东盟地区层面对非法移民的关注始于跨国犯罪背景下的人口贩卖问题，这是在移民领域内来源国和目标国基本能达成一致的议题。[1] 1996 年 7 月召开的第 29 届东盟部长会议承认，需要关注本地区的贩毒、经济犯罪、环境犯罪和非法移民问题。第 30 届东盟部长会议强调成员国要在打击跨国犯罪问题上进行持续合作，包括恐怖主义、人口贩卖、非法毒品和武器运输、海盗和传染性疾病等；同年 12 月在菲律宾举办了打击跨国犯罪的东盟内政部长会议，会上签署了《东盟打击跨国犯罪宣言》（ASEAN Declaration on Transnational Crime），为打击包括人口贩卖在内的跨国犯罪建立了基本的地区框架。1999 年，东盟制定了《打击跨国犯罪的行动计划》（ASEAN Plan

---

[1] Stefan Rother and Nicola Piper, "Alternative Regionalism from Below: Democratizing ASEAN's Migration Governance," *International Migration*, Vol. 53, No. 3 (2015): 42.

of Action to Combat Transnational Crime），意在通过地区合作、次区域和地区相互援助协议建立连贯的地区战略以打击跨国犯罪，该计划的成效之一是建立了东盟跨国犯罪中心（ASEAN Centre on Transnational Crime，ACTC）。2001 年开始实施的"联合国机构间湄公河次区域反对贩卖人口项目"（UN Inter－Agency Project on Human Trafficking in the Greater Mekong Sub－region，UNIAP）是一个由联合国多个机构、政府、非政府组织等共同参与的反人口贩卖合作项目，参与国包括柬埔寨、老挝、缅甸、泰国、越南和中国 6 个国家，总部设在曼谷；在各参与国分设项目办公室，采取多方合作的方式共同打击人口贩卖。随后，六国制定了《湄公河次区域反对贩卖人口区域合作谅解备忘录》及《反对贩卖人口次区域行动计划》，强调各国应制定针对人口贩卖的国家行动计划，以作为动员多部门参与反拐行动的有效工具。此外，泰国、老挝、柬埔寨、缅甸和老挝五国还建立了湄公河次区域反拐协调机制（Coordinating Mekong Ministerial Initiative against Trafficking，COMMIT）。2004 年 12 月通过的《东盟打击人口贩卖特别是妇女和儿童宣言》（ASEAN Declaration against Trafficking in Persons，Particularly Women and Children），鼓励成员国在信息分享、打击罪犯及保护受害者方面加强合作。2016 年 6 月，东盟召开专题研讨会，代表们讨论了地区人口贩卖形势，强调改善边界控制，加强执法机构能力建设并为受害者提供保护措施。

三　东盟移民治理评估

（一）缺乏一个共同的地区移民机制

与地区移民治理最先进的欧盟相比，东盟还没有建立地区移民机制。既没有实现成员国间的人员自由流动，也没有制定、实施共同的移民政策，移民领域依然呈现稀薄的多边主义,[①] 单边、国家政策和双边机制占主导，很少签署多边协议，对国际公约的批准程度较低。尽管东盟参与了一些

---

① Alexander Betts, "Introduction: Global Migration Governance," in Alexander Betts, ed., *Global Migration Governance* (Oxford University Press, 2011), p. 11.

"地区协商进程"（RCPs），对移民议题的关注度也在逐渐增加，但在复杂的移民问题上仍缺乏一种地区的观点和共同立场，既没有一个相关的政策框架，也没有一个具体的实施机构。

作为亚太地区发展最快的一个地区性组织，东盟的地区劳动力市场正不断加快一体化进程，但与贸易和投资领域不同的是，人员流动（移民）政策依然是不存在的，移民领域的主要挑战是如何建立统一的政策和法律框架。东盟自由贸易区的框架内没有为人口自由流动建立完整和系统的法律制度安排。虽然东盟努力促进有关移民、移民权利和保护的对话与交流，如制定"关于移民问题的行动计划"（Plan of Action on Immigration Matters）用于鼓励技术移民、促进成员国间的合法流动、打击人口走私和贩卖，但由于不能介入成员国的国内事务，并没有产生实质性的效果，也没有促进成员国在移民权利、发展与移民策略之间的合作。

东盟地区移民框架止步不前，主要障碍是存在具有争议的成员国间双边关系。解决这些挑战的突破点应该是人权观点，但"东盟方式"与权利基础方式之间并非协调一致，经济一体化与移民的权利保护在东盟地区还没有成为一个亟须优先讨论的问题。① 很难制定出符合来源国和目标国双方利益并为双方所接受的共同政策措施，构建区域性的治理机制似乎不可少，地区层面的移民治理对东盟而言是个有待建立和完善的领域。在地区劳动力移民一体化议题上缺乏地区合作表明，其在地区议程中还不具有重要性和优先性，在移民政策问题上取得共识意味着各国要在利益上达成一种妥协。成员国间政治体制、经济、社会和文化方面的差异阻碍了其在某一议题上的共识或妥协，移民问题的复杂性和取得共识的难度之大远远超过了经济贸易方面。实际上，东盟花了数十年才承认移民是地区合作的一个重要议题，虽制定了宣言也成立了一些委员会，但现有的框架基本关注经济发展。

---

① Andy Hall, "Migration Management in Thailand Reaches A Crossroads," http://www. nationmulti-media. com/2011/05/04/opinion/Migration – management – in – Thailand – reaches – a – crossro – 30154495. html.

东盟国家对主权的敏感性来自殖民经历。移民议题涉及成员国之间竞争性的国家利益及敏感性的避难政策，各国政策的不健全和差异性导致在移民问题上的合作更有困难，[①] 要建立一个强大的地区移民机制似乎遥不可及，使非法移民成为长期存在的一个地区性难题。东盟既不具备欧盟国家间在体制机制和基础设施等方面的深厚纽带和天然联系，也不像北美国家间具有无缝对接的供应链系统支撑自由贸易区内规模庞大的商品和服务贸易。对东盟而言，判断地区主义是否取得成功的标准在于能否有效缩小成员国间的差距，重点是缔结和批准政府间协议、采纳工作计划等；但这些措施的落实却没有获得足够重视，在统一法律体制和海关标准、降低交易成本、增加劳动力流动、加快一体化进度和深度等方面的工作几乎未展开。[②]

东盟未成为东南亚各国民众真正的利益及命运共同体，面临三个主要障碍：一是缺乏执行力，表现在相关决议的制定、通过及实施方面，二是缺乏核心领导力；三是身份认同感不足。东南亚具有多样的族群、多元文化、多元价值观，曾被历史学家喻为"亚洲的巴尔干半岛"。当前的东盟有2.4 亿穆斯林、1.3 亿基督教徒、1.4 亿佛教徒和 700 万印度教徒，[③] 加之各国在政治、经济和法律体制上各不相同，治国理念及经济发展方面存在差异，不利于加深彼此的认同感，成员国的忠诚度和向心力还停留在国家层面。在此意义上，东盟仍是一个外交共同体、政府对政府的项目，很难对大多数民众的日常生活产生切实的影响，实现向民间项目的转化需要时间。[④]

自 2012 年以来，围绕缅甸罗兴亚人开始的地区新一轮移民危机暴露了

---

① 李昕蕾、任向荣：《东亚国际劳工移民的流动特征及其动力机制——基于政治经济学的分析向度》，《东南亚纵横》2008 年第 11 期。

② 《外媒：学者称东盟一体化仍是幻想》，参考消息网，http://column. cankaoxiaoxi. com/bd/ 20150410/737738. shtml，最后访问日期：2017 年 10 月 25 日。

③ 杨瀚森：《亚细安必须跨越的障碍》，联合早报网，http://www. zaobao. com/forum/views/o-pinion/story20151126 - 553181，最后访问日期：2017 年 10 月 25 日。

④ 何惜薇：《马凯硕：谈谈总比打打好　亚细安是清谈组织完全正确》，联合早报网，http:// www. zaobao. com/sea/politic/story20170423 - 752008，最后访问日期：2017 年 10 月 25 日。

东盟新的断层线和成员国间难以解决的隔阂。在此次危机中，东盟组织职能的缺位引起了人们对东盟角色、功能的批评和质疑，但这对东盟来说也是个契机，可促进东盟的组织功能、机制向更加全面的方向发展。在应对移民危机时应发挥更加积极有效的协调、监督和援助作用，移民议题或者能够成为重新定义未来的地区发展动力。[①]

（二）形成了一个多层面的治理体系

全球化时代的治理不再是政府独有的义务，除了移民管理政策外，其余途径还包括双边、多边协议，不具有约束力的国际法、非国家行为体等。多层面及多行为体的治理机制有望转化为政策聚合，有助于解决不同层面的关键移民议题。东盟不存在共同的地区移民机制，但是形成了一个多层面的治理体系。多层面治理框架的基本要义是涉及政策领域的多样性和多个行为体（包括国家和非国家），不是完全由政府主导的治理，其中的一个重要特征是非国家行为体的积极参与，治理的范围存在于不同地域和地理层面。[②] 多层面的模式可促进治理公平、伙伴参与和透明，治理的有效性取决于不同政策领域和多行为体彼此间的互动联系，有助于促进地区层面或次区域层面的政策聚合；但是，多层面的移民治理体系缺乏一个核心主导者，由于参与的行为体众多，各自的关注领域和诉求不同，因此很难产生整体的或者地区性的效果。

东盟在移民领域形成的多层面治理体系涉及议题广泛（见表6-2），在治理层面上包括全球、地区、次区域和国家，行为体涉及东盟机构、成员国政府、社会组织（如非政府组织、学术界及移民组织等）和私人部门；政策和计划领域均是针对一些重要议题，如移民与发展、移民权利保护、人口贩卖和移民管理等；主要的行为有会议论坛、信息分享、研讨培训、政策和机制研究等。东盟的多层面移民治理表现为非国家行为体的参与和

---

① 蒋天：《海上"人口走私"凸显东南亚非法移民困局》，《中国青年报》2015年6月15日，第4版。

② Fernando T. Aldaba, "Migration Governance in the ASEAN Economic Community," *Global Migration*, Issues 4, DOI 10. 1007/978 – 3 – 319 – 08317 – 9_11, Switzerland 2014, p. 215.

影响、部门及跨部门之间的合作伙伴关系，在不同的治理层面上，国家和非国家行为体都积极参与其中。自 2004 年以来，东盟与国际劳工组织紧密合作主持该地区的移民议题。2008 年，东盟发布东盟—联合国（ASEAN - UN）新闻声明，共同应对流动人口中的 HIV。

表 6 - 2　东盟多层面移民治理的架构

治理层面	移民政策与计划领域	行为体/制度	主要行为	案例
全球	移民与发展	多边及双边制度、政府、社会组织、私人部门	召开半年一次的大会，成立专家咨询组，讨论核心移民议题	移民与发展全球论坛
地区	移民工人的权利	政府	框架协议，信息分享	2007 年东盟保护移民工人框架协议
地区	儿童贩卖	东盟秘书处、政府、社会组织	地区框架和宣言，实施机制，非政府组织之间的网络	2004 年《关于防止贩卖人口特别是妇女儿童的东盟宣言》；制定了东盟人口贩卖公约（ACTIP）
地区	各种移民与发展问题	多边及双边制度、政府、社会组织、私人部门	协商会议、分享可能的决议、好的行为	国际移民组织的"地区协商进程"
地区	移民工人权利	多边及双边制度、政府、社会组织	召开会议	东盟移民劳动力论坛
地区	各种移民与发展问题	社会组织	网络与倡导	东盟关于移民工人工作小组
次区域	儿童贩卖	政府	制定地区战略及高层政策对话，通过个别国家行动计划将地区应对联系起来	湄公河次区域合作反拐进程（COMMIT）
次区域	能力建设	政府	研讨会及讲习班	湄公学院（Mekong Institute）
次区域	各种移民及发展问题	社会组织（非政府组织、学术界等）	政策研究倡导	湄公移民网络（MMN）
双边	移民管理	政府	协商及实施机制	关于移民保护、就业条款、社会安全等的双边协议

续表

治理 层面	移民政策与 计划领域	行为体/制度	主要行为	案例
国家/ 地区	移民管理	政府	制度、政策	菲律宾、印尼及新加坡的移民机构
	各种移民与 发展议题	社会组织（非政府组织、学术界及移民组织）	政策研究与倡导等	

资料来源：Fernando T. Aldaba, "Migration Governance in the ASEAN Economic Community," *Global Migration*, Issues 4, DOI 10.1007/978 – 3 –319 –08317 –9_11, Switzerland 2014, p. 217。

第七章　东盟域内非法移民的前景
　　　　　　及可行治理途径

　　数十年来东盟域内的非法移民问题导致了多方面的负面影响，表明治理体系无效，急需修正其中的缺陷和漏洞并积极寻求新的途径。移民收益的实现需要有效治理体系的保障和促进，国家和地区层面的移民治理应该建立在保护和促进移民权利的基础之上，将移民与长期的社会和经济发展战略结合起来。在可预见的将来，东盟域内移民继续存在和发展的同时，成员国和跨国行为体在意识和行动层面上也将继续存在分歧，很难期望建立一个包含所有移民议题的有效地区机制。继续并改善多边移民治理体系是个相对可行的途径。

第一节　东盟域内非法移民将继续存在和发展

　　由于客观条件的强大惯性，即成员国间经济发展、人口差距及地区一体化进程的不断深入将继续推动东盟域内移民的发展，非法移民亦呈现同样的趋势。

一　成员国间的推—拉动力依然强大

　　全球化背景下的人口流动与资本、商品和服务一样将继续成为不可制止的全球生活的一部分，应对合法及非法移民仍是国际社会面临的紧迫议题之一。移民是个不可避免和相对复杂的全球化现象，只要客观条件存在，移民就会继续发生，非法移民也不会在短期内减少或最终消失。全球化的力量正在造就无边界的世界，不均等的经济发展和人口趋势、社会变革、更紧密的地区经济一体化等因素将继续推动东盟内部移民的发展。东盟域内移民的发展受到结构性因素的推动，国家间经济和社会发展程度、政治稳定状况、人口结构变化等差异性依然存在。一方面，高收入的目标国在贸易、旅游、投资方面发展快速但人口自然增长减缓，如马来西亚和新加坡经济发展水平较高，但人口老龄化速度加快，用工需求量大，首先面临劳动力短缺的挑战；① 另一方面，低收入的来源国人口持续增长、劳动力富余，继续享有人口优势。来源国和目标国之间的发展差距依然显著，柬埔寨、老挝和缅甸与老东盟成员国间的差距短期内不易缩小，如何利用有限的资源缩小差距是个关键问题。国家间的绝对收入差距多年来在稳步增长，短期内仍可能增加，泰国与柬埔寨、老挝、缅甸和越南的绝对差距至 2020 年将增加至 3500 ~ 5000 美元。② 根据马来西亚联昌东盟研究机构的统计，按照人均 GDP 来衡量，东盟最富国和最穷国之间的差距是 61 倍，而欧盟成员间的差距只有 8 倍，贫富悬殊是当前东盟地区经济一体化进程面临的主要挑战之一。③ 人口和经济的差距很难缩小，迁移动力依然强大。人口流动不仅重要而且必要，目标国对外国劳动力的需求是结构性的，在可预见的将来依然需要依赖移民填补劳动力市场的缺口。

地区经济的一体化要求所有成员国达到经济和社会发展的最低标准，国家间的发展差距可通过紧密的合作和一体化来缩小。近年来东盟经济持续稳定增长，原因在于区域经济整合正在不断深化，但是由于政治体制、经济发展水平的差异等，各国推动经济整合的速度不一。很难想象东盟域内移民模式如何改变，也无法预测成员国的经济、政治和社会对移民需求

---

① 暨佩娟：《东南亚多国出现"招工难"高度依赖外来移民工》，中国新闻网，http://finance. chinanews. com/cj/2012/07 – 23/4050489. shtml。

② *Analytical Report on the International Labour Migration Statistics Database in ASEAN*: *Improving Data Collection for Evidence – based policy – making*, Tripartite Action for the Protection and Promotion of the Rights of Migrant Workers in the ASEAN Region (ASEAN TRIANGLE project), ILO Regional Office for Asia and the Pacific, Bangkok：ILO, 2015, p. 54.

③ 欧阳为、郑捷、夏凡：《财经观察：东盟经济共同体建设面临多重挑战》，新华网，http://news. xinhuanet. com/2013 – 10/08/c_117620310. htm，最后访问日期：2017 年 10 月 26 日。

增加或减少所产生的影响，但无论是在规模还是在影响方面，一般认为移民发展的趋势在加强。东盟的发展前景将影响成员国间的移民程度，国家间的劳动力流动以空前的速度发展，全球化的力量将继续在规模和影响上增加，未来数十年，移民在该地区的发展中将继续发挥重要作用。

二 地区一体化进程客观上要求劳动力自由流动

理论上，地区一体化期望的利益包括了市场的扩大、生产要素的自由流动、资本和劳动力资源的增加及竞争力推动的高效和革新等。一体化预期结果之一是地区劳动力流动的增加。

2000 年 1 月，东盟推出"东盟一体化倡议"（Initiative for ASEAN Integration，IAI），目标是缩小成员国间的发展差距，提高各国竞争力并加速新成员国的经济融合。2003 年第 9 次东盟峰会同意至 2020 年建立东盟共同体（ASEAN Community），包括东盟安全共同体（ASEAN Security Community，ASC）、东盟经济共同体（ASEAN Economic Community，AEC）和东盟社会—文化共同体（ASEAN Socio – Cultural Community，ASCC）三个支柱，最终建成高度一体化的复合型地区共同体。2007 年 1 月，第 12 届东盟峰会明确了将共同体的建设提前至 2015 年。鉴于成员国间发展的不平衡，在先易后难的原则下，第 13 届东盟峰会决定于 2015 年率先实现东盟经济共同体的目标，[①] 届时东盟将形成单一市场和生产基地，实现商品、服务、投资和劳动力的自由流动，成为均衡发展、经济上具有较强竞争力并高度融入全球经济的区域。[②] 东盟经济共同体的形成既能促进东盟地区的经济一体化，还能为成员国创造更多的经济机会，是主导亚洲区域走向新秩序的重要平台，

---

① 东盟经济共同体的目标包括五个方面：贸易与投资的无障碍化、区域内的贸易高度相互依赖、与经济有关的法律政治制度得到统一、单一市场和生产基地得以形成、建立超越成员国的权力机构。

② 欧阳为、郑捷、夏凡：《财经观察：东盟经济共同体建设面临多重挑战》，新华网，http://news.xinhuanet.com/2013 – 10/08/c_117620310.htm，最后访问日期：2017 年 10 月 25 日。

有望成为世界新秩序的一个优质典范。①

在东盟共同体的宏大架构下，三个支柱包含的共有要素是移民/人口流动，它也是东盟经济共同体和东盟社会—文化共同体的重要成分，因而成为东盟共同体建设中一个不可回避的问题。东盟逐渐认识到劳动力移民是地区社会经济发展、国际竞争力增强和一体化进程推进的一个关键部分，遂将劳动力移民融入《经济共同体蓝图》和《社会文化共同体蓝图》中，前者注重促进技术劳动力的自由流动，后者强调保护移民工人的权利。

地区经济一体化的进程将继续促进地区层面的劳动力移民，如果移民不包含其中，一体化的愿景就不可能实现。在共同市场的条件下，贸易和投资的加快将推动劳动力在地区层面的流动。单一市场的建立对地区经济、资本和劳动力市场及产业的结构和竞争力将产生深远的影响，需要考虑与该地区劳动力流动的有关问题，特别是非技术/低技术工人。东盟经济共同体的蓝图没有制定管理劳动力流动的具体措施，仅讨论了如何促进专业人才和技术工人的自由流动；非技术/低技术工的流动将依然受到成员国（特别是目标国）严格签证政策和特定工作要求的限制。真正的一体化应实现全部劳动力的自由流动，而不只是技术工人。②

东盟经济共同体进程对劳动力移民的可能影响在于将促进所有类型的移民，但不保证或不寻求全部劳动力的自由流动。其目标是实现成员国间部分技术工人的自由流动，虽然地区层面的移民仍以非技术/低技术移民为主，却不包含在改革议程中，与当前移民形势形成强烈反差。东盟经济共同体的设计者之一、前东盟秘书长素林·比素万（Surin Pitsuwan，2008 - 2012 年）认为，实现成员国间劳动力的自由流动不能草率，而应该一步一步地来，因为相对富裕的国家如泰国或马来西亚可能会被移民"淹没"，更

---

① 符祝慧：《吴作栋：亚细安共同体 将是亚洲走向新秩序的重要平台》，联合早报网，http://www.zaobao.com/sea/politic/story20150521 - 482443，最后访问日期：2017 年 10 月 25 日。

② 陆建人：《东盟的一体化与主导作用》，《人民日报》2009 年 10 月 28 日，第 3 版。

不用说富裕但国土面积狭小的新加坡和文莱。[①]《相互认证协议》(MRAs)是促进地区劳动力流动的一个工具,但是只规定了8个职业,还不到东盟所有职业的2%;各国教育和认证的要求不同,教师、律师或公务员通常只对本国公民开放。地区一体化的深化将促进更多的经济增长、商品和服务的贸易自由化、更好的基础设施建立和连通性、签证便利和地区的供应链等,但劳动力流动完全自由化在短期和中期内是不可预见的。开展不同议题将继续成为东盟多层面治理移民的方式。

东盟共同体建设是一个共赢的过程,通过实施"东盟一体化倡议"工作计划、互联互通总体规划等有助于缩小成员国间的差距,实现共同繁荣。长远来看,随着地区一体化进程的不断深入,基础设施的互联互通总体上利大于弊,将便利人口流动,但同时也可能对打击非法移民、跨国犯罪等造成负面影响。[②] 2012年1月,东盟10国旅游部长签署了《2011年至2015年东盟旅游发展战略计划》,其中一个主要目标就是在5年内推出东盟的"申根签证"。2012年12月,泰国和柬埔寨实现了单一签证,是东盟次区域组织"伊洛瓦底江、湄南河及湄公河经济合作战略"(ACMECS,成员包括柬埔寨、老挝、缅甸、泰国、越南)单一签证计划的组成部分,也是东盟第一次实现两国的单一签证、迈向欧盟式"申根签证"模式的第一步。2013年11月,泰国和缅甸签署了一份协议,允许缅甸移民乘飞机入境,有14天的免签时间,在"ASEAN 2015"计划之下,成员国公民在10国间可享受免签。东盟的最终目标是建设一个"以人为中心的共同体"(people-based community),人将成为地区共同体建设进程的核心受益者,在此背景下,移民、劳动力和社会保护议题自然成为东盟社会维度的一部分。[③]

---

① "China-Labour Migration in Asean: The Good, the Bad and the Ugly," http://www.menafn.com/1094231901/China—Labour-migration-in-Asean-The-good-the-bad-and-the-ugly.

② 张春晓、赵博超、林昊:《东盟共同体建成意味着什么》,新华网,http://news.xinhuanet.com/world/2015-11/20/c_128449639.htm,最后访问日期:2017年10月25日。

③ Jenina Joy Chavez, "Social Policy in ASEAN: The Prospects for Integrating Migrant Labour," *Global Social Policy*, Vol. 7, No. 3 (2007): 359.

第二节　可行的途径：继续并完善多层面治理

在快速全球化的背景下，非法移民不可能完全制止，合理的移民治理应平衡来源国、中转国、目标国及移民群体之间的关系，良好的移民治理应包括三个关键环节，即找准根源、促进合作并加强对移民的保护。东盟的发展与繁荣将依赖于构建更安全、更便宜和更透明的移民途径，适当的移民治理框架对成员国的经济发展及地区的一体化深入推进具有十分重要的作用。将移民与地区劳动力市场的需求相结合并为移民提供更好的保护，让移民成为国家和地区发展的促进因素，才能实现移民、来源国及目标国社会的三方共赢。[①] 在可预见的将来，东盟不可能实现所有劳动力的自由流动，继续改善多层面治理体系是个相对可行的选择，也要求东盟在其中发挥主导作用。

一　东盟应发挥在地区移民治理中的主导作用

东盟历来坚持在东南亚地区的中心地位，《东盟宪章》第41条规定，"东盟应当在区域协调上成为主导力量，进而开创并保持它在地区合作和共同体建设中的中心地位"[②]。从现实主义的观点来看，东盟应立足于解决现有的移民问题，有必要承认移民对地区经济发展及一体化进程的积极意义，提升对移民议题的重视程度，将历史移民模式与更广泛的社会经济文化和政治背景相联系；政策议题的核心在于更好地促进必要的移民，避免非法移民带来的负面影响，需要承认移民是劳动力市场问题而不仅仅是安全问题，并将该议题放在地区的积极议程中，促进劳动力市场的有效治理和移民的双边和

---

① United Nation, "International Migration and Development," Report of the Secretary – General, Six-tieth Session, *Globalization and Interdependence: International Migration and Development*, 18 May, 2006, p. 5.

② 杨瀚森：《亚细安必须跨越的障碍》，联合早报网，http://www.zaobao.com/forum/views/opinion/story20151126 – 553181，最后访问日期：2017 年 10 月 25 日。

多边合作。移民议题需要在政治、主权问题和自由化的移民政策间寻找到平衡点，结构性的难题没有简单的解决办法，需要有远见的措施并促进一些必要的改革。东盟的挑战是如何建立一个连贯的移民政策和法律框架，一个基于共同发展目标的框架能够推动地区的移民治理，客观上要求成员国对地区机制的完全参与及国家间的良好关系，这对东盟而言是个困难的进程。主权议题是个强大的因素，东盟一体化的深入需要超越单边主义，不断扩展多边主义，一个长期的地区机制有利于来源国、目标国和移民。

移民治理的有效性建立在制度保障的基础之上，涉及管理方式的灵活性和管理范围的广泛性。东盟可借鉴欧盟移民治理的有效经验，寻求所有涉及方利益的共同基础；在当前经济和政治议程环境下需要克服一系列复杂的社会、政治及实际障碍，尽可能运用法律手段减少非法移民问题带来的不利影响，引导区域内移民的有序发展，实现全球经济一体化下人力资源的有效配置。双边、多边和地区机制可能是未来移民治理演变的基础，对待所有移民需要基于权利基础上的方式并从政策主导模式转向治理的管理模式，实现以最少的成本促进合法、有序的移民。在东盟主导下，有必要将成员国"各自为政"的移民政策有机结合起来，促进来源国、中转国和目标国的共同参与，寻求能被各国接受的政策聚合点。促进地区劳动力市场的一体化，建立适当的管理框架，在成员国差异性和"东盟方式"的挑战下，实现劳动力更加自由的流动；连贯、可靠和及时的劳动力市场信息能为决策者提供制定政策的依据，实施并监督决定，实现有效控制区域移民的平衡流动，形成互利互惠的移民管理机制。

在各国发展悬殊的条件下，实现技术工人的自由流动，对东盟各国是一个巨大的考验。国际劳工组织认为东盟劳动力市场存在五个需要解决的问题：实现生产力增长与体面就业之间的平衡、促进年轻人体面工作、管理劳动力移民、改善劳动力市场治理并使之现代化及扩展社会保护覆盖面。[1] 在此背景

---

[1] "ASEAN's Demographic Dividend Is Not the Only Labour Market Issue," *ASEAN Affairs*, May 28, 2007, http://www.aseanaffairs.com/page/1143157.

下，东盟经济共同体需要建立两套政策措施：第一套是优化劳动力流动以确保更好的经济、政治和社会条件；第二套是减少或使劳动力流动的负面影响最小化，可以通过强化东盟自由贸易区（AFTA）以及东盟协议之下的其他社会、经济和政治合作来实现。[①]

建立并运行有效的移民治理体系可实现移民对经济的贡献、促进技能和观念在地区流动、加大移民家庭的累积效应等。东盟需要找到有效的途径逐渐将不可逆转的移民趋势转化为可持续发展和地区共同体建设的一个动力，问题是如何在建立制度基础上的体系的同时又保持传统"东盟方式"的积极成分，促进已制定的文件和协议在成员国的有效实施，采取多重机制鼓励来源国和目标国建立并遵守国际标准。缺乏对移民信息的收集和分析将切实影响对移民问题的客观判断，也很难制定出有针对性的措施；准确、全面和及时的移民信息是有效治理的先决条件，东盟有待建立一个地区移民数据库。这是制定地区性移民机制不可缺少的依据，首先要求收集、整理、分析和发布移民综合数据，应包括招募程序、实际规模、流动模式、分布、就业和回归等详细情况。2007 年《东盟保护和促进移民工人权利宣言》、2009 年《东盟社会文化共同体蓝图》、2013 年东盟移民劳工论坛、国际劳动力统计学家大会（International Conference of Labour Statisticians）及联合国关于国际移民与发展高层对话会，都强调成员实现信息收集及共享的重要性。国际劳工组织于 2014 年 12 月启动了"东盟三角项目移民统计"（ASEAN Triangle Project Migration Statistics）数据库，主要收集所有成员国国际移民的数据、地区内移民的官方数据及移民在目标国的生活和工作条件等情况，填补了东盟移民数据的一个重要空白。

移民（非法移民）在任何一个国家和地区都不是一个孤立存在的现象，制止非法移民的基本原则是提供合法入境的机制和动力，正规的渠道必须更具吸引力，如果不改革、拓宽合法移民渠道，非法移民仍将是东盟的一

---

① Carunia Mulya Firdausy, "Labour Mobility within ASEAN: Issues and Policy Implicationsfor the ASEAN Economic Community," in Denis Hew, ed., *Roadmap to An ASEAN Economic Community* (Singapore: Institute of Southeast Asian Studies, 2005), p. 211.

大难题。东盟在加强国家间移民问题的治理上仍处于初级阶段，在可预见的将来，东盟不可能遵循劳动力自由流动的欧盟模式，开放内部边界同样不现实，文莱和新加坡因经济规模和有限的国土面积在政治上也不可能接受。孤立、片面的观点和措施非但不能解决问题，还可能加剧问题的严重性，需用综合治理的方式，标本兼治；应遵照国际人权和劳动标准，制定清晰的政策文件、立法和规定，建立移民与发展战略相结合的特定政策框架。东盟在解决这一问题上依然任重道远。

二　改善国家治理，促进合法迁移

恰当的移民政策可产生积极效应，减少负面影响，而糟糕的治理及跨界合作的缺乏则可能抵消移民收益。移民对发展潜在的贡献取决于来源国和目标国的政策能否促进移民对社会转型进程的参与，以及是否具有和平及安全环境下的社会平等。[①] 来源国和目标国的政策对移民的条件和结果具有重要的作用，即能否确保移民在安全和合法的条件下发生。

有效的移民治理可促进来源国和目标国的综合收益并减少成本。采取连贯、多维度及战略性途径，建设合法渠道，减少就业及汇款障碍，保护移民安全，[②] 减少经济和社会成本，力求实现移民收益最大化。好的移民治理开始于国家层面，应该建立在事实基础之上及分析移民所产生的收益和风险。政府需要收集数据，包括跨国流动、国内人口流动、劳动力市场、季节趋势、教育与健康等，应在移民政策中及时体现新出现的问题和趋势，并与劳工、健康、发展、安全、人权、融合、环境及其他相关政策领域相结合；建立连贯的政策立法，确保良好的实施和执行，而且立法及相关政策应反映移民行为体（移民、招募中介、雇主等）的意愿；还依赖于整体

---

① Ninna Nyberg Sørensen, "Revisiting the Migration – Development Nexus: From Social Networks and Remittances to Markets for Migration Control," *International Migration*, Volume 50, Issue 3 (2012): 67.

② 〔孟加拉国〕谢赫·哈西娜：《加强有效的移民治理》，联合早报网，http://www.zaobao.com/forum/views/opinion/story20160929 – 671984，最后访问日期：2017 年 10 月 25 日。

性政府（whole-of-government）的方式，所有部门都有责任参与移民事务。① 移民治理最佳典范的核心不是控制移民，而是找到适当的方式和措施保护和管理迁移的每个阶段，移民在目标国有适当的工作机会，填补目标国劳动力市场的缺口，合法移民而不是非法移民成为更好选择，移民受到保护。政府的干预是管理劳动力流动的关键因素，东盟成员国将得益于三个领域的改革：批准和实施国际公约，扩大社会保障的覆盖面和提高便携性，实施《东盟保护和促进移民工人权利宣言》。②

移民应该成为来源国和目标国国家经济和发展计划中的一部分，应促进政府各部门执行机构之间、政府与社会组织、私人部门之间的协调。目标国应该尽力制定合适的移民政策，其基础应该是劳动力市场需求的长远规划，而不是临时或仅仅是出于实用主义的考虑，这是东盟国家需要把握的微妙平衡。

现存的移民体制将更多的注意力放在目标国的义务方面，目标国良好的治理机制有助于创造更好的就业环境，如临时外劳计划和工作准证制度。更好的治理是将雇主和招募产业私人化的责任转向政府、移民工人和所有利益各方之间的共有责任；使移民管理更具灵活性，可根据市场需要决定移民的停留时间，考虑不同工作种类和劳动力市场的条件；建立更多的合法渠道，减少合法迁移的成本和时间，降低合法移民特别是相对贫困的非技术/低技术移民的门槛。目标国政府需加强管理移民的能力建设，培养一支具有专业技能的现代移民管理队伍，打击腐败行为。

从长远利益来看，来源国在改善移民管理方面同样起着重要作用。建立适当的移民管理体系可防止人才流失并实现自身经济发展和社会进步，良好的移民体制应该是安全、合法和有秩序的。在实践层面，创造良好的治理环境涉及广泛层面的改革。湄公河移民网络（MMN）认为要实现移民

---

① IOM，"Migration Governance Framework，" https://www.iom.int/sites/default/files/about-iom/migof_brochure_a4_en.pdf.

② ILO and ADB，*ASEAN Community 2015：Managing Integration for Better Jobs and Shared Prosperity*（Bangkok，Thailand：2014），p. 91.

经历更安全、更公正，来源国的政策具有关键作用，如建立移民机制、管理招募机构、提供海外援助、与目标国保持良好沟通协商、加强国际合作、提供海外福利基金和社会保障、促进回归移民的再融合。① 来源国应创造稳定和安全的政治和经济环境使国民外迁动力最小化，为发展提供真实的生计机会，如通过努力缓解国内劳动力出口的压力，减少对海外就业市场的依赖，使迁移成为众多选择中的一个而不是生存的必要；禁止和监管非法移民网络，首要目标是确保长期海外劳动力市场，促进移民在目标国的安全并鼓励汇款，使汇款最大化的最佳途径是确保本国稳健的经济政策，包括方便快捷的银行体系及适当的汇率。作为东盟两个重要的移民输出国，菲律宾和印尼的共有经验包括：提供、传播信息，对移民进行有针对性的出发前培训（PDT），负责机构职能清晰，机构间合作紧密，真实监督、制裁违法者并提供综合的海外援助。②

　　移民在过去通常被来源国和目标国的政府和社会认为是不受欢迎但能解决短期劳动力过剩和短缺问题的人群，却没有被认为是国家和地区经济的一个结构和不断确立的长久要素。非法移民问题是一个不断发展的问题，对国家治理提出了许多新挑战，决策者应该摆脱单维的思维形态，转向从多维的视角加以考量。③ 未来数十年，东盟劳动力移民仍将继续发展，迁移的有序及互惠效应的最大化有赖于来源国和目标国健全的移民政策、来源国和目标国间有效的合作并承担义务。国家间双边和多边的合作可实现劳动力流动的双赢，可避免单边政策的弊端，对打击非法移民至关重要，如分享政策经验、进行合作研究和信息分享、执法机构之间进行联合行动等。成功的双边机制是建立在来源国和目标国承认移民能促进收益的基础上，

① Mekong Migration Network, *Safe from the Start*：*The Roles of Countries of Origin in Protecting Migrants*，July 2017，p. 14，http://www. mekongmigration. org/wp - content/uploads/2017/07/Safe - from - the - Start_English. pdf.

② Mekong Migration Network, *Safe from the Start*：*The Roles of Countries of Origin in Protecting Migrants*，July 2017，p. 46，http://www. mekongmigration. org/wp - content/uploads/2017/07/Safe - from - the - Start_English. pdf.

③ 文峰：《浅议马来西亚的非法移民问题》，《东南亚研究》2010 年第 3 期。

形成共同关注是双边治理的一个基本要求，双方将共同受益于移民政策与发展政策之间更好的协调性和一致性。移民管理是个复杂过程，决策者需要强调移民是发展进程中固有的组成部分。实现政策的连贯性，还需考虑外交政策、国际人权义务、边界安全和贸易等方面的影响，在证据基础的上做出决策；同时要求研究者和决策者之间更多的合作。①移民政策的协调有两个主要方面：移民政策应该是内在连贯的，在国家和国际层面上都得到认同；应该与国家及地区更广泛的社会和经济发展政策一致。②

三 进行移民技能培训以适应地区劳动力市场的需求

进入 21 世纪第二个 10 年后，东盟成员国的劳动力短缺问题趋于严重，包括发达国家新加坡及发展相对滞后的缅甸、老挝等国。成员国正经历的新"劳工荒"与国际资本的流动密切相关。一方面，受中国劳动力成本上升的直接影响；另一方面，很多发达国家的劳动密集型企业加快向柬埔寨、越南等东盟成员国转移，但是这些国家现有的劳动力水平，尤其是掌握熟练技术的程度不及中国劳动力。新加坡认为技术劳动力短缺将是个长期面临的问题，2012 年，该国最大的一家咨询公司对中小企业主进行了一项调查，53% 的受访者表示最关心的问题是如何招到熟练工人。③2015 年东盟经济共同体的启动推动了成员国制造业的发展，对技术工人的需求在 2010 ~ 2025 年将增长 41%，大约 1400 万人。④在此背景下，中国和印度工人将有

---

① Brenda S. A. Yeoh and Miriam Ee, "Labour Migration and Integration in ASEAN," in Wilhelm Hofmeister, Patrick Rueppel, Ives Pascouau and Andrea Frontini, eds. , *Migration and Integration*, *Common Challenges and Responses from Europe and Asia*, EU – ASIA Dialogue, Singapore, 2014, p. 26.

② Vannarith Chheang, "Migrant Workers in A People – Centered ASEAN Community and ASEAN – Japan Cooperation," in Susan Hubbard and Kimberly Gould Ashizawa, *BEYOND 2015：ASEAN – Japan Strategic Partnership for Democracy*, *Peace, and Prosperity in Southeast Asia*, Japan Center for International Exchange, 2013, p. 292.

③ 暨佩娟：《东南亚多国出现"招工难"高度依赖外来移民工》，中国新闻网，http://finance. chinanews. com/cj/2012/07 – 23/4050489. shtml，最后访问日期：2017 年 10 月 25 日。

④ "The Brain as A Commodity：Migration of Labor in ASEAN," February 22, 2017, http://www. brinknews. com/asia/the – brain – as – a – commodity – migration – of – labor – in – asean/.

更多机会进入东盟，从而加剧该地区的就业竞争。如果不及时采取适当的应对措施，东盟劳动力市场的情况将恶化，技术工人短缺的现象还会更加严重。东盟应着力促进劳动力技能水平的提升，避免出现"两极分化"的严峻局面，一极是缺少技术工人和高级技术人才，另一极是迫使更多的劳动力进入低端就业市场。①

为应对地区严重的技术"劳工荒"，客观上要求在国家和地区层面加大对劳动力培训方面的投入，提升劳动力技能水平；同时要求促进产业升级，以资本密集型和技术密集型生产模式为导向，通过向外投资把劳动密集型生产转移到其他低成本劳动力的国家。发达国家可以通过将劳动密集型行业（如电子和轻纺工业等）转移到欠发达国家来克服劳动力短缺的问题，如新加坡自 20 世纪 80 年代以来就开始了产业升级这一模式，之后是马来西亚和泰国；但并非所有低技术行业都能转移，如建筑业、运输业、餐饮业、医疗护理及家政业等，这些行业无论任何发展程度的国家都必不可少，对低技术劳动力的需求将一直存在，所以加强劳动力的技能培训不啻为一个更加实用的途径。东盟在社会政策方面应促进人力资源质量的提升，通过教育和技能培训，建立"东盟共同教育计划"（ASEAN Common Educational Programme，ACEP）以缓解技术劳动力的缺乏。技能的提升不仅能为雇主提供更好的劳动力，也可以赋予移民更多的流动机会，移民带着新技术返回来源国，可使自身和母国受益，从而促进技能在地区的流动。

四　加强对移民权利的保护

移民治理的核心目标是促进来源国和目标国的发展和繁荣，挑战之一是如何建立与移民人权保护相和谐的框架，为移民提供保护并使其受益。②

---

① 丁刚、暨佩娟：《国际产业转移致熟练工短缺 薪酬差距大影响劳动力流向》，人民网，http://finance.people.com.cn/GB/13962150.html，最后访问日期：2017 年 10 月 25 日。

② ILO, *International Labour Migration: A Rights - based Approach*, Executive Summary, ISBN 978 - 92 - 2 - 119120 - 9, 29 April 2010, http://www.ilo.org/wcmsp5/groups/public/—ed _ protect/—protrav/—migrant/documents/publication/wcms_208594.pdf.

移民的良好期望包括安全的迁移过程、合理的成本、安全的工作环境并拥有与当地工人一样的劳动权利和待遇,这些期望与移民的权利密切相关,如果这些条件能满足,非法移民将大大减少。东盟若要收获劳动力流动的利好,需要更加有效管理所有类型的劳动力流动并为其提供足够的保护。在国家和地区层面建立对移民的保护机制,平等对待移民、实现社会保障的可携带性成为两个关键议题。

东盟域内更为持续的移民秩序需要承认所有参与方的权利和需求,东盟的挑战在于如何为移民提供充分保护。保护移民权利意味着要用整体的方式将人权和工作权结合到移民和发展的讨论中,将移民和社会保护的一体化作为地区的一个重要议题和东盟社会维度的一个重要组成部分。① 东盟地区经济一体化更多是从经济层面而非人权视角来理解,需要转变观念,应将域内移民理解为地区劳动力和社会保护问题的一部分而不是孤立的现象。围绕促进发展和良好治理,地区层面应制定劳工保护标准和条例,制止剥削和虐待行为,在国家、地区和多边层面落实 2007 年《东盟保护和促进移民工人宣言》的实施,积极推进地区人权机制的发展。保护意味着消灭剥削,尊重基本人权和劳动权,《东盟宪章》规定 "提供给东盟公民公平的发展渠道、社会福利和正义,提高社会福利和个人的谋生能力"。2007 年《东盟共同体蓝图》建议东盟建立一体化的社会保护和社会危机管理体系,强化国家层面的社会保护体系。社会保护是新的全球发展议程的一个关键部分,在联合国可持续发展目标(SDGs) 中获得了优先地位。在 2013 年 10 月召开的第 23 届东盟峰会上,10 国领导人为了响应国际劳工组织 2012 年提出的《社会保护层建议》(Social Protection Floors Recommendation),通过了《东盟加强社会保护宣言》(ASEAN Declaration on Strengthening Social Protection),旨在为所有人提供社会保护,并将其作为减少贫困、不平等的基础,促进包容性和可持续发展。

---

① Nicola Piper, "Rights of Foreign Workers and the Politics of Migration in South – East and East A-sia," *International Migration*, Volume 42, Issue 5 (2004): 71.

　　地区层面不仅需要一体化的劳动力政策，还需要保护工人和移民权利的适当制度。为了实现以人为中心，《东盟社会文化共同体蓝图》强调保护基本人权及移民工人的尊严，目标是通过信息分享、最好的行为促进能力建设，保护和促进移民工人的权利和福利，要求来源国制定政策保障移民安全的迁移过程、提供国外保护及促进再融入等，要求目标国通过信息、培训、教育和救济等，确保移民获得公正对待和社会福利服务。① 在加拿大外事、贸易和发展局（DFATD）的资助下，国际劳工组织实施了"保护和促进东盟地区移民工人权利三方行动"（Asean triangle project），通过促进合法及安全的迁移，取得双边和地区的共同关注，目标是减少东盟劳动力移民的剥削现象。2017 年 9 月，东盟发表《改善工作场所安全与卫生，以维持可持续经济增长》声明，成员国表示将采取行动保障东盟工人的安全、健康和福利。

　　国家层面保护移民权利的机制可分为三种：为政府官员和雇主提供移民信息，减少对工人的虐待；制定针对招募机构和人贩的政策；为受虐待移民提供法律和社会援助。② 保护移民权利的更好行为取决于在三个领域的改革，首先是保护合法移民应有的权利，其次是关注非法移民的权利，最后是政府制定协调社会保护和社会服务的制度。在人权机制下，来源国和目标国均有义务关注移民权利，尽管这些义务很大部分在目标国一方，但也需要来源国的积极参与。③ 来源国社会内部的压力也促使政府采取一些措施保护在国外的公民，为减少和避免剥削和虐待行为，需要通过扩展社会保障机制保护在国外的移民。

---

①　Vannarith Chheang, "Migrant Workers in A People - Centered ASEAN Community and ASEAN - Japan Cooperation," in Susan Hubbard and Kimberly Gould Ashizawa, *BEYOND 2015：ASEAN - Japan Strategic Partnership for Democracy，Peace，and Prosperity in Southeast Asia*, Japan Center for International Exchange, 2013, p. 285.

②　Susan Martin and Rola Abimourched, "Migrant Rights：International Law and National Action," *International Migration*, Volume 47, Issue 5 （2009）：124.

③　Piyasiri Wickramasekara, "Circular Migration：A Triple Win or A Dead End," Global Union Research Network Discussion Paper, No. 15, Geneva：International Labor Office, Bureau for Workers' Activities （ACTRAV）, 2011, p. 34, http：//www. ilo. org/emppolicy/pubs/WCMS_188049/lang—fr/index. htm.

东盟成员国中，来源国积极参与促进劳动力出口并对海外公民进行保护的典范是菲律宾，该国在经济发展计划中将促进劳动力出口作为计划目标之一。该国是个典型的移民输出国，20世纪70年代早期就开始输出劳工。1974年，马科斯政府启动"劳工出口政策"，起初只是作为缓解国内失业问题并平衡收支的一种双管齐下的权宜性政策，经过数十年的发展已成为一项永久性的国家政策，采用传统的国家中心主义（state - centric）政策，关注移民对减少失业及促进汇款的作用。[①] 该国早已意识到移民问题不只是个人问题、家庭问题，还是国家层面的问题，把国际移民问题融入国家的发展战略中（《2011 - 2016年国家发展计划》有60个条款涉及移民与发展问题，尤其鼓励循环移民），并为庞大的海外劳工群体的生存与安全负责。其在制定政策保护海外移民方面已成为东盟成员国中的一个先行者，也是全球公认的一种成功模式。1974年通过《劳工法》，为管理和招募本国公民到海外工作建立了体系框架，规定了合同移民的最低标准。1995年6月又通过了《移民工人和海外菲律宾人法案》（*The Migrant Workers and Overseas Filipinos Act*），目的是促进对海外合同工人生活、工作的监控和保护；设立"海外移民工人基金"（Overseas Migrant Workers Fund），为移民提供社会保险。2003年《缺席者投票法》（*Overseas Absentee Voting Bill Act*，Republic Act，No. 9189），NO允许海外移民参与投票。

柬埔寨在保护海外公民方面也实施了一些举措，如出版劳动力移民指导手册，每个移民须有政府颁发的有效护照、目标国驻柬埔寨大使馆的签证和就业部门发放的同意证书及招募机构与移民之间签署的就业合同。2010年，柬埔寨劳工和职业培训部出台了劳动力移民政策，突出三个优先领域：治理劳动力移民，保护移民并为其家庭赋权，将移民和发展联系起来。[②] 柬

---

①　Benjamin A. San Jose，"Achieving Human Security for Migrants：the Limits of State Policies and Migration Development Initiatives，" San Jose *Bandung J of Global South* 2（2015）：4.

②　Nilim Baruah，"Labor Migration Infrastructure and Services in Countries of Origin in Asia，" in *Labor Migration in Asia：Building Effective Institutions*，ADBI，ILO，OECD，February 2，2016，p. 18，https：//www. adb. org/sites/default/files/publication/178966/adbi - labor - migration - asia. pdf.

埔寨的一些社会组织和劳工权利组织关注保护和促进移民，包括为潜在移民和回归移民提供安全迁移及法律援助服务的信息，游说政府机构保护移民权利，为移民在回归及再融入的过程中提供支持。2012 年，柬埔寨家务工人网络成立，以家务工人和回归移民为会员，主要职能是将家务工人组织起来，以一个声音促进提高权利、改善工作条件和生活条件。为了更好地促进对移民工人的社会包容，湄公移民网络建议柬埔寨政府修订国家选举法，采取类似于菲律宾允许海外工人参与投票的措施。

　　目标国有义务保护移民免受一切形式的人权侵犯行为，应为移民提供基本的福利，给予必要的政治庇护，应使对移民的社会保护制度化，将劳动力标准扩展到所有移民，防止各种形式的歧视、仇外心理、民族主义和种族主义。[①] 在目标国对移民权利的保护方面，新加坡为成员国提供了一个良好的范例，重视对新移民的培训，以便让他们尽快熟悉新加坡文化、城市环境、运输系统和道路安全等信息。为了使新移民尽快融入本地社会并增进各群体间的信任，2009 年成立了国民融合理事会（National Integration Council），由政府、私人企业及民间组织等的 20 名代表组成，以"开放门户、敞开胸怀、开阔思想"为口号。为鼓励民间、私人机构和公共部门推广国民融合项目，此后又设立了 1000 万新元（约 795 万美元）的社会融合基金（Community Integration Fund），计划 3 年内为非营利组织和社团举办的融合活动提供高达 80% 的津贴。[②] 新加坡移民工人中心（Migrant Workers Centre）为新来的家务工和首次雇用家务工的雇主进行 3 小时培训，告之双方的义务及相关规定。针对家务工人受虐事件的频发，政府修正刑法加大对施虐雇主的惩罚，殴打移民的雇主将遭受一年半的监禁或被罚款 1500 新元，宣判有罪的雇主及其配偶永久禁止雇用移民，并开通了 24 小时的援助热线为受虐待的家务工人提供紧急庇护和帮助。

---

① 联合国大会文件：《国际移徙与发展：秘书长报告》，A/60/871，2006 年 5 月 18 日，第 14 页，http://daccess - dds - ny. un. org/doc/UNDOC/GEN/N06/353/53/PDF/N0635353. pdf？OpenElement。

② 林佩碧：《新加坡政府与民间组织以"三开"促新移民融入》，中国新闻网，http://news. sohu. com/20090917/n266800470. shtml，最后访问日期：2017 年 10 月 26 日。

新加坡的一个非营利团体"外籍女佣援助与技能培训协会"（成立于2005年，简称FAST），致力为本地外籍女佣争取福利。2013年6月推出24小时热线服务，7月制定"女佣之友计划"（至2015年12月共培训女佣6.6万人），还设立女佣俱乐部，会员超过3500人，已举办了1000多项活动。2010年，新加坡举办首届"外籍女佣日"，感谢她们对本地社区的贡献。2015年第六届"外籍女佣日"吸引了女佣、雇主、外交人员、政府官员、劳务中介代表等6000人参加。① 新加坡采取的措施使它成为公认的更安全的移民目标国之一。该国人力部2015年选取1000名外籍女佣进行一项调查，结果显示，高达97%的女佣对在该国工作感到满意，还有80%的女佣会向亲友推荐新加坡作为理想工作地。

---

① 王纬温：《人力部调查：九成七外籍女佣满意在本地工作》，联合早报网，http://www.zaobao.com/news/singapore/story20151207 – 556912，最后访问日期：2017年10月26日。

第八章 结语

一 研究总结

在移民研究中，地区已成为一个重要的政治分析单元。东盟成立于1967 年，至 1999 年已涵盖了东南亚 10 国（东帝汶除外），经过半个多世纪的发展已成为亚洲最先进的地区一体化组织、全球第六大经济体。2007 ~ 2016 年，年均 GDP 增长 5. 29%，2016 年 GDP 总量（按当前价格计算）达25594. 63 亿美元，具有庞大的市场及经济潜能。[①] 东盟自 20 世纪 80 年代以来经历了成员国间移民流动的快速发展时期，是全球移民领域最具活力的地区之一，构成了后殖民时代东南亚新移民地理的一个组成部分、该地区劳动力史上确立的一个结构性特征和地区经济发展的要素，同时也是地区一体化进程不断加深的最明显证据之一，从学术及决策的视角成为移民研究的一个重要案例。

东盟域内移民具有混合的动机，大多数与临时劳动力移民、国内移民、城市化进程、移民网络及人口的发展变化等密切相关，其中的一个突出现象是非法移民始终相伴相随，是该地区的一个显性事实、问题及挑战。自20 世纪 90 年代以来，东盟已成为亚洲乃至全球非法移民的一个"重灾区"，形成了成员国与非法劳动力流动、避难和难民流动的长期抗争。本书以东盟域内的非法移民问题为研究对象，在已有研究的基础上，通过历史探源和经验分析，梳理了域内非法移民的发展历程，总结了原因及影响，概括了治理现状，并在治理效果评估的基础上对现有治理措施进行反思，认为东盟很难建立一个共同的地区移民治理机制，因与成员国的政治意愿相背

[①] *ASEAN Statistical Yearbook 2016/2017*, Jakarta, ASEAN Secretariat, December 2017, pp. 42 – 44.

离，短期内也不可能实现成员国间所有劳动力的自由流动，所以在现有的多层面治理体系下进行完善是个相对可行的选择。对东盟域内非法移民问题研究的认识可总结为以下几点。

首先，非法移民并非独立于一般移民之外，而是与合法移民相平行的一个现象，共同的进程和因素推动着合法移民与非法移民。自 20 世纪 70 年代以来，全球非法移民数量的增加是由于边界的封闭和全球化、南北发展的不平衡因素，推动着更多人口迁移到其他国家寻求更好的生活，[①] 源于复杂的国际国内背景与深厚的经济、社会和历史结构因素。应将非法移民作为更广阔的劳动力市场问题的一部分而不仅仅是法律和安全问题。本书将非法移民放在东盟域内移民的宏观背景之下，对其根源、影响和治理的分析也没有脱离移民整体，认为该地区的非法移民具有浓厚的历史连续性和地区传统，是人口、政治、经济、法律政策、社会环境、城市化、劳动力市场分化、连锁移民、地区间联系加强和个人主观层面等多重因素综合作用的结果，是成员国经济发展、人口结构差距导致的劳动力剩余或短缺的个体和国家的一种反应。地区内移民不只是数量的简单增加，迁移的类型日趋复杂，跨界劳动力流动加深了成员国间的联系，导致了具有经济、社会、文化和政治意义的人口分布，是塑造东南亚地区转型的一个关键因素。[②] 移民将继续是东盟共同体建设、外部关系的关键议题之一，代表了地区一体化的机遇和挑战。[③]

其次，东盟域内非法移民问题已成为地区的一个结构性难题。从根源

---

① Milena Chimienti & John Solomos, "Social Movements of Irregular Migrants, Recognition, and Citizenship," *Globalizations*, Vol. 8, No. 3 (2011): 346.

② *Asia – Pacific Migration Report 2015: Migrants' Contributions to Development*, Asia – Pacific RCM Thematic Working Group on International Migration, ST/ESCAP/2738, p. 16, http://www. unescap. org/sites/default/files/SDD% 20AP% 20Migration% 20Report% 20report% 20v6 – 1 – E. pdf.

③ Vannarith Chheang, "Migrant Workers in A People – Centered ASEAN Community and ASEAN – Japan Cooperation," in Susan Hubbard and Kimberly Gould Ashizawa, eds., *BEYOND 2015: ASEAN – Japan Strategic Partnership for Democracy, Peace, and Prosperity in Southeast Asia* (Japan Center for International Exchange, 2013), p. 294.

上看，非法移民是历史及现实因素共同作用的结果；从影响上看，非法移民产生的影响综合而复杂，对象涉及国家、地区和移民个体/群体，内容包括经济、社会安全、政治及人权领域，由此决定了对其进行治理的重要性和必要性。成员国对移民问题的关注受到国家发展的左右，移民趋势和模式短期内不会发生较大改变，也将继续对国家和地区层面既有的政策和制度产生压力，但也可能成为改革的动力之一。

最后，结构性难题没有简单的解决办法，不可能单靠一种措施、一个维度或单边就能达到目标。东盟域内非法移民治理措施可总结为三类，即国家的单边行为、国家间的双边机制及多边主义。国家的单边行为通常针对所有非法移民，双边机制主要针对劳动力的非法流动，地区的多边主义则主要关注人口贩卖与难民问题。在国家层面上，成员国因发展程度、社会文化、法制和人权观念等方面的巨大差异导致对移民及移民权利的看法和观点不同，各国在移民链中的不同角色（来源国、目标国和中转国）也决定了各自的立场，狭隘的民族主义及基于国家利益的单边行为很难让位于双边机制和多边主义。在地区层面上，"东盟方式"的固有缺陷（尤其是不干涉原则）注定了难以构建一个共同的地区移民治理机制，已制定的条约和文件也无法在成员国中得到切实的执行，这是东盟面临的一大挑战。东盟域内非法移民的治理效果不尽如人意，国家单边措施、国家间的双边机制及地区多边主义均不能遏制非法流动，除了新加坡外，整体的治理是失败的。由于成员国对非法移民存在一定程度的容忍、狭隘的民族主义及"东盟方式"的固有缺陷短期内不会发生根本性的改变，所以对非法移民治理的预期效果也不容乐观。根除是不现实的，也不是最终目标，应该在治理目标上取得平衡。

移民是个极为复杂的议题。东盟域内非法移民问题的复杂性远远超过了本书所涉及的内容，研究并不全面，有待进一步完善，在一些细节方面仍需要不断地深入，主要表现在以下几个方面。

首先，研究中遇到的最大障碍是缺乏东盟域内非法移民准确、有代表性的数据。由于资料收集困难，在论证过程中基本使用英文及中文的二手资料，而这些资料的来源多样、零碎，因此对东盟域内非法移民规模的描述只是个轮廓，难以达到清晰的程度，也使得研究主体的地位不够鲜明和突出，不能很好地区分一般移民与非法移民的特性。

其次，非法移民问题引起了政治热议，但是当前非法移民研究中的一个重大缺失就在于还没有形成一个公认的、令人满意的理论分析框架，导致问题的重要性与理论框架的发展不匹配。在本书的研究中，没有采用一个明确的非法移民分析理论，在对问题进行总体分析后也难以上升到理论的高度，这是需要着力克服的难题。在论证过程中，把国家和地区联系起来作为相互影响的一个整体单元，对东盟域内非法移民问题进行了综合的分析，但因对一体化理论掌握的不足及经验数据的缺乏，对地区层面的分析还不够深入，没有充分阐释东盟域内移民，特别是非法移民与地区一体化进程的关系，导致本书的论证逻辑还不够严密。

最后，移民领域已成为东盟治理的一个组成部分，在现有的多层面移民治理体系中，非国家行为体（非政府组织、社会组织等）的角色和作用有待进一步补充研究。在国家层面上，因国情和国力限制了国家对非法移民的治理能力，因此，东盟除了开展成员国间的合作外，与东盟外的周边国家进行合作是个必要的选择，如澳大利亚、孟加拉国和中国等，这也是东盟移民治理可以拓展的空间。

二 研究的启示意义

东盟域内非法移民治理是全球移民治理的一个典型案例。当今世界，无论是欧美发达国家，还是亚非拉的发展中国家，都与移民/非法移民问题有着密不可分的关系。中国作为人口大国和发展中的大国，同样也是移民大国，同时充当着输出国、中转国和目标国的角色。无论是合法移民还是非法移民，都关联着中国的国家利益，影响着中国与相关国家之间的关系。

中国和东盟成员国之间长期以来存在大量移民流动，并具有双向对流的特征。以云南省为例，作为连接中国与东南亚、南亚国家的纽带和门户，其与越南、老挝、缅甸三国接壤，边界线长达4060公里，彼此间山水相连、村寨相望，没有天然屏障，之间还有 16 个跨界少数民族，人口的跨境往来是个常态。自 20 世纪 90 年代沿边开放以来，云南省的跨界人口流动渐趋活跃，构成日益复杂，体现在来源、流向、性质、原因等方面，如边民往来、合法出入境、非法出入境、受缅北局势影响产生的难民等。云南省与三个邻国间边界线漫长、无天然屏障加之接壤国政府对边境民族地区的管控不力，一些不法分子选择云南省作为外逃和入境的"便利通道"。"东突"分裂势力以前主要经过中国与南亚和中亚国家的边境出逃，近年来随着边境安防的加强，出逃通道转向云南省。2014 年 3 月，昆明火车站暴恐事件使云南的边疆安全增加了恐怖主义的威胁。跨国人口流动无论是合法还是非法都对安全环境产生了影响，但是非法流动的影响更大。涉及跨国犯罪（走私、贩毒和人口贩卖等）、恐怖主义、重大疾病传染和使聚集地社会治安状况恶化等，威胁到云南省边境地区的安全和稳定，而这一影响也攸关国家的整体安全，成为中国与东盟关系的一个组成部分。

云南省是中国唯一能够通过公路、铁路和水路进入环太平洋和环印度洋地区的省份，在中国西部大开发、"一带一路"倡议的大背景下再次彰显了独特的区位优势。在国家战略推动下，今后取道云南省出入国境的人口流动将在现有基础上大幅度增长，势必加大出入境管理任务的艰巨性，也将出现跨国犯罪的增多。正视跨国人口流动对云南省边疆安全的影响仍是一个不容忽视的问题，需要积极寻求可行的应对措施，使跨国人口流动产生的风险最小化、收益最大化，从而服务于国家的发展、开放和稳定。

实践证明，控制非法跨国人口流动不能靠国家的单边行动，需要积极寻求国际合作，经贸关系的发展使国家之间的相互依存越来越深，从而使合作成为可能。针对非法跨境的问题，中国与特定国家开展了跨境合作，如遣返非法移民、打击人口贩卖等。在应对非法移民问题上，加强和改善单边的出入境管理是必要的，既要兼顾国家边境安全的现实利益，又要兼顾云南省与周边国家历史上形成的跨界民族的长期特殊交往，需综合考虑国家安全、口岸发展、资源开发、跨国犯罪、民族宗教、文化建设、边民思想和生活状况等多个方面。在发展云南省与湄公河国家交通基础设施建设的同时，不应盲目追求国家间进出的方便快捷，严格的出入境管理是必要的，但应充分评估后果，尤其是签证制度和边境检验检疫制度。运用国内、国际层面的法律控制手段并非解决问题的根本方法，只能是在一定程度上达到控制的效果。由于滇缅、滇越和滇老三段边境大多没有天然屏障，且有 16 个民族跨界而居，双方边民往来十分密切，历史上就形成了自由出入、季节性迁移的习惯，边民的国家、国界观念和依法持证出入境的法制意识有待进一步提高，需要进行积极的教育干预。此外，有必要探求维护云南省边疆社会稳定对策性研究的新突破，除关注"正统"法律外，还应重视边疆民族地区的"小传统"，如村民自治组织、乡规民约、少数民族习惯因素等在稳定边疆社会中的重要作用，以弥补国家法律在这些特殊区域容易造成的低效和浪费。

总之，国际合作范围在现有基础上还有待进一步扩大，需积极探索双边合作的新领域，以寻求非法跨国人口流动的各种原因及控制手段，促使云南省边境地区的跨国人口流动向"促进有序流动，抑制无序流动，制止非法流动"的态势发展。

参考文献

中文著作（含译著）

〔瑞士〕安托万·佩库、〔荷兰〕保罗·德古赫特奈尔编《无国界移民：论人口的自由流动》，武云译，译林出版社，2011。

〔美〕保罗·克鲁格曼、茅瑞斯·奥伯斯法尔德：《国际经济学》（第五版），海闻、蔡荣、郭海秋等译，中国人民大学出版社，2002。

〔德〕贝娅特·科勒-科赫：《欧洲一体化与欧盟治理》，顾俊礼等译，中国社会科学出版社，2004。

但伟：《偷渡犯罪比较研究》，法律出版社，2004。

丁宏主编《民族研究文集·国际学术交流卷》，中央民族大学出版社，2006。

〔俄〕戈尔巴乔夫基金会编《全球化的边界——当代发展的难题》，赵顺国等译，中央编译出版社，2008。

国家人口和计划生育委员会流动人口服务管理司编《流动人口理论与政策》，中国人口出版社，2010。

郭秋梅：《国际移民组织与全球移民治理》，暨南大学出版社，2013。

郝鲁怡：《欧盟国籍移民法律制度研究》，人民出版社，2011。

嵇雷：《非自愿移民社会学研究》，湖北人民出版社，2014。

〔法〕卡特琳娜·维托尔·德文登：《国家边界的开放》，罗定蓉译，社会科学文献出版社，2010。

蓝佩嘉：《跨国灰姑娘——当东南亚帮佣遇上台湾新富家庭》，吉林出版集团有限责任公司，2011。

李东屹：《治理视角之下的东亚区域化——以东盟为案例的分析》，中国政法大学出版社，2014。

李明欢：《国际移民政策研究》，厦门大学出版社，2011。

李通屏、朱雅丽、邵红梅等编著《人口经济学》（第二版），清华大学出版社，2014。

梁西：《国际法》（修订第二版），武汉大学出版社，2000。

林曾、宋亚平主编《全面深化改革与社会治理现代化》，社会科学文献出版社，2015。

〔菲律宾〕鲁道夫·C. 塞韦里诺：《东南亚共同体建设探源——来自东盟前任秘书长的洞见》，王玉主等译，社会科学文献出版社，2012。

罗刚：《云南边境民族地区非法移民问题及其治理研究》，法律出版社，2012。

〔英〕罗斯玛丽·塞尔斯：《解析国际迁移和难民政策：冲突和延续》，黄晨熹等译，格致出版社、上海人民出版社，2011。

〔美〕马丁·N. 麦格：《族群社会学：美国及全球视角下的种族和族群关系》，祖力亚提·司马义译，华夏出版社，2007。

〔美〕帕特里克·曼宁：《世界历史上的移民》，李腾译，商务印书馆，2015。

潘兴明、陈弘主编《转型时代的移民问题》，上海人民出版社，2010。

丘进主编《华侨华人研究报告（2011）》，社会科学文献出版社，2011。

〔法〕让－皮埃尔·戈丹：《何谓治理》，钟震宇译，社会科学文献出版社，2010。

孙文凯、宋扬、王湘红编著《劳动经济学》，清华大学出版社，2015。

田禾：《东亚劳动力跨国流动》，世界知识出版社，2002。

田源：《移民与国家安全——威胁的衍生及其条件研究》，世界知识出版社，2010。

〔瑞典〕瓦尔·卡尔松、〔圭〕什里达特·兰法尔主编《天涯成比邻——全球治理委员会的报告》，赵仲强等译，中国对外翻译出版公司，1995。

王金良：《跨国关系与跨国权威》，法律出版社，2012。

王耀辉、刘国福、苗绿主编《中国国际移民报告（2015）》，社会科学文献出版社，2015。

谢婷婷：《中欧关系视角下的新侨研究》，社会科学文献出版社，2016。

徐军华：《非法移民的法律控制问题》，华中科技大学出版社，2007。

杨云彦、敖荣军、朱金生、魏博通：《全球化、劳动力流动与经济空间重建》，中国财政经济出版社，2008。

俞可平：《全球化：全球治理》，社会科学文献出版社，2003。

余潇枫主编《中国非传统安全研究报告（2013～2014）》，社会科学文献出版社，2014。

〔美〕詹姆斯·罗西瑙：《没有政府的治理》，张胜军、刘小林译，江西人民出版社，2001。

张庭伟、吴浩军：《转型的足迹——东南亚城市发展与演变》，东南大学出版社，2008。

赵建国：《人的迁移与传播》，中国社会科学出版社，2012。

中国社会科学杂志社编《社会转型：多文化多民族社会》，社会科学文献出版社，2000。

周敏、张国雄主编《国际移民与社会发展》，中山大学出版社，2012。

中文论文（含译文）

〔俄〕C. 伊万诺夫：《劳动力移民：因素与选择》，《国外社会科学》2006年第 6 期。

陈积敏：《试论非法移民对美国国家安全的影响》，《江南社会学院学报》2012 年第 2 期。

陈天林：《经济全球化发展进程中的一个困境——跨国移民引发的社会冲突的根源剖析》，《中共中央党校学报》2010 年第 5 期。

曹云华：《论东盟的内部关系——东盟区域一体化的发展及主要成员国间的关系》，《东南亚研究》2006 年第 5 期。

崔兆财、张志新、高小龙：《国际移民汇款的经济增长效应——基于发展中国家的系统 GMM 分析》，《首都经济贸易大学学报》2015 年第 5 期。

葛剑雄：《移民与中国：从历史看未来》，《新华月报》2009 年第 21 期。

黄日涵、李丛宇：《国际移民视角下的欧洲难民危机及其应对》，《国际问题展望》2017 年第 5 期。

黄叶青、彭华民：《迁移与排斥：德国移民政策模式探析》，《欧洲研究》2010 年第 5 期。

揭晓：《东盟地区治理的基础与动因》，《理论月刊》2010 年第 8 期。

〔智利〕劳尔·乌尔苏亚：《国际移民、社会科学和公共政策》，陈思译，《国际社会科学杂志》（中文版）2001 年第 3 期。

李明欢：《国际移民治理的现实困境与善治趋势》，《学术前沿》2014 年第 14 期。

李昕蕾、任向荣：《东亚国际劳工移民的流动特征及其动力机制——基于政治经济学的分析向度》，《东南亚纵横》2008 年第 11 期。

林梅：《马来西亚的印尼劳工问题》，《当代亚太》2006 年第 10 期。

刘国福：《试论国际社会对非常规移民的治理》，《学习论坛》2016 年第 1 期。

罗刚：《论我国移民、非法移民概念的界定》，《政法论坛》2012 年第 3 期。

〔英〕罗纳德·斯凯尔顿：《亚太地区跨国移民之动向》，祝东力译，中国社会科学院、联合国教科文组织《国际社会科学杂志·国际移民 2000》（中文版）第 18 卷第 3 期。

〔法〕乔治·弗提奥·塔皮诺斯：《全球化、区域融合、跨国移民》，祝东力译，《国际社会科学杂志》（中文版）2001 年第 3 期。

任洪生：《边境"难民及非法入境者"问题与中国的应对策略研究》，《国际问题展望》2017 年第 5 期。

〔澳〕斯蒂芬·卡斯尔斯：《21 世纪初的国际移民：全球性的趋势和问题》，凤兮译，《国际社会科学杂志》（中文版）2001 年第 3 期。

宋效峰：《社会组织与东盟地区治理转型：参与与回应》，《世界经济与政治论坛》2012 年第 4 期。

文峰：《浅议马来西亚的非法移民问题》，《东南亚研究》2010 年第 3 期。

文军、黄锐:《移民政策的回归及其分析维度的建构——一项以国际移民研究为中心的讨论》,《天津社会科学》2013 年第 2 期。

吴前进:《东南亚地区的移民流动——以 1990 年之后的东南亚五国移民为例》,《社会科学》2005 年第 12 期。

吴昕春:《论地区一体化过程中的地区治理》,《现代国际关系》2002 年第 6 期。

俞可平:《全球治理引论》,《马克思主义与现实》2002 年第 1 期。

余潇枫:《非传统安全治理能力建设的一种新思路——"检验检疫"的复合型安全职能分析》,《人民论坛·学术前沿》2014 年第 5 期(上)。

张春:《复合地缘政治的兴起与跨境安全治理的转型》,《国际安全研究》2017 年第 1 期。

张继焦:《国内外关于"非法移民"的研究状况评述》,国际移民法的新发展和中国移民法的建设研讨会文集,2009 年 5 月 1 日。

周敏、郭南译《国际移民与社会发展:在亚洲重新崛起背景下的若干理论思考》,《中外关系评论》2016 年第 1 期。

周聿峨、王显峰:《当代中国非法移民活动的特征——以福建沿海地区非法移民为例》,《暨南学报》(人文科学与社会科学版)2004 年第 2 期。

朱虹:《欧盟移民政策的由来与未来》,《中共中央党校学报》2004 年第 4 期。

陈积敏:《全球化时代美国非法移民治理研究》,博士学位论文,外交学院,2011。

罗爱玲:《国际移民的经济与政治影响:以欧洲穆斯林移民为例》,博士学位论文,上海社会科学院,2013。

王显峰:《当代中国非法移民研究》,博士学位论文,暨南大学,2004。

国际文件

《联合国打击跨国有组织犯罪公约关于预防、禁止和惩治贩运人口特别是妇女和儿童行为的补充议定书》，第 3（a）条，2000。

《联合国打击跨国有组织犯罪公约关于打击陆、海、空偷运移民的补充议定
书》，第 3（a）（b）条，2000。

联合国文件：《国际移徙与发展：秘书长的报告》，A/60/871，2006 年 5 月
18 日。

联合国文件：《国际移徙与发展问题：秘书长的报告》，A/67/254，2012 年
8 月 3 日。

英文著作

Alejandro Portes and Josh De Wind, *Rethinking Migration: New Theoretical and Empirical Perspectives* (New York: Berghahn Books), 2007.

Alexander Aleinikoff and Vincent Chetail, *Migration and International Legal Norms* (T. M. C. Asser Press), 2003.

Alexander Betts, *Global Migration Governance* (Oxford University Press), 2011.

Amitav Acharya, *Constructing A Security Community in Southeast Asia* (London: Routledge, 2001).

Aris Ananta and Evi Nurvidya Arifin, *International Migration in Southeast Asia* (Singapore: Institute of Southeast Asian Studies, 2004).

Brettell, C. B. and Hollifield, J. F., *Migration Theory: Talking across Disciplines* (New York: Routledge, 2000).

Çaglar Özden and Maurice Schiff, *International Migration, Economic Development & Policy*, World Bank: June 2007.

Caroline B. Brettell and James F. Hollifield, *Migration Theory: Talking Across Disciplines* (New York: Routledge, 2000).

Demetrios G. Papademetrion, *The Global Struggle with Illegal Migration: No End in Sight* (Washington: Migration Policy Institute, 2005).

Denis Hew, *Roadmap to An ASEAN Economic Community* (Singapore: Institute of Southeast Asian Studies, 2005).

Douglas Massey et al. , *Worlds in Motion* (Oxford University Press, 1998) .

Eleonore Kofman and Gillian Youngs, *Globalization*: *Theory and Practice* (London: Pinter, 1996) .

Elspeth Guild and Sandra Mantu, *Constructing and Imagining Labor Migration*: *Perspectives of Control from Five Continents* (London: Routledge, 2010) .

Graeme Hugo and Soogil Young, *Labour Mobility in the Asia – Pacific Region*: *Dynamics*, *Issues and A New APEC Agenda* (Singapore: Institute of Southeast Asian Studies, 2008) .

Graziano Battistella, *Global and Asian Perspectives on International Migration* (Switzerland, 2014) .

Harald Bauder, *Labor Movement*: *How Migration Regulates Labor Markets* (Oxford University Press, 2005) .

Jacqueline Maria Hagan, *Migration Miracle – Faith*, *Hope and Meaning on the Undocumented Journey* (Harvard University Press, 2008) .

Jerrold W. Huguet and Sureeporn Punpuing, *International Migration in Thailand* (Bangkok, 2005) .

Kevin Hewison and Ken Young, *Transnational Migration and Work in Asia* (London: Routledge, 2005) .

Khalid Koser, *International Migration*: *A Very Short Introduction* (New York: Oxford University Press Inc. , 2007) .

Philip Martin, Manolo Abella and Christiane Kuptsch, *Managing Labor Migration in the Twenty – first Century* (Yale University Press, 2006) .

Pierre Bourdieu and Loïc J. D. Wacquant, *An Invitation to Reflexive Sociology* (Chicago: University of Chicago Press, 1992) .

Solomom W. Polachek, Carmel Chiswick and Hillel Rapoport, *The Economics of Immigration and Social Diversity* (JAI Press Inc, 2006) .

Stephen Castles and Mark J. Miller, *The Age of Migration*: *International Population Movements in the Modern World* (New York: the Guilford Press,

1998）.

Stephen Hoadley and Jurgen Ruland, *Asian Security Reassessed*, Singapore, Institute of Southeast Asian Studies (ISEAS), 2006.

The Commission on Global Governance, *Our Global Neighbourhood* (Oxford University Press, 1995).

Tomas Hammer, *Europe Immigration Policy: A Comparative Study* (Cambridge University Press, 1985).

Wayne A. Cornelius et al., *Controlling Immigration: A Global Perspective* (2nd edition) (Stanford University Press, 2004).

Wilhelm Hofmeister et al., *Migration and Integration, Common Challenges and Responses from Europe and Asia*, EU – ASIA Dialogue, Singapore, 2014.

英文研究报告

ADB, *HIV and the Greater Mekong Subregion: Strategic Directions and Opportunities*, Manila: Philippines 2007.

ADB, *Facilitating Safe Labor Migration in the Greater Mekong Subregion: Issues, Challenges, and Forward – Looking Interventions*, 2013.

ADB, *Open Windows, Closed Doors: Mutual Recognition Arrangements on Professional Services in the ASEAN Region*. Mandaluyong City, Philippines, 2016.

Alexander Betts, "Global Migration Governance – the Emergence of A New Debate", Global Economic Governance Programme, *Briefing Paper* (2010).

Aniceto C. Orbeta, Jr, "Enhancing Labor Mobility in ASEAN: Focus on Lower – skilled Workers," Philippine Institute for Development Studies, *Discussion Paper Series*, No. 2013 – 17, February 2013.

Annuska Derks, "Combating Trafficking in South – East Asia: A Review of Policy and Programme Responses," *IOM Migration Research Series*, 2 (2000).

ASEAN, "Themes from A Six – Country Study," Philippine Institute for Development Studies, *Discussion Paper Series*, No. 2013 – 26.

Asia – Pacific Migration Report 2015: Migrants' Contributions to Development, Asia – Pacific RCM Thematic Working Group on International Migration, ST/ESCAP/2738.

Azizah Kassim and Ragayah Haji Mat Zin, "Policy on Irregular Migrants in Malaysia: An Analysis of its Implementation and Effectiveness," Philippine Institute of Development Studies, *Discussion Paper Series*, No. 2011 – 34.

Çaglar Özden and Maurice Schiff, *International Migration, Economic Development & Policy*, World Bank: June 2007.

Cambodia's Leading Independent Development Policy Research Institute (CDRI), *Costs and Benefits of Cross – country Labour Migration in the GMS: Synthesis of the Case Studies in Cambodia, Laos, Thailand and Vietnam*, Working Paper Series No. 45, Phonm Penh, December 2009.

Demetrios G. Papademetriou, *The Governance of International Migration, Defining the Potential for Reform in the Next Decade*, Transatlantic Council Statement, 2011 Migration Policy Institute.

Cheng Boon Ong and Céline Peyron Bista, *The State of Social Protection in ASEAN at the Dawn of Integration*, ILO Regional Office for Asia and the Pacific, Bangkok, 2015.

Demetrios G. Papademetriou and Will Somerville, "A Strategic Framework for Creating Legality and Order in Immigration," *Migration Policy Institute (MPI) Report*, January 2014.

Department for International Development (DFID), *Moving Out of Poverty – Making Migration Work Better for Poor People*, London: Department for International Development, 2007.

Economic and Social Commission for Asia and the Pacific, "Migration Patterns and Policies in the Asian and Pacific Region," *Asian Population Studies Series*, No. 160, UN 2003.

Eytan Meyers, "Multilateral Cooperation, Integration and Regimes: The Case of

International Labor Mobility," *Working Papers*, Center for Comparative Immigration Studies, UC San Diego, 11th June 2002.

Franck Duvell, Anna Triandafyllidou and Bastian Vollmer, "Ethical Issues in Irregular Migration Research," *CLANDESTINO* (2008).

Global Commission on International Migration (GCIM), *Migration in An Interconnected World: New Directions for Action*, Report of the Global Commission on International Migration, Switzerland, 2005.

Gloria O. Pasadilla, "Social Security and Labor Migration in ASEAN," *ADB Institute Research Policy Brief* 34 (2011).

Gordon H. Hanson, "Illegal Migration from Mexico to United States," *NBER Working Paper*, No. 12141, March 2006.

Guntur Sugiyarto and Dovelyn Rannveig Mendoza, "A Freer Flow of Skilled Labour within ASEAN: Aspiration, Opportunities and Challenges in 2015 and beyond," MPI, issue No. 11 (2014).

Hing Vutha, Lun Pide and Phann Dalis, "Irregular Migration from Cambodia: Characteristics, Challenges, and Regulatory Approach," *PIDS Discussion Paper Series*, No. 2011 – 26.

International Council on Human Rights Policy, *Irregular Migration*, *Migrant Smuggling and Human Rights: Towards Coherence*, Geneva, Switzerland, 2010.

ILO, *Labour and Social Trends in ASEAN 2007: Integration, Challenges and Opportunities.* Bangkok, Thailand: ILO Regional Office for Asia and Pacific, 2007.

ILO and ADB, *ASEAN Community 2015: Managing Integration for Better Jobs and Shared Prosperity* (Bangkok, Thailand, 2014).

Analytical Report on the International Labour Migration Statistics Database in ASEAN: Improving Data Collection for Evidence – based policy – making, Tripartite Action for the Protection and Promotion of the Rights of Migrant Workers in the ASEAN Region (ASEAN TRIANGLE project), ILO Regional Office for Asia and the Pacific, Bangkok: ILO, 2015.

IOM, *Migrant Trafficking and Human Smuggling in Europe*: *A Review of the Evidence*. IOM: Geneva, 2000.

IOM, *World Migration Report 2000*, the International Organization for Migration and the United Nations, 2002.

IOM, *World Migration 2003*: *Managing Migration – Challenges and Responses for People on the Move*, Geneva: International Organization for Migration, 2003.

IOM, *ASEAN and Trafficking in Persons – Using Data as A Tool to Combat Trafficking in Persons*, Geneva, Switzerland, 2007.

IOM, *World Migration 2008*, IOM World Migration Report Series, Academic Foundation, August 1, 2010.

IOM, *World Migration Report 2010 – the Future of Migration*: *Building Capacities for Change*, Geneva: Switzerland, 2010.

IOM, *Labour Migration from Colombo Process Countries*: *Good Practices, Challenges and Ways forward*, Geneva, 2011.

IOM, *Migrant Workers in ASEAN*. IOM – ASEAN – Migration – overview – v – 03 [1] . pdf, Phnom Penh, 3 – 6 April, 2011.

IOM, *World Migration Report 2013*: *Migrant Well – being and Development*, Geneva: Switzerland, 2013.

IOM, *World Migration Report 2018*, Geneva: Switzerland.

International Labour Organization (ILO), *International Labour Migration*: *A Rights – based Approach*, Executive Summary, ISBN 978 – 92 – 2 – 119120 – 9, 29 April 2010.

Jerrold W. Huguet, *Thailand Migration Report 2014*, United Nations Thematic Working Group on Migration in Thailand Bangkok, Thailand, 2014.

Marie Mcauliffe, *Resolving Policy Conundrums*: *Enhancing Humanitarian Protection in Southeast Asia*, Washington, DC: Migration Policy Institue, September 2016.

Maureen Hickey, Pitra Narendra and Katie Rainwater, "A Review of Internal and

Regional Migration Policy in Southeast," Asia Research Institute National U-
niversity of Singapore, *Working Paper* 8 (2013).

Manolo Abella, "Policies and Best Practices for Management of Temporary Migra-
tion," UN/POP/MIG/SYMP/2006/03, 28 – 30 June 2006.

McAuliffe M. L. and F. Laczko, eds., *Migrant Smuggling Data and Research: A
Global Review of the Emerging Evidence Base*, IOM: Geneva, 2016.

Mekong Migration Network (MMN), *The Precarious Status of Migrants in Thai-
land: Reflections on the Exodus of Cambodian Migrants and Lessons Learnt*,
December 2014.

Mekong Migration Network (MMN), *Safe from the Start: The Roles of Countries of
Origin in Protecting Migrants*, July 2017.

Paul Winters, Alain de Janvry and Elisabeth Sadoulet, "Family and Community
Networks in Mexico – U. S. Migration," *Working Paper Series in Agricultural
and Resource Economics*, No. 99 – 12, August 1999.

Philip Martin, "Migration in the Asia – Pacific Region: Trends, Factors, Im-
pacts," *UNDP Human Development Research Paper* 32 (2009).

Piyasiri Wickramasekera, *Asian Labour Migration: Issues and Challenges in An Era
of Globalization*, International Migration Papers 57, Geneva, August 2002.

Piyasiri Wickramasekara, "Circular Migration: A Triple Win or A Dead End,"
Global Union Research Network Discussion Paper, No. 15, Geneva: Interna-
tional Labor Office, Bureau for Workers' Activities (ACTRAV), 2011.

Richard H. Adams, Jr. Ahmad Ahsan, *Managing International Migration For De-
velopment in East Asia*, The World Bank, June 2014.

Ronald Skeldon, "Managing Irregular Migration as A Negative Factor in the De-
velopment of Eastern Asia," *ILO Asian Regional Programme on Governance
of Labour Migration Working Paper*, No. 18, March 2009.

Steffen Angenendt, "Irregular Migration as An International Problem, Risks and
Options," *SWP Research Paper*, July 2008.

Sukti Dasgupta, Ruttiya Bhula – or and Tiraphap Fakthong, *Earnings Differentials between Formal and Informal Employment in Thailand*, ILO Asia – Pacific Working Paper Series, Bangkok: ILO, November 2015.

Suttirak Paitoonpong, "Different Stream, Different Needs, and Impact: Managing International Labor Migration in ASEAN: Thailand (Immigration)," Discussion Papers from Philippine Institute for Development Studies, No. 2011 – 28.

Srawooth Paitoonpong and Yongyuth Chalamwong, *Managing International Labor Migration in ASEAN: A Case of Thailand*, Thailand Development Research Institute (TDRI), Bangkok, 2012.

Susan Hubbard and Kimberly Gould Ashizawa, *BEYOND 2015: ASEAN – Japan Strategic Partnership for Democracy, Peace, and Prosperity in Southeast Asia*, Japan Center for International Exchange, 2013.

Terrie Walmsley, Angel Aguiar, S. Amer Ahmed, *Labor Migration and Economic Growth in East and South – East Asia*, Policy Research Working Paper 6643, The World Bank East Asia and the Pacific Region Office of the Chief Economist, October 2013.

The Commission on Global Governance, *Our Global Neighbourhood*, Report (Oxford University Press, 1995).

The Economist Intelligence Unit, *Measuring Well – Governed Migration: The 2016 Migration Governance Index*, London, 2016.

United Nations (UN), "International Migration and Development," Report of the Secretary – General, Sixtieth Session, *Globalization and Interdependence: International Migration and Development*, 18 May, 2006.

UN, Department of Economic and Social Affairs and Population Division, *International Migration Report 2013*, ST/ESA/SER. A/346, New York, December 2013.

United Nations, Department of Economic and Social Affairs, Population Division, *International Migration Report 2017: Highlights* (ST/ESA/SER. A/404).

United Nations Fund for Population Activities (UNFPA), *Impact of Democratic*

Change in Thailand, Bangkok：UNFPA，2011.

UNHCR，*Statistical Yearbook 2016*，Geneva：Switzerland，2017.

United Nations Inter – Agency Project on Human Trafficking（UNIAP），*Estimating Labour Trafficking：A Study of Burmese Migrant Workers in Samut Sakhon*，Thailand，Bangkok，2011.

United Nations Office on Drugs and Crime（UNODC），*Transnational Organized Crime in East Asia and the Pacific*，April 2013.

United Nations Office on Drugs and Crime（UNODC），*Trafficking in persons from Cambodia，Lao PDR and Myanmar to Thailand*，Bangkok，August 2017.

UN Women，*Managing Labour Migration in ASEAN：Concerns for Women Migrant Workers*，UN Women：Asia Pacific Regional Office，2013.

US Committee on Foreign Relations，*Trafficking and Extortion of Burmese Migrants in Malaysia and Southern Thailand*，United States Senate，April 3，2009.

Vijayakumari Kanapathy，"Controlling Irregular Migration：The Malaysian Experience，" ILO Asian Regional Programme on Governance of Labour Migration Working Paper，No. 14，July 2008.

World Bank，*World Development Indicator 2013*，Washington，DC，2013.

英文论文

Alejandro Portes，"Migration and Social Change：Some Conceptual Reflections，" *Journal of Ethnic and Migration Studies*，Vol. 36，No. 10（2010）.

Alice Bloch and Milena Chimienti，"Irregular Migration in A Globalizing World，" *Ethnic and Racial Studies*，Vol. 34 No. 8（2011）.

Amarjit Kaur，"International Labour Migration in Southeast Asia：Governance of Migration and Women Domestic Workers，" *Intersections：Gender，History and Culture in the Asian Context* 15（2007）.

Amarjit Kaur，"Labor Crossings in Southeast Asia：Linking Historical and Contemporary Labor Migration，" University of New England，*New Zealand Jour-*

nal of Asian Studies, Vol. 11, No. 1 (2009).

Amarjit Kaur, "A New Order? Asian Labour Migration, New Geographies of Migration and Global Governance," *Journal of the Asia Pacific Economy*, Vol. 15, No. 1 (2010).

Amarjit Kaur, "Labour Migration Trends and Policy Challenges in Southeast Asia," *Policy and Society* 29 (2010).

Amy Gurowitz, "Migrant Rights and Activism in Malaysia: Opportunities and Constraints," *The Journal of Asian Studies*, Vol. 59, No. 4 (2000).

Ana Aliverti, "The Wrongs of Unlawful Immigration," *Crime Law and Philosophy* (2015).

Andy Hall, "Migrant Workers and Social Protection in ASEAN: Moving Towards A Regional Standard?" *Journal of Population and Social Studies*, Volume 21, Number 1 (2012).

Andri Chassamboullia and GiovanniPerib, "The Labor Market Effects of Reducing the Number of Illegal Immigrants," *Review of Economic Dynamics* 18 (2015).

ángel Solano – García, "Legal or Illegal? Preferences on Immigration," *International Journal Social Welfare*, Volume 18 (2009).

Anna Triandafyllidou, "The Governance of International Migration in Europe and North America: Looking at the Interaction between Migration Policies and Migrants' Strategies," *Journal of Immigrant & Refugee Studies*, Vol. 6, No. 3 (2008).

Antoine Pécoud and Paul de Guchteneire, "International Migration, Border Controls and Human Rights: Assessing the Relevance of A Right to Mobility," *Journal of Borderlands Studies*, Volume 21, No. 1 (2006).

Arye L. Hillman and Avi Weiss, "A Theory of Permissible Illegal Immigration," *European Journal of Political Economy*, Vol. 15 (1999).

Aswatini Raharto, "Indonesian Labour Migration: Issues and Challenges," *International Journal on Multicultural Societies*, Vol. 9, No. 2 (2007).

Benjamin A. San Jose, "Achieving Human Security for Migrants: the Limits of State Policies and Migration Development Initiatives," *San Jose Bandung Journal of Global South* 1 (2015).

Blanca Garcés – Mascareñas, "Legal Production of Illegality in A Comparative Perspective: The cases of Malaysia and Spain," *Asia Europe Journal*, Volume 8, Issue 1 (2010).

Brian Cushing and Jacques Poot, "Crossing Boundaries and Borders: Regional Science Advances in Migration Modelling," *Regional Science*, Volume 83 (2004).

Bridget Anderson and Martin Ruhs, "Guest Editorial Researching Illegality and Labour Migration," *Population, Space and Place*, Vol. 16 (2010).

Bruce Lindquist, "Migration Networks: A Case Study in the Philippines," *Asian Pacific Migration Journal*, Vol. 2, No. 1 (1999).

Cheah Wui Ling, "Migrant Workers as Citizens within the ASEAN Landscape: International Law and the Singapore Experiment," *Chinese Journal of International Law*, Vol. 8, No. 1 (2009).

Chris Gilligan, "The Public and the Politics of Immigration Controls," *Journal of Ethnic and Migration Studies*, Vol. 41, No. 9 (2015).

Christine Inglis, "Transnationalism in An Uncertain Environment: Relationship between Migration, Policy and Theory," *International Journal on Multicultural Societies*, Vol. 9, No. 2 (2007).

Christophe Bertossi and Ashley Milkop, "The Regulation of Migration: A Global Challenge," *Politique étrangère*, Vol. 73, Special Issue: World Policy Conference 2008 (Autumn 2008).

Dimitria Groutsis, Di van den Broek & Will S. Harvey, "Transformations in Network Governance: The Case of Migration Intermediaries," *Journal of Ethnic and Migration Studies*, Vol. 41, No. 10 (2015).

Douglas S. Massey et al., "Theories of International Migration: A Review and

Appraisal," *Population and Development Review*, Vol. 19, No. 3 (1993).

Franck Düvell, "Paths into Irregularity, the Legal and Political Construction of Irregular Migration," *European Journal of Migration and Law*, Volume 13 (2011).

Gale Summerfield, "Transnational Migration, Gender and Human Security," *Development*, Volume 50, Issue 4 (2007).

Gary P. Freeman and Alan E. Kessler, "Political Economy and Migration Policy", *Journal of Ethnic and Migration Studies*, Vol. 34, No. 4 (2008).

Gijs Beets and Frans Willekens, "The Global Economic Crisis and International Migration: An Uncertain Outlook," *Vienna Yearbook of Population Research*, Vol. 7, Impact of migration on demographic change and composition in Europe (2009).

Gordon H. Hanson, "The Governance of Migration Policy," *Journal of Human Development and Capabilities*, Vol. 11, No. 2 (2010).

Graeme Hugo, "Asia and the Pacific on the Move: Workers and Refugees, A Challenge to Nation States," *Asia Pacific Viewpoint*, Volume 38, Issue 3 (1997).

Graeme Hugo, "Best Practice in Temporary Labour Migration for Development: A Perspective from Asia and the Pacific," *International Migration*, Volume 47, Issue 5 (2009).

Graeme Hugo, "The New International Migration in Asia," *Asian Population Studies*, Vol. 1, No. 1 (2005).

Graziano Battistella, "Unauthorized Migrants as Global Workers in the ASEAN Region," *Southeast Asian Studies*, Vol. 40, No. 3 (2002).

Hein de Haas, "Turning the Tide? Why Development Will Not Stop Migration," *Development and Change*, Vol. 38, Issue 5 (2007).

Hein de Haas, "The Migration and Development Pendulum: A Critical View on Research and Policy," *International Migration*, Volume 50, Issue 3 (2012).

Henrik Olesen, "Migration, Return and Development: An Institutional Perspective," *International Migration*, Volume 40, Issue 5, Special Issue 2 (2002).

Hon Man Moy and Chong K. Yip, "The Simple Analytics of Optimal Growth with Illegal Migrants: A Clarification," *Journal of Economic Dynamics & Control*, 30 (2006).

Horst Entorf, "Rational Migration Policy Should Tolerate Non – zero Illegal Migration Flows: Lessons from Modelling the Market for Illegal Migration," *International Migration*, Vol. 40, No. 1 (2002).

Ida Marie Vammen and Birgitte Mossin Brønden, "Donor – Country Responses to the Migration – Development Buzz: From Ambiguous Concepts to Ambitious Policies?" *International Migration*, Volume 50, Issue 3 (2012).

Idris Jajri and Rahmah Ismail, "Determinants of Migration from ASEAN – 3 into Malaysia," *Asian – Pacific Economic Literature*, Vol. 28, Issue 2 (2014).

Jacqueline Joudo Larsen, "Migration and People Trafficking in Southeast Asia," *Trends & Issues in Crime and Criminal Justice*, No. 401 (2010).

James F. Hollifield, "The Emerging Migration State," *International Migration Review*, Vol. 38, No. 3 (2004).

Jayant Menon, "Narrowing the Development Divide in ASEAN: the Role of Policy," *Asian – Pacific Economic Literature*, Volume 27, Issue 2 (2013).

Jenina Joy Chavez, "Social Policy in ASEAN: The Prospects for Integrating Migrant Labour," *Global Social Policy*, Vol. 7, No. 3 (2007).

Johan Lindquist, Biao Xiang, Brenda S. A. Yeoh, "Opening the Black Box of Migration: Brokers, the Organization of Transnational Mobility and the Changing Political Economy in Asia," *Pacific Affairs*, Vol. 85, No. 1 (2012).

John Casey, "Open Borders: Absurd Chimera or Inevitable Future Policy?" *International Migration*, Volume 48, Issue 5 (2010).

K. Bruce Newbold, "Migration and Regional Science: Opportunities and Challenges in A Changing Environment," *The Annals Regional Science* 48 (2012).

Kathleen Newland, "The Governance of International Migration: Mechanisms, Processes, and Institutions," *Global Governance*, Volume 16, Issue 3 (2010).

Khalid Koser, "Dimensions and Dynamics of Irregular Migration," *Population, Space and Place*, Volume 16 (2010).

Koko Warner, "Global Environmental Change and Migration: Governance Challenges," *Global Environmental Change*, Volume 20, Issue 3 (2010).

Lim Lin Lean and Paul Chan Tuck Hoong, "Migrant Workers in Asean: A Review of Issues and Implications for Government Policies," *International Migration*, Volume 21, Issue 2 (1983).

Luca Nunziata, "Immigration and Crime: Evidence from Victimization Data," *Journal of Population Economics*, Volume 28, Issue 3 (2015).

Lucia Zedner, "Pre – crime and post – criminology?" *Theoretical Criminology*, Vol. 11, No. 2 (2007).

Mariyana Radeva Berket, "Labour Exploitation and Trafficking for Labour Exploitation—trends and Challenges for Policy – making," *ERA Forum* 16 (2015).

Maruja M. B. Asis and Nicola Piper, "Researching International Labor Migration in Asia," *The Sociological Quarterly*, Volume 49, Issue 3 (2008).

Martin Baldwin – Edwards, "Towards A Theory of Illegal Migration: Historical and Structural Components," *Third World Quarterly*, Vol. 29, No. 7 (2008).

Martin Ruhs, "The Potential of Temporary Migration Programmes in Future International Migration Policy", *International Labour Review*, Vol. 145, No. 1 – 2 (2006).

Martina Cvajner and Giuseppe Sciortino, "Theorizing Irregular Migration: the Control of Spatial Mobility in Differentiated Societies," *European Journal of Social Theory*, Vol. 13, No. 3 (2010).

Maruja M. B. Asis and Nicola Piper, "Researching International Labor Migration in Asia," *The Sociological Quarterly*, Volume 49, Issue 3 (2008).

Maurizio Ambrosini, "Why Irregular Migrants Arrive and Remain: the Role of Intermediaries," *Journal of Ethnic and Migration Studies* (2016).

Max Tunon and Nilim Baruah, "Public Attitudes towards Migrant Workers in Asia," *Migration and Development*, Vol. 1, No. 1 (2012).

Michael Leigh, "The Contested Basis of Nationhood: Key Issues When Analysing Labour Flows in Southeast Asia," *International Journal on Multicultural Societies*, Vol. 9, No. 2 (2007).

Michael Vogler and Ralph Rotte, "The Effects of Development on Migration: Theoretical Issues and New Empirical Evidence," *Journal of Population Economics* 13 (2000).

Milena Chimienti & John Solomos, "Social Movements of Irregular Migrants, Recognition, and Citizenship," *Globalizations*, Vol. 8, No. 3 (2011).

Min – hyung Kim: "Integration Theory and ASEAN Integration," *Pacific Focus*, Vol. XXIX, No. 3 (2014).

Nicola Piper, "Feminization of Labor Migration as Violence Against Women," *Violence Against Women*, Vol. 9, No. 6 (2003).

Nicola Piper, "Rights of Foreign Workers and the Politics of Migration in South – East and East Asia," *International Migration*, Volume 42, Issue 5 (2004).

Nicholas Van Hear, "Theories of Migration and Social Change," *Journal of Ethnic and Migration Studies*, Centre on Migration, Policy and Society (COMPAS), University of Oxford, Vol. 36, No. 10 (2010).

Ninna Nyberg Sørensen, "Revisiting the Migration – Development Nexus: From Social Networks and Remittances to Markets for Migration Control," *International Migration*, Volume 50, Issue 3 (2012).

Othman. Z, "Unjustified Fears?" *Today*, September 15, 2008.

Patricia M. Goff, "Invisible Borders: Economic Liberalization and National Identity," *International Studies Quarterly*, Volume 44, Issue 4 (2000).

Patricia Pittman, "Alternative Approaches to the Governance of Transnational Labor Recruitment," *International Migration Review*, Fall 2015.

Patrick Pillai, "The Malaysian State's Response to Migration," *Journal of Social Issues in Southeast Asia*, Vol. 14, No. 1 (1999).

Philippe Doneys, "En – Gendering Insecurities: The Case of the Migration Policy Regime in Thailand," *International Journal of Social Quality*, Vol. 1, No. 2 (2011).

Philippe Fargues, "International Migration and the Demographic Transition: A Two – Way Interaction," *International Migration Review*, Volume 45, Issue 3 (2011).

Philip Martin, "Managing International Labor Migration in the 21th century," *South Eastern Europe Journal of Economics*, Volume 1 (2003).

Piya Pangsapa and Mark J. Smith, "Political Economy of Southeast Asian Borderlands: Migration, Environment, and Developing Country Firms," *Journal of Contemporary Asia*, Vol. 38, No. 4 (2008).

Pradip Bhatnagar and Chris Manning, "Regional Arrangements for Mode 4 in the Services Trade: Lessons from the ASEAN Experience," *World Trade Review*, Vol. 4, No. 2 (2005).

R. Lohrmann, "Irregular Migration: A Rising Issue in Developing Countries," *International Migration*, Volume 25, Issue 3 (1987).

Ralf Emmers, "ASEAN and the Securitization of Transnational Crime in Southeast Asia," *The Pacific Review*, Vol. 16, No. 3 (2003).

Riina Isotalo, "Politicizing the Transnational: on Implications for Migrants, Refugees and Scholarship," *Social Analysis*, Volume 53, Issue 3 (2009).

Rodolfo Severino, "ASEAN beyond Forty: towards Political and Economic Integration," *Contemporary Southeast Asia*, Volume 29, Number 3 (2007).

Roland Bleiker, "The Politics of Illegalised Migration," *Australian Journal of Political Science*, Vol. 47, No. 2 (2012).

Ronaldo Munck, "Globalisation, Governance and Migration: An introduction," *Third World Quarterly*, Vol. 29, No. 7 (2008).

Ronaldo Munck and Mary Hyland, "Migration, Regional Integration and Social Transformation: A North – South Comparative Approach," *Global Social Policy*, Vol. 14, No. 1 (2014).

Russell King, "Geography and Migration Studies: Retrospect and Prospect Department of Geography," *Population, Space and Place*, Volume 18, Issue 2 (2012).

Russell King and Ronald Skeldon, "Mind the Gap! Integrating Approaches to Internal and International Migration," *Journal of Ethnic and Migration Studies*, Vol. 36, No. 10 (2010).

Sawitri Saharso & Peter Scholten, "Comparative Migration Studies: An Introduction," *Comparative Migration Studies*, Volume 1, Issue 1 (2013).

Sheikha Haya Rashed Al Khalifa, "Chairperson's Summary of the United Nations General Assembly High – Level Dialogue on International Migration and Development," *International Migration Review*, Vol. 40, No. 4 (2006).

Simon Hix and Abdul Houry, "Politics, Not Economic Interests: Determinants of Migration Policies in the European Union," *International Migration Review*, Vol. 41, No. 1 (2007).

Sonja Haug, "Migration Networks and Migration Decision – Making," *Journal of Ethnic and Migration Studies*, Vol. 34, No. 4 (2008).

"Southeast Asia: ASEAN 2015," *Migration Dialogue*, Volume 20, Number 4 (2013).

Srawooth Paitoonpong, "Managing International Labor Migration in ASEAN: Thailand (Immigration)," Philippine Journal of Development 2011.

Sriprapha Petcharamesree, "ASEAN and Its Approach to Forced Migration Issues,"

The International Journal of Human Rights, Vol. 20, No. 2 (2016).

Stephen Castles, "The Factors That Makes and Unmakes Migration Policies," *International Migration Review*, Volume 38, Issue 3 (2004).

Stephen Castles, "Why Migration Policies Fail?" *Ethnic and Racial Studies*, Vol. 27, No. 2 (2004).

Stephen Castles, "Understanding Global Migration: A Social Transformation Perspective," Conference on Theories of Migration and Social Change, July 2008.

Stephen Castles, "Development and Migration or Migration and Development: What Comes First?" *Asian and Pacific Migration Journal*4 (2009).

Stephen Castles, "Bringing Human Rights into the Migration and Development Debate," *Global Policy*, Volume 2, Issue 3 (2011).

Stefan Rother and Nicola Piper, "Alternative Regionalism from Below: Democratizing ASEAN's Migration Governance," *International Migration*, Vol. 53, No. 3 (2015).

Stuart Rosewarne, "Temporary International Labor Migration and Development in South and Southeast Asia," *Feminist Economics*, Vol. 18, No. 2 (2012).

Subhayu Bandyopadhyay and Sudeshna Champati Bandyopadhyay, "Illegal Immigration: A Supply Side Analysis," *Journal of Development Economics*, Vol. 57 (1998).

Sumalee Chaisuparakul, "Life and Community of Cambodian Migrant Workers in Thai Society," *Journal of Population and Social Studies*, Volume 23, Number 1 (2015).

Sumalee Chaisuparakul, "Life and Community of Cambodian Migrant Workers in Thai Society," *Journal of Population and Social Studies*, Volume 23, Number 1 (2015).

Susan Kneebone, "The Governance of Labor Migration in Southeast Asia," *Global Governance*, Vol. 16, No. 3 (2010).

Susan Martin and Rola Abimourched, "Migrant Rights: International Law and National Action," *International Migration*, Volume 47, Issue 5 (2009).

Sverre Molland, "The Perfect Business: Human Trafficking and Lao – Thai Cross – Border Migration," *Development and Change*, Vol. 41, Issue 5 (2010).

Tak Kei Wong, "Immigration Control in the Age of Migration," *Electronic Theses and Dissertations* (University of California, 2011).

Thomas Faist, "Migrants as Transnational Development Agents: An Inquiry into the Newest Round of the Migration – Development Nexus," *Population, Space and Place*, Volume14, Issue 1 (2008).

Tom Obokata, "Global Governance and International Migration: A Case Study of Trafficking of Human Beings," *Refugee Survey Quarterly*, Volume 29, Issue 1 (2010).

Toman Omar Mahmoud and Christoph Trebesch, "The Economics of Human Trafficking and Labour Migration: Micro – evidence from Eastern Europe," *Journal of Comparative Economics*, 38 (2010).

Vathana Roth & Luca Tiberti, "Economic Effects of Migration on the Left – Behind in Cambodia," *The Journal of Development Studies* (2016).

Yuko Hamada, "Global Governance and International Migration: A Bridge Too Far?" *Limits of Good Governance in Developing Countries* (Gadjah Mada University Press, 2011).

Yuko Hamada, "National Governance in International Labour Migration," *Migration and Development*, Vol. 1, No. 1 (2012).

网站资源

东方早报网: http://www.dfdaily.com/

东南亚论坛网: http://www.eastasiaforum.org/

东南亚周刊网: http://www.thesoutheastasiaweekly.com/

东盟官方网站: http://www.asean.org/

东亚论坛网：http://www.eastasiaforum.org/

东亚经济研究局网站：http://www.eaber.org/

国际劳工组织网站：http://www.ilo.org/

国际人权政策理事会网站：http://www.ichrp.org/

国际移民组织网站：http://www.iom.int/

柬埔寨星洲日报网：http://www.sinchew-i.com/

联合国网站：http://www.un.org

联合国毒品和犯罪问题办公室网站：www.unodc.org/

联合国亚太经社理事会网站：http://www.unescap.org

联合早报网：http://www.zaobao.com

美国加州大学电子学术网：http://www.escholarship.org/

美国圣地亚哥加州大学比较移民研究中心网站：http://ccis.ucsd.edu/

美国外交官网站：http://thediplomat.com/

美国移民政策研究院网站：http://www.migrationpolicy.org/

湄公移民网络：http://www.mekongmigration.org/

难民与移民流动研究小组网站：http://www.rmmru.org/newsite/

牛津大学全球经济治理项目网站：www.globaleconomicgovernance.org

人口贩卖网站：http://www.humantrafficking.org/

人民网：www.people.com.cn/

人权观察网：http://www.hrw.org/

世界银行资料库：http://siteresources.worldbank.org/

太平洋经济合作理事会网站：http://www.pecc.org

新华网：http://news.xinhuanet.com/

星洲互动网：http://www.sinchew-i.com/

学术界网站：http://www.academia.edu/

亚洲开发银行网站：http://www.adb.org

亚洲时报在线：http://www.atimes.com/

耶鲁全球在线网：http://yaleglobal.yale.edu/

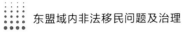

移民对话网：http://migration. ucdavis. edu/

印尼星洲日报网：http://www. sinchew – i. com/indonesia/

中国日报网：http://www. chinadaily. com. cn/

中国商务部网站：http://www. mofcom. gov. cn/

后　记

　　本书是在我博士毕业论文（2015 年 12 月）的基础上增补、修改而成。毕业论文的写作过程不是简单用"痛苦"两个字就可概括。从论文选题、开题、写作、成型、反复修改、送审、再修改，顺利通过答辩并未完全消弭身心的"遭遇"，自身的感触最是刻骨，更深刻的是真正体会到学术、科研工作的严肃、艰辛和沉重。

　　单就论文的产生过程而言，开题之前写过几篇与移民相关的论文，积累了一定资料，与导师商量后确定毕业论文的选题——"东盟域内非法移民问题研究"，起初认为这一选题不难，但在写作中才发现相关的资料并不多，尤其是中文资料奇缺，所以耗费了很多时间进行英文资料的查找、翻译、筛选和遣词造句。看的东西越多，越不敢写，因而影响了论文的写作进度，而写作过程的不顺又让我苦闷和慌乱，甚至产生了厌烦心理，在答辩之后的一段时间根本不想再碰。2017 年 6 月与出版社签订了出版合同，我再次鼓起勇气修改毕业论文，毕竟是我博士学习阶段最大的成果，若是让它就此沉寂觉得太过可惜，而且这将是我学术生涯的第一本专著，于是再次开始查找资料、更新数据、编排组合等。

　　感谢我的恩师刘稚教授的鼓励和引导。她在学术上严谨的治学态度、宏观的视野、对现实问题研究的扎实功底，工作上亲力亲为、一丝不苟，对学生的悉心关怀，生活中积极乐观的心态、不拘小节的豁达，无论是作为师长还是作为学者都让我受益匪浅。感谢学院各位师长和同事，他们的榜样作用激励我不断对抗自己的惰性。感谢家人、亲友对我的包容、支持和关爱！

陈松涛

2018 年 6 月于云南大学东陆园·映秋院

图书在版编目（CIP）数据

东盟域内非法移民问题及治理／陈松涛著． —— 北京：
社会科学文献出版社，2018.12
ISBN 978 - 7 - 5201 - 3580 - 1

Ⅰ．①东…　Ⅱ．①陈…　Ⅲ．①移民问题－研究－东南
亚国家联盟　Ⅳ．①D733.38

中国版本图书馆 CIP 数据核字（2018）第 227388 号

东盟域内非法移民问题及治理

著　　者／陈松涛

出 版 人／谢寿光
项目统筹／宋月华　韩莹莹
责任编辑／韩莹莹　汪延平

出　　版／社会科学文献出版社·人文分社（010）59367215
　　　　　　地址：北京市北三环中路甲 29 号院华龙大厦　邮编：100029
　　　　　　网址：www.ssap.com.cn
发　　行／市场营销中心（010）59367081　59367083
印　　装／天津千鹤文化传播有限公司

规　　格／开　本：787mm × 1092mm　1/16
　　　　　　印　张：19.25　字　数：283 千字
版　　次／2018 年 12 月第 1 版　2018 年 12 月第 1 次印刷
书　　号／ISBN 978 - 7 - 5201 - 3580 - 1
定　　价／128.00 元

本书如有印装质量问题，请与读者服务中心（010 - 59367028）联系